제2판

국제협상과 문화간 커뮤니케이션

제2판

국제협상과 문화간 커뮤니케이션

강 영 문 저

전남대학교출판부

제2판을 내면서

국제협상과 문화간 커뮤니케이션이 출간된 지 2년이 지났습니다. 애독해 주신 독자들과 대학 강의교재로 채택하여 후학들에게 협상의 중요성을 일깨워 주신 교수님들께 감사드립니다.

최근 들어 국내외적으로 갈등과 분쟁이 심화되면서 협상에 대한 관심이 높아지고 있습니다. 저자가 16년간 대학강단에서 국제협상을 강의하면서 후학들에게 강조했던 것은 협상은 일방적으로 빼앗고, 이기는 차갑고, 냉혹한 테크닉이 아니고, 상대방과 자신의 손해를 줄이고, 상호이익을 극대화할 수 있는 접점을 찾아가는 과정이라고....

국내외 협상관련 많은 책들 중에서 일부는 협상을 병법처럼 전투적으로 묘사하고 있는 경우가 있습니다. 그러나 협상의 본질은 일방적인 압승에 있지 않고, Win-Win에 있습니다. 본서는 협상당사자 모두 Win-Win 할 수 있는 지식과 지혜를 독자들에게 전달하고자 합니다. 이번 개정판에서는 비언어커뮤니케이션 부분을 대폭 보완하였습니다. 또한 협상에세이와 협상관련 사진을 시대감각에 맞게 보완하였습니다.

다툼 많은 세상에 Win-Win 협상이 만발하여 우리네 삶이 좀더 훈훈해지질 기원합니다.

Young Moon(젊은 달)

머리말

대학에서 국제협상을 강의한 지 어느 덧 10년이 훌쩍 넘었습니다. 10여년 전 국제협상을 교과목으로 개설할 때만 해도 국내에서는 협상에 대한 관심도 그리 많지 않았고, 관련된 자료도 부족한 실정이었습니다.

돌이켜 보면 저자가 대학을 다니던 80년대에 우리나라의 대학에서는 협상을 강의하는 데가 거의 없었습니다. 무역으로 경제발전을 이룩한 나라에서 아이러니컬한 부분입니다. 1990년대 들어서면서 국내외적으로 협상의 중요성을 일깨워 주는 통상마찰, 노사분규, 외교분쟁 등과 같은 일들이 자주 발생하면서 협상은 세간의 관심을 받게 되었고 연구와 교육도 꿈틀거리기 시작했습니다.

최근 들어 협상이라는 단어가 우리에게 익숙하게 다가오고, 협상에 관한 연구도 활성화되고 있습니다. 그러나 아직도 선진국의 협상에 대한 연구 축적과 관심에 비하면 갈 길이 멉니다.

국제협상은 하나의 학문으로 이해하고 설명할 수 없는 복잡한 분야입니다. 국제협상은 국제통상학, 경제학, 경영학 등의 경상계열의 학문연구 뿐만아니라, 심리학, 문화인류학, 커뮤니케이션학, 사회학 등의 인접학문과의 학제간 연구가 필요한 부분입니다. 따라서 본서도 국제통상학에 사회학, 심리학, 문화인류학, 커뮤니케이션학, 법학을 접목하였습니다. 본서를 저술하는 동안 힘들기도 했지만, 지적 호기심에 재미나고, 신났습니다. 그리고 행복했습니다.

본서는 협상의 기본개념에서 출발하여 갈등관리, 국제협상, ADR, 이(異)

문화간 커뮤니케이션에 이르기까지 국제협상과 관련된 모든 내용을 체계적으로 담고 있습니다. 본서는 협상과 국제협상에 관심이 있는 사람이라면 누구나 환영합니다.

협상은 궁극적으로 남을 이기는 것이 아니고, 남과 더불어 살아가는 지혜를 찾는 과정입니다. 특히 국제협상은 세계화시대에 우리와 문화가 다른 외국인들과 공존공영하는 방법을 연구하는 것입니다. 어쩌면 인생자체가 세상과 나의 협상인지도 모르겠습니다. 본서가 국제협상에 대한 체계적이고 올바른 지식의 징검다리가 되었으면 합니다.

강한 사람보다는 지혜로운 사람이 되길 기원하며

Young Moon(젊은 달)

목 차

CHAPTER 3. 협상의 구조와 협상의제

CHAPTER 7. 협상의 프로세스

CHAPTER 8. 국제협상 입문

CHAPTER 9. 국제협상자의 자질과 국제협상팀

CHAPTER 10. ADR과 국제협상

CHAPTER 11. 국제협상과 문화

CHAPTER 12. 국제협상과 커뮤니케이션

Check Point

협상 에세이

당신은 당신 몫을 받는 게 아니라, 협상한 만큼 받게 된다
- Chester Karras -

CHAPTER 01

협상입문

1. 협상이란 무엇인가

협상 = 대화를 통해 합의에 도달하는 상호과정
양보와 타협을 통해 합의에 도달하는 과정

협상은 국가와 인간의 삶에 있어 중요한 요소이다. 역사적으로 국가의 운명이 협상의 결과와 협상자의 역량에 의해 좌우되는 경우가 많다(프랑수아 드 칼리에르, 2000). 개인의 삶도 협상결과에 따라 성공과 실패의 갈림길에 놓이는 경우가 많다. 협상은 두 명 또는 다수의 협상자들이 쟁점에 대해 합의점을 찾아가는 과정이다[1]. 협상은 커뮤니케이션의 만남이지, 전쟁처럼 물리적 만남이 아니다[2].

일반적으로 협상(negotiation)은 자신이 가지고 있는 정보와 힘을 활용하여 자신이 원하는 방향으로 상대방과 타협하는 과정이다(김성호, 2011). 이해당사자간의 공통문제에 관하여 대화를 통해 합의를 이루어가는 프로세스이다. 즉, 협상은 대화를 통해 쌍방이 납득할 수 있는 결과에 도달하기 위한 과정이고, 일방적인 공격은 협상이 아니다(Yutaka Shatari, 2001).

많은 사람들이 협상을 결과로만 평가하는 경향이 있으나, 협상은 결과도 중요하지만, 본질적인 협상의 의미는 합의점을 이끌어내는 과정이다. 협상은 국제통상 및 국제상거래에서 뿐만 아니라 평범한 일반인들의 매일 되풀이 되는 평범한 생활에서도 항상 발생하고 있다.

또한 국제무대가 아니더라도 국내기업 등의 조직에 속해 있는 구성원들은 치열한 경쟁 속에서 다른 조직과의 경쟁을 포함한 상호관계에서 자신이 속한 조직의 목표를 실현하기 위해 협상을 자주 한다. 협상은 완력이나 강제가 아닌 상호간의 대화를 통하여 합의점을 찾아내는 과정이다.

---

1) Michale Watkins, Shaping the game, Harvard Business School Press. 2006, p.42.
2) I. W, Zartman, "Common Elements in the Analysis of the Negotiation Process", Negotiation Journal 4, 1988, p.31.

Check Point **Negotiation의 어원은**

협상(Negotiation)의 어원은 비즈니스를 의미하는 라틴어 네코티윰(Negotium)이다.

Check Point **협상 = 비즈니스 = Give & Take**

협상에서 가장 중요한 요소는 사회적 상호 작용이다[3]. 협상(協商)은 이해당사자간에 협력해서 비즈니스를 완성해 가는 과정이다. 즉 협상은 비즈니스를 의미한다. 결국 협상이란 이해당사자간에 주거니, 받거니(Give & Take)하면서 비즈니스를 완성해 가는 과정이다. 즉, 상호 양보하면서 공통문제를 해결할 수 있는 창조적인 합의를 도출하는 과정이다. 국제 통상전문가들은 국제통상은 비즈니스를 수행하는 일환으로서 협상 그 자체를 전개한다. 협상은 관계의 상호교환과 관계의 창조 과정이다.

2. 협상의 역할

협상 = 음식요리에서 간을 맞추는 역할

비즈니스에서 협상의 역할은 음식을 요리하는데 있어 간을 맞추는 것과 같은 중요한 역할을 한다. 우리가 매일 먹는 음식을 요리할 때 최고의 일등품 식재료를 가지고 음식을 만들어도 만약 간이 맞지 않는다면?

간이 맞지 않은 음식은 값비싼 식재료의 가치를 사라지게 하고 맛을 망쳐버린다. 협상도 어떻게 하느냐에 따라 장기간 막대한 비용이 투자된 비즈니스를 더욱 빛나게 할 수도 있고, 망쳐버릴 수도 있게 한다.

이처럼 협상은 비즈니스의 전개과정에서 자금조달, 연구개발, 생산, 시장조사, 마케팅 등의 비즈니스 과정의 최종단계로서 비즈니스를 성공시킬 수도 실패로 끝낼 수도 있는 중요한 부분이다.

---

3) R.J. Lewicki and J. A, Litterer, Negotiation, Irin, 1985, p.16.

음식을 요리할 때 마지막 단계에서 간을 잘 못맞추면 애써 만든 음식의 맛이 없는 것처럼 협상은 비즈니스에서 상호간에 만족할 수 있게 간을 잘 맞추어 모두가 만족할 수 있는 맛난 음식을 만드는 과정이다.

3. 협상은 긍정적인 비즈니스 과정

협상 = 긍정적인 비즈니스

협상은 각자 자신들의 목적을 가진 둘 이상의 협상 당사자들이 상호 만족스러운 합의에 도달하고자 함께 협의하면서 자신들의 목적을 조정해 가는 동태적인 과정이다[4].

많은 사람들이 협상은 남을 속이고, 자신만의 이익을 극대화는 어둡고, 부정적인 비즈니스 과정을 먼저 떠올린다. 그러나 본질적으로 협상은 적극적이고, 긍정적인 비즈니스 과정이다. 오래전부터 서양에서는 협상을 비즈니스의 중요한 프로세스로 자연스럽게 받아들였으나, 동양에서는 특히 우리나라에서서는 협상을 술책, 계책 등의 부정적인 이미지로 받아들였다. 그러나 협상은 본질적으로 상호호혜와 양보를 기본으로 난항에 부딪친 이해관계와 의견대립을 지혜롭게 풀어가는 적극적이고, 밝은 비즈니스 과정이다.

Check Point Lion's share

사자의 몫(Lion's share)은 협상자가 협상과정에서 자신의 몫을 극대화하기 위해 정글에서 사자가 사냥을 하듯 투쟁의식을 갖고 임하는 것을 말한다. 그러나 진정한 협상은 상호간에 양보와 타협으로 Win-Win할 수 있는 합의를 도출하는 것이다.

인간이 금수와 근본적으로 다른 점이 무엇인가?, 인간사회가 정글과 다른 것이 무엇인가? 정답은 협상할 수 있다는 것이다. 정글에서 동물들이 대화로 협상하는 것을 본적이 있는가? 인간만이 할 수 있는 협상을 잘 활용하여 인간사회를 약육강

4) P.D.V. Marsh, Contract Negotiation Handbook, A Gower Handbook, 1984, p.1.

식의 정글이 아닌 살맛나는 세상으로 만들어야 한다.

Check Point 협상 〉 흥정

흥정은 협상의 일반적인 형태가 아니다. 흥정은 협상의 여러 가지 형태 중에 하나일 뿐이다. 흥정은 기본적으로 내가 얻은 만큼 상대방은 잃어버리는 제로섬 협상이나, 고정된 파이나누기와 같은 협상의 한 형태이다[5].

협상을 흥정과 동일시하는 경우가 많다. 그러나 협상은 흥정을 포함하는 광의적인 개념이다. 즉, 협상의 여러 과정 중에 흥정이 발생할 수도 있다. 즉, 흥정은 협상의 여러 수단 중에 하나일 뿐이다.

Check Point Whisky & Cash

위스키 앤 캐시(Whisky & Cash)는 비즈니스를 정상적인 경쟁이나 합법적인 방법에 의하지 않고 술과 돈 등으로 해결하려는 막후교섭(幕後交涉)을 말한다. Whisky & Cash에 전전으로 의존하는 협상은 바람직스럽지 못하고, 지속가능한 비즈니스 관계를 구축하는데 장애요인으로 작용한다.

특히 국제협상에서 Whisky & Cash에 의존하는 협상전략은 문화적, 제도적 차이에서 오는 오해와 국제분쟁을 야기할 수도 있으므로 삼가해야 한다.

4. 협상의 목적

1) 협상의 목적과 수단을 구분

협상의 목적과 협상의 수단을 구분해야 한다
영업의 목적: 판매를 하는 것
영업활동의 수단: 설명, 논의, 토론

5) Michale Watkins, Shaping the game, Harvard Business School Press. 2006, p.59.

협상자는 협상에서 궁극적으로 얻으려는 것이 무엇인지 협상목표를 세워야 한다.

협상자는 전투에서는 지더라도 전쟁에서는 승리하겠다는 자세로 협상에 임해야 한다.

협상에서 목표는 자신이 정말로 원하는 것이 무엇인가에 대한 해답을 찾는 것이다. 협상전략을 세우기 전에 협상목표를 명확히 해야 된다(Michale Watkins, 2006: 195).

비즈니스협상은 비즈니스를 실행하기 위해서 추진된다. 협상자는 협상을 통해 상대방의 사고와 판단에 영향을 주어 비즈니스를 자신에게 유리하도록 끌고 가는 것이다. 이러한 노력은 협상당사자 모두가 자신의 비즈니스 목적을 이루기 위하여 행하여진다.

협상을 행하는 목적은 이해당사자간에 대립된 이해관계를 조정하여 협상당사자가 상호 만족할 수 있는 win-win형의 합의를 이끌어내기 위한 것이다. 성공적인 협상을 위해서는 협상의 목적과 수단을 명확히 구분해야 된다. 예를 들어 가전제품의 영업사원이 제품을 소비자에게 판매하는 과정에서 제품의 기술에 대한 논쟁에서 소비자를 이겼으나, 결국 소비자에게 제품을 판매하지 못했다면 영업사원은 비즈니스협상을 실패로 몰고 간 것이다.

이러한 비즈니스 현상은 영업사원이 비즈니스협상에 임하면서 협상의 목적과 수단에 대한 구분과 치밀한 협상계획을 체계적으로 마련하지 않았기 때문이다.

비즈니스맨이 제품판매 과정에서 고객과 제품관련 논쟁에서 고객을 이겼으나, 이로 인해 고객의 심기가 불편해져 비즈니스 협상이 판매로 이어지지 못한 경우 비즈니스맨의 협상은 시간 낭비이고, 불필요한 논쟁에 에너지를 낭비한 것에 불과하다.

비즈니스맨의 이러한 협상실패의 원인은 협상에 임하기 전에 협상의 명확한 목적을 세우지 않았고, 이로 인해 체계적인 협상전략을 마련하지 못하고 협상에 임했다가 동태적인 협상과정에 즉흥적이고, 감정적으로 대응하여 협상을 파국으로 끝내는 경우이다.

구체적인 협상목적은 협상과정에서 올바른 협상방향을 제시해 준다. 무엇보다 궁극적인 협상의 목적과 목적을 달성하기 위해 사용되는 수단의 명확한 구분을 가능하게 하여 협상도중에 불필요한 수단에 불과한 사소한 논쟁에 빠져 협상목적과 수단의 주객이 전도되는 협상실패를 막을 수 있다.

또한 협상에 임하기 전에 구체적인 협상의 목표를 마련해 두면 협상전체를 예견하고 조율할 수 있는 기획력을 향상시켜 준다. 즉, 협상자가 전체적인 협상의 틀에서 협상의 가장 중요한 목적을 정확하게 파악하고 있으면 양보할 사안과 어떤 경우에도 양보할 수 없는 사안을 인식할 수 있어 협상전체의 기획력을 높일 수 있다.

2) 협상의 목표는 구체적이고 합리적으로 해야 한다

협상에서 성공하려면 구체적이면서도 합리적인 협상목표를 설정해야 된다. 협상의 목표는 최대한 구체적이어야 하고 또한 협상의 목표치는 합리적인 수준에서 책정되어야 한다.

협상의 목표가 설정되면 이에 따라 최종합의를 끌어내기 위한 자사의 양보범위를 정할 수 있고, 이에 따라 협상에서 처음 제안할 내용을 정할 수 있다. 협상의 목표를 구체적으로 정하여 협상에서 얻어 내려는 것이 무엇인지, 성과의 수준은 어느 정도인지 명확히 해야 된다.

협상의 목표는 구체적인 수치로 나타낼 수 있어야 하며 무형의 목표를 가져갈 경우에도 가치를 평가하여 포기할 것과 얻을 것을 분명히 해야 된다. 특히 협상파트너와 공동의 협상목표를 도출한다면 우호적인 분위기에서 협상을 진행할 수 있고 중장기적인 비즈니스 파트너로서의 관계를 유지 발전시킬 수 있다(김병윤, 2007).

협상과정에서 지나친 목표 달성의 딜레마에 빠지지 않도록 주의해야 한다. 첫째, 자신의 이익만을 지나치게 주장하여 협상 상대에게 불편함을 주어 상대와의 관계를 완전히 끝내는 경우 둘째, 협상자가 지나치게 양보하는 자세를 보여 협상에서 협상 상대방의 기대치를 높이는 경우이다(장대환, 1998: 194).

| 표 | 협상의 5단계

단계		내용
제 1 단계	Analyzing Situation	- 무슨 상황인가 - 명확한가 모호한가 - 반대/지지세력은 누구인가 - 기회인가 아니면 위기인가
제 2 단계	Positioning	- 현재의 위치 - 어느 수준이면 만족하겠는가 - 장점(strength)은 무엇이며, - 단점(weakness)은 무엇인가
제 3 단계	Define Object	- 협상을 왜 하는가 - 협상에서 얻게 될 결과는 어떤 것인가 - 목적을 명확하게 인식
제 4 단계	Understanding	- 상대방은 누구인가 - 자신의 경험을 파악하라 - 공통의 관심사는 무엇인가 - 극복해야 할 최대약점은 무엇인가
제 5 단계	Feed back	- 협상에서 실제적으로 얻은 것은 무엇인가 - 협상이 결렬되었으면 그 이유는 무엇인가 - 협상과정시의 문제점은 무엇인가 - 재협상의 여지는 있는가

자료: 조석홍(2007).

협상에세이

협상의 테크닉

협상을 유리하게 이끌려면 자신의 이해관계에 대해서는 단호한 입장을 견지하되, 이를 달성하는 방법에 대해서는 유연한 태도를 취해야 한다." 국내외 내로라하는 협상 전문가들의 한결같은 조언이다.

이들에 의하면 상대에게 '받아들이든지 아니면 말고'식의 양자택일을 강요하며 몰아세우는 것은 금기에 해당한다. 상대가 기분이 상하거나 화가 나면 제안을 거절할 가능성이 높기 때문이다.

또 핵심목표를 정한 뒤 상대가 내놓을 것으로 예상되거나 자신이 제시할 '대안'들을 사전에 충분히 모색하는 등 철저한 준비만이 성공적인 협상에 이르는 지름길이라고 했다. 교착상태에 빠진 쟁점이 있다면 여러 개로 분산해 타결을 시도하는 것도 유용한 방법이다.

이는 우리가 알게 모르게 일상생활에서 맞닥뜨리는 갖가지 '협상'에서도 동일하게 적용된다. 편식하는 아이를 설득해 음식을 골고루 먹게 하거나, 부모님께 매달 드릴 용돈은 얼마로 할지를 놓고 아내와 상의할 때도 '협상의 기술'은 필수적이다.

국가 간에도 이 같은 '협상의 기술'은 갈등을 완화시켜 주는 윤활유 역할을 한다.

세계적인 협상전문가인 미국 노스웨스턴 대학교의 리 톰슨 교수는 "사람들은 주로 협상을 할 때 상대와 자신의 이해관계가 서로 상반될 것이라고 생각하는 오류에 쉽게 빠지는 경향이 있다"며 "성공적인 협상은 이기고 지는 승부의 게임이 아니라 서로에게 유익한 방향으로 일종의 거래를 하는 것"이라고 윈윈협상의 중요성을 강조했다.

이런 점에서 볼 때 최근 정부의 '천안함 사건' 이후 대북 협상 준비과정이나 한·미 FTA(자유무역협정) 재협상 과정은 '협상의 기술' 측면에서 부족한 점이 많다.

특히 대북 협상의 경우, 이성보다는 감정이 앞서고 있음을 쉽게 목격할 수 있다.

북한에 "천안함 사건에 대한 사과가 없으면 남북관계 개선은 없다"고 양자택일을 요구하는 것은 유엔안보리의 의장성명이 남북 어느 한쪽의 손을 들어주지 않는 냉엄한 실정에서 현실감각이 떨어지는 태도로 비쳐질 수 있다. 이럴 때일수록 상대의 주장에 대한 냉정한 평가와 함께 협상의 방법을 달리하는 지혜가 필요하다.

실례로 미국은 지난 1968년 1월 북한 원산 앞바다에서 승무원 83명을 태운 정보수집함 푸에블로 호가 북한에 납치됐을 때 무려 11개월 동안 28차례의 협상을 통해 사태를 원만히 타결지었다. 당시 미국 측 수석대표인 길버트 우드워드 육군 소장은 '영해침범과 첩보활동을 인정하며 사과한다'는 내용의 북한이 작성한 합의서에 서명하기에 앞서 "불법활동에 종사한 적이 없으며, 영해침범에 대한 증거도 없다. 단지 억류된 승무원들을 자유롭게 하기 위해 이 문서에 서명한다"는 내용의 구두성명을 낭독하는 것으로 합의를 이뤄냈다. 양측이 '협상의 기술'을 발휘해 미국의 반론권 보장과 북한의 승무원 석방이라는 접점을 찾은 것이다. 따라서 '천안함 사건'도 남북이 얼마든지 이와 유사한 방법으로 '협상의 기술'을 발휘한다면 해결지을 수 있다.

한·미 FTA 재협상은 상호 윈윈이 되는 방향으로 거래가 성사되지 않아 '협상 불발'이라는 암초에 부딪친 경우다. 이미 3년 전에 공식 서명된 협정문을 미국 측이 다시 고치자고 해 재협상이 진행되는 만큼 우리의 일방적 양보로 귀결돼선 곤란하다. 현실적으로 자동차 분야에서의 일부 양보가 불가피하다면 농산물 분야 등에서 그에 상응하는 것을 얻어내야 하는 것이다.

협상은 함께 춤을 추는 것과 같다고 했다. 서로 제안과 대응 제안을 내놓으며 일진일퇴를 거듭하는 경우가 대부분이어서 나온 말일 것이다.

우리가 미국 측에 '통 큰' 양보로 응했기 때문에 이제는 미국 측이 뭘 해줄 수 있는지 답변을 기다릴 차례다. 서로에게 유익한 방향이 안 되는 협상은 '굴욕'이 되고, '퍼주기'가 된다. 양보를 하는 데도 전략이 필요하다는 점을 잊지 말자. (부산일보, 2012.8.15)

5. 협상력

협상력 = 협상을 주도하는 세력관계

협상력(bargaining power)은 협상테이블에서 자신이 원하는 것을 얻어낼 수 있는 능력으로 협상에서 다음과 같은 역할을 할 수 있다. 첫째, 상대에게 압력을 가하거나 위협을 할 수 있는 힘. 둘째, 협상 테이블에서 상대를 통제하는 힘. 셋째, 협상 상대의 마음을 바꾸도록 하는 힘(안세영, 2006).

이처럼 협상력은 협상자가 상대방과 비교했을 때 갖고 있는 우위성으로 협상을 이끌고 가는 힘을 말한다. 이러한 협상력은 협상자의 협상방법에 따라 더욱 강해지기도 하고 상대적으로 약해지기도 한다.

Check Point 씨름에서 힘이 약한 자가 힘이 더 강한 자를 이길 수 있는가?

언뜻보면 단순한 힘의 대결로만 보이는 씨름경기에서 체중도 적고 키도 작은 선수가 상대적으로 힘도 쌔고, 키도 큰 선수를 모래판에 넘어뜨릴 수 있는 비법은 뭘까?

비법은 상대적으로 힘이 약한 선수가 힘이 쌘 선수가 제대로 그가 가진 힘을 쓸 수 없도록 하기 때문이다. 즉, 체중이나 키의 열위를 다양한 전략으로 만회하는 것이다.

협상도 마찬가지이다. 객관적으로 우위에 있는 상대가 그가 가진 우위성을 발휘하지 못하도록 협상전략을 적절하게 사용하면 협상에서 열위를 만회할 수 있다. 협상력은 고정되어 있지 않고 협상방법에 따라 변화한다.

1) 협상의제와 협상력

협상의제에 따라 논의 내용이 결정되기 때문에 협상의 주도권도 결정될 수 있다(임형옥, 2008). 협상에서 협상력은 어느 정도 태생적으로 정해진 부분도 있지만, 얼마든지 협상의 조건 변화와 동태적인 협상전략을 통해 바꿀 수 있다. 특히 협상력에 지대한 영향을 미치는 협상의제의 선정은 협상의 본게임이 시작되기 전에 사전적으로 협상력을 높일 수도 있고, 낮출 수도 있다.

이처럼 협상력은 협상에서 다룰 협상의제의 선정에 따라 사전에 상당부분 결정되고 있다. 그러나 협상의제는 협상과정중에 수 많은 대안의 등장으로 동태적으로 변화될 수 있다. 또한 협상력은 정보의 활용과 주어진 시간과 장소에 따라 지대한 영향을 받는다.

2) 협상장소와 협상력

협상장소는 자국, 상대국, 제3국으로 구분할 수 있다. 협상을 자국에서 하면 심리적 안정에 의한 자신감을 가질 수 있고, 준비할 시간을 더 가질 수 있다. 그러나 협상을 상대국에서 할 경우 현지 공장 등의 현장방문을 직접 할 수 있다(임형옥, 2008).

또한 협상자가 협상 상대국을 방문하는 것은 협상에 대해 진지하게 임한다는 것을 협상 상대방에게 심어 줄 수 있고, 협상 대상국 사람들과 직접 접촉을 갖고 관찰할 수 있는 기회로 활용할 수 있다(최윤희, 1999).

그리고 협상장소는 협상에 도움을 줄 수 있는 협상 참석자에 영향을 미쳐 협상의 주도권에 지대한 영향을 미치고, 협상 상대방의 변화를 방해하거나 지연시킬 수 있다(Michale Watkins, 2006: 213). 즉, 협상자가 협상 상대국에서 협상을 할 경우 협상 상대방의 방해로 협상전략의 변화를 제한받을 수 있다.

협상장소는 상징적 힘과 실질적 가치를 동시에 지닌다. 협상력 역시 역사적으로 입증된 것처럼 협상장소의 선택에 중요한 역할을 한다. 협상장소는 참석자의 서열과 지위를 표현하거나 또는 협상력의 유리, 불리한 점을 의미한다.

한미 FTA 협상 일지

2006년

1월 18일
노무현 대통령, 신년연설에서 "한미 FTA 협상" 발언

2월 2일
대외경제장관회의에서 한미 FTA 개시 의결

2월 3일(미국 시간 2일)
김현종 통상교섭본부장, 미 의회에서 협상 시작 선언

5월 11일
대외경제장관회의, 협정문 초안 확정

6월 5~9일
1차 협상(미국 워싱턴)

7월 10일~14일
2차 협상(서울)

9월 6~9일
3차 협상(미국 시애틀)

10월 23~27일
4차 협상(제주)

12월 4~8일
5차 협상(미국 몬테나)

2007년

1월 15~19일
6차 협상(서울)

2월 11~14일
7차 협상(워싱턴)

2월 26일
통상장관급 회담(워싱턴, 김현종 본부장-수전 슈워브 USTR 대표)

3월 5~6일
농업 고위급 협상(워싱턴)

3월 8~12일
8차 협상(서울)

3월 19~21일
수석대표 간 고위급 협상 및 섬유 고위급 협상(워싱턴)

3월 19~22일
농업 고위급 협상(과천)

3월 26일~
통상장관급 회담(서울)

과거에 국왕들이나 현재의 국가원수들은 국제협상을 할 때 비슷한 거리에 있는 중립지역을 협상장소로 선호하였다. '나폴레옹과 케자르 알렉산더 I'는 1807년 네만강의 뗏목위에서 만났다. 최근 들어서 빅 협상이었던 미국의 레이건과 러시아의 고르바초프의 첫 만남은 대서양 중간에 위치한 아이스랜드의 Reykjavik였

다(장대환, 1998: 312).

3) 협상시간과 협상력

협상을 할 때 시간제약은 하나의 변수로 작용할 수도 있고, 한편으로는 전략적으로도 이용된다(임향옥, 2008). 협상에서 시간제약(deadline)에 쫓길수록 협상력은 약해진다. 따라서 협상상대가 시간제약에 쫓기고 있다는 것을 간파하고, 지연전술을 취하면 자신의 협상력을 향상시킬 수 있다.

▌표▐ 협상시간과 양보

- 마감시간 전까지는 상대가 먼저 양보하리라고 기대하여 자기입장을 강하게 고수하는 경향이 있음.
- 마감시간 전에 먼저 양보하면 상대에게 자신이 약하게 보일 것(appealing weak)이라고 두려워한다.
- 마감시간에 양보를 해야 본사나 본국정부에 변명하기가 편하다.

자료: 안세영(2006)

협상에세이

레바논 'IBM'을 아시나요

한국인이 쓰는 말 중에 동남아시아에까지 널리 퍼진 말이 있다. '빨리 빨리'. 모든 일을 항상 서두르는 한국인의 특성이 그대로 드러나는 단어다.

이 곳 레바논에도 레바논인들이 즐겨 사용하고 그들의 특성을 그대로 반영하는 말이 세 가지 있다. '인샬라,' '브크라,' '말리시,' 각 단어의 이니셜을 따서 레바논의 IBM이라고도 부른다. '인샬라'는 한국영화의 제목으로도 사용돼 조금은 친숙한 단어로 '모든 것이 신의 뜻이다', '모든 것이 알라의 뜻'이라는 의미이다.

만일 당신이 약속시간을 어긴 레바논인을 질책한다면 그는 '인샬라'라고 변명할지도 모른다. '내가 늦고 싶어서 늦은 것이 아니라 내가 늦은 것도 다 신의 뜻이니 나에게 따지지 말고 신에게 따져라'라는 뉘앙스다.

'브크라'는 '내일이 있다'라는 뜻이다. 그러나 애석하게도 '내일을 향해 미래를 향해' 전진하자는 긍정적인 뜻이 아니라 '내일도 있으니 오늘 숙제도 내일로 미뤄도 상관 없다' 쯤으로 급할 것이 없이 천천히 하자는 것이니 한국인으로서는 조금은 답답할 만도 하다.

실제로 레바논의 은행은 9시 반에 개점해서 오후 2시면 문을 닫는다. 한국에서는 도저히 상상할 수 없는 일이지만 워낙 익숙한 탓에 이곳 사람들은 별 곤란함을 느끼지 못하는 듯하다.

'말리시'는 '잊어버려, 신경 쓰지마' 쯤으로 해석할 수 있겠다. 가벼운 접촉사고가 났을 때 도로를 막고 싸우기 일쑤인 한국과 달리 가볍게 서로 몇 마디 주고받고 해결하는 모습인 경우가 아닐까 싶다.

레바논은 개최국임에도 불구하고 8강 진출이 불투명하다. 하지만 레바논인들은 '모든 것이 신의 뜻'이고 '내일이 있으니' '그다지 신경 쓰지 않는다'는 듯한 반응이다.

(일간스포츠, 2000.10.19)

협상에세이

한국이 중국보다 협상을 못하는 이유

시한을 활용하라 협상은 언제 타결되는 경향이 강할까? 양 당사자의 협상대상에 대한 기대가 일치하면 타결되는 것 아닌가?

맞는 말이다. 그래서 이렇게 대답한다면 이 칼럼을 열심히 읽은 독자임에 틀림없다. 하지만, 문제는 '그 기대가 일치하는 시점은 언제가 되는 경우가 많은가' 하는 점이다.

'지하철노조 극적인 협상타결' 혹은 '모 기업 임금협상 파업 일보전에 타결'. 이런 기사를 종종 본 경험이 있을 것이다. 즉, 많은 경우 협상이 파국으로 치닫기 일보 전에 타결되는 경우가 종종 발생한다.

지하철 운행을 하지 않기로 한 전 날의 자정 무렵 협상이 타결되거나, 파업을 시작하기로 한 날의 새벽 무렵 가까스로 협상이 타결되는 경우를 종종 볼 수 있다는 것이다.

왜 그럴까? 다 아는 바와 같이 협상에서는 양 당사자의 의견이 팽팽히 맞서는 경우가 대부분이다. 그래서 자신의 입장을 관철하기 위해서 파업을 한다고, 공장폐쇄를 한다고, 지하철 운행을 중지한다고 위협을 한다.

하지만 그러면서도 내심으로는 그런 위협이 실현되지 않았으면, 위협이 실제로 옮겨지지 않고 협상이 타결되었으면 하고 바란다. 위협이 실현될 경우 양 측 모두 손해를 입을 수밖에 없기 때문이다. 그래서 그 위협이 실현되는 마지막 순간까지 힘겨루기를 하다 자신들이 설정한 '받아들일 수 있는 최저한계'를 넘어서면 협상을 타결짓고 만다는 것이다.

이 경우 질문 한 가지. 이런 패턴을 알고 있다면 이같은 협상에서는 어떠한 전략을 취하는 것이 바람직할까? 그렇다. 협상을 빨리 끝내려 하기 보다는 협상을 지연시켜 양 측이 알고 있는 시한(deadline)까지 밀어붙이는 전략이 바람직할 수 있다.

게임이론에서는 이 경우 그 시한이 되기 직전에 마지막 제안을 하는 측이 협상이익의 대부분을 가져가는 것을 보여주고 있다. 말하자면 이런 식이다. 협상을 하는 둥 마는 둥 시간을 보내다 협상이 만료되는 시한 직전에 상대방의 유보가격(reservation price: 위에서 말한 '받아들일 수 있는 최저한계'의 개념)을 제시하면 상대방은 파국으로 치닫기 보다는 이 유보가격을 받아들일 수밖에 없다는 것이다.

하지만 여기에는 두 가지가 전제되어야 한다. 시한이 알려져 있어야 하고(최소한 유보가격을 제시하는 측에서는 이 시한을 알아야 하고), 유보가격을 유추할 수 있어야 한다는 것이 그것이다.

나는 상대방의 시한을 알고 있는데 상대방은 나의 시한을 모른다면 누가 협상에서 유리할까? 당연한 말이지만 내가 유리한 것은 틀림없다. 그래서 다음과 같은 전략이 나올 수 있다. 협상에 임할 경우 상대방이 그 협상에 대한 시한을 가지고 있는지를 알아낼 필요가 있고, 혹 내가 협상에 대한 시한이 있다면 상대방이 그것을 알지 못하도록 할 필요가 있다는 것이다.

소위 말하는 정보전에는 이런 시한을 둘러싼 치열한 경쟁도 당연히 포함된다. 만약 상대방이 시한을 가지고 있다는 사실을 확신하지 못할 경우 가능한 한 협상을 지연시키는 전략을 취해볼 수도 있다. 상대방이 시한을 가지고 있다면 협상의 지연에 대해 반응을 보일 수 있기 때문이다.

이런 시한을 실제 협상에 가장 잘 활용하는 국민은 누구일까? 짐작하는 바와 같이 중국 사람들이다. 중국 사람은 특히 한국 사람과 협상을 할 경우 한국 사람의 '조급해 하는 심성'을 활용하여 협상에서 우위를 차지하는 경우가 많다.

다시 말해 그들은 자신들의 '만만디 적'인 행동을 통해 '빨리 빨리' 움직이는 한국 사람들에게 인위적으로 협상의 시한을 조성한다는 것이다. 가령 이런 경우다. 중국에 협상하러 갔는데, 그것도 중국 사람의 다급한 초청으로 협상을 하러 갔는데, 그들은 협상에는 도무지 관심을 보이지 않는다.

중국에 도착한 뒤 일주일 동안 협상의 'ㅎ'자도 나오지 않은 채 내내 지극한 향응만이 한국 사람들을 기다린다. 이럴 경우 한국 사람들은 어떠한 반응을 보일까? 대개의 경우 느긋하게 기다리지 못한다. 심지어는 기다리다 못해 한국 사람 스스로 '이제 그 문제를 이야기합시다' 라고 조바심을 낸다. 짐작하는 바와 같이 이렇게 조바심을 내는 순간, 협상의 주도권은 저절로 상대방에게 넘어가고 만다.

그래서 명심하자. 협상에서 자신이 무엇인가에 쫓긴다는 인상을 주는 순간, 그 협상에서의 협상력은 약해진다. 그러니 10분 뒤까지 협상이 타결되지 못하면 큰 손해를 보더라도 즉 협상의 시한이 10분밖에 남지 않았다 하더라도 결코 서두르지 말아야 한다. 아직 10분이나 남아 있지 않은가. (머니투데이, 2008.01.15)

4) 사전준비와 협상력

협상은 협상 상대방과 발생한 문제나 갈등을 해결하는 것이며, 이를 위해 상대방의 마음을 바꾸는 것이다. 협상 상대방의 마음을 바꾸려면 철저한 사전준비를 통해 상대방의 의중을 정확히 알아내어 논리적인 대안을 제시해야 된다(김병윤, 2007).

협상자가 동태적인 협상기간동안 강력한 협상력을 지속적으로 유지하면서 자신에게 유리하게 협상을 진행하려면 사전에 치밀한 협상전략을 마련해야 된다.

즉, 아무리 협상의제와 시간, 장소가 협상자에게 유리한 조건이라고 하더라도 이러한 유리한 협상조건들을 유지 발전시킬 수 있는 협상전략이 갖추어져 있지 않다면 협상력은 협상기간동안에 우위에서 열위로 쉽게 전환될 수 있다.

협상에세이

SK 텔레콤의 협상실수

SK 텔레콤의 결정적인 실수 때문에 국내업체의 브라질 이동전화 시장 진출이 사실상 무산됐다. 브라질 정부는 휴대폰 서비스업체 선정에서 사업계획서 영문 회사명을 잘못 표기한 SK 텔레콤의 입찰가격을 박탈한데 이어 이의신청도 『이유 없다』며 기각했다. 이에 따라 삼성전자와 컨소시엄을 구성, 리우데자네이루·파라나 등 4개 지역 휴대폰 서비스시장 진출이 좌절될 전망이다.

SK 텔레콤이 입찰에서 조차 탈락한 것은 사업계획서 서류에 자사의 영문 이름을 두 개로 표시했기 때문이다. SK 텔레콤(구 한국이동통신)은 사업신청서에는 회사명을 「KMT CORP」로, 회사연혁에는 「KMT INC」로 틀리게 적는 실수를 저질렀다.

이후 SK 텔레콤은 「KMT CORP」와 「KMT INC」가 한 회사임을 증명하는 정보통신부 장관의 서신과 법률자문회사의 증빙서류 등을 브라질 정부에 제출했으나 이의신청은 결국 기각이 됐다.

그동안 정보통신부와 국내 휴대폰 업체들은 『브라질 시장이 중국과 함께 CDMA(부호분할다중접속) 휴대폰의 가장 유명한 시장 중 하나』라고 홍보해 왔다. 한편 SK 텔레콤은 『브라질 법원에 SK 텔레콤에 대한 자격심사에 문제가 있다는 내용의 행정재심사청구를 제기했다』고 말했다. (조선일보, 1997.7.8)

5) 지위와 협상력

일반적으로 협상자가 자신이 속한 조직에서 지위(position)가 높아질수록 협상 파트너에게 협상결과의 실천에 대한 신뢰를 높여 협상력을 높일 수 있다.

6) 내부갈등과 협상력

협상력을 약화시키는 요인 중에 하나가 내부갈등과 내부분열이다. 적은 항상 내부에 있는 것처럼 대외협상에 임하기 전에 대내적으로 대외협상을 둘러싼 갈등이 증폭되고 의견이 분열되었을 때에는 대외협상력은 급격히 저하된다.

1995년 9월 한미자동차협상에서 그 당시 협상관련 주무부처인 외무부와 통산부가 협상에 파견할 협상대표단 선정을 놓고 파견 직전까지 갈등을 빚었고, 이러한 내부갈등은 결국 내부정보의 유출 등의 부작용을 초래하는 등 협상력을 급격히 저하시켰다.

협상에세이

"뒤죽박죽 통상협상력"

마늘협상 파문이 말해주듯 우리의 통상협상력은 절망적이다. 현 정권 출범 때 이 역량을 높인다며 장관급을 장(長)으로 하는 통상교섭본부까지 설치했지만 겉만 번드르르 했을 뿐 모든 게 뒤죽박죽이다. 막대한 국가적 손실이 초래된 것은 당연한 귀결이다.

민주당 김성호 의원의 지적처럼 이같은 현실은 협상대표의 단순한 실수가 아니라 협상 대표의 잦은 교체, 고위직 · 외교직 중심의 의전형(儀典型) 협상단, 사전조사 부재 결과다. 金 의원이 분석한 자료에 따르면 협상대표가 평균 10개월 만에 교체되는 등 상하없이 인사가 잦았다. 전문성은커녕 협상 내용조차 제대로 파악하기 어려울 지경인 것이다. 2000년 마늘협상 대표는 협상 전에 요르단 대사로 발령났고, 실무를 맡은 아태통상과의 과장을 포함한 6명의 직원 중 현재 이 과(課)에 남은 직원은 단 한명도 없다. 마늘협상 못지않게 비난의 대상이 됐던 '쌍끌이 어업협상'도 전문성과 외교력 부재의 전형적인 사례였다. 또 당시 책임자 인사조치와 함께 집중감사를 합네, 기능 확대니 어쩌니 했지만 역시 여론 무마용에 불과했다.

어업협상은 해양수산부, 유럽연합(EU)과의 조선협상은 산업자원부, 대외경제 조정은 재정경제부 등으로 대외교섭 주체가 제멋대로 인데다 통상교섭본부는 부처간 업무 조정이나 정책입안을 할 권한 · 능력이 없다. 게다가 잦은 순환인사로 전문성마저 상실했으니 통상문제에 신속하게 대처하기를 기대하는 자체가 무리일 터다. 모순투성이 인사정책, 사명감 결여, 정무직 진출에나 관심 쏟는 이름뿐인 통상전문가, 업무 인수인계 소홀 등 통상협상의 무능·무지는 구조적인 것이다.

통상협상력 제고는 국익과 직결된다. 과오에 따른 질타는 맵게 하더라도 독자적인 인사·예산권 없이 의례적 대외창구 역할이나 하는 통상교섭본부를 이대로 둬선 안된다. 국익과 산업경쟁력 확보의 전위조직으로서 통상교섭본부가 기능할 수 있는 조직·인원·권한 확대 등을 전면 재검토할 때다. (중앙일보, 2002.7.22)

협상에세이

날려버린 한중 협상 카드

이진석 경제부 금융팀장 "중국이 미국보다 다루기 어려운 상대다. 7년 전 덜컥 시장경제지위(MES)를 중국에 선물하지 않았으면 좋은 협상용 카드가 됐을 텐데…."

얼마 전 만난 외교통상부의 한 과장은 중국과의 자유무역협정(FTA) 협상에 대해 "미국은 최소한의 룰(규칙)을 지켜야 한다는 생각을 하는 나라인데, 중국은 '모로 가도 서울만 가면 된다'는 생각을 하는 나라여서 협상이 더 어려울 것 같다"면서 이렇게 말했다. 중국과의 FTA 협상 테이블에서 시장경제지위를 인정해 주는 방안을 지렛대로 양보를 이끌어낼 수 있었을 텐데 이미 오래전에 인정해버려서 협상 카드로 쓸 수 없어 아쉽다는 얘기였다.

시장경제지위란 낯설지만, 별로 어려운 개념은 아니다. 가격·임금·환율 등이 정부 간섭 없이 시장을 통해 결정되는 경제체제라는 뜻이다. 중국은 지난 2001년 세계무역기구(WTO) 가입 당시 완전한 시장경제가 아니라는 이유로 '비(非)시장경제지위'를 15년간 감수키로 했다. 이로 말미암아 덤핑 판정 등 무역 분쟁 과정에서 당하는 불이익이 크지만, 또한 미국과 나란히 G2(주요 2개국)로 성장하고도 이류(流) 취급을 받는 것을 중국은 참기 어려워했다. 그래서 외교적인 노력이나 경제 지원 등을 앞세워 그동안 아시아와 남미 등 81개국으로부터 시장경제지위 인정을 받아냈다. 하지만 미국·일본·유럽연합(EU)은 꿈쩍도 하지 않았다.

그러다 지난 3월 EU 회원국 중 처음으로 이탈리아가 중국에 시장경제지위를 인정해줬다. 재정 위기를 벗어나기 위해 중국의 돈줄을 끌어들이는 것이 급하다 보니 선진국 간의 공조를 깬 것이다. 대신 중국으로부터 화끈한 지원을 약속받았다. 원자바오 총리는 "이탈리아 경제의 미래를 확신하고 있으며 중국 민간기업의 투자를 독려하고 있다"고 했다.

한국은 이보다 한참 빠른 2005년 11월 중국에 시장경제지위를 인정해줬다. 당시

정부의 설명은 이랬다. "중국과의 교역 규모가 1000억달러가 넘는 국가 중에서는 우리나라가 처음으로 인정해 주는 것"이라며 "몇 년 미루느니 이왕이면 제일 먼저 해줘서 생색을 내자는 의미"라고 했다. 최대 무역 흑자국이자 최대 투자 대상국인 중국과의 관계를 고려한 결정이라는 설명도 있었고, 당시 현안이던 '중국산 김치 기생충알 파동'으로 빚어진 마찰로 인한 중국의 무역보복을 피하기 위한 것이라는 말도 돌았다.

그때 외교통상부 관계자들은 "솔직히 별 의미가 없는 것이다. '시장경제지위다, 아니다'라는 건 이름뿐이고 아무것도 아니다"라고 했다. 하지만 이탈리아는 그 '아무것도 아닌 것'으로 국가 부도를 우려해야 하는 재정 위기의 돈 가뭄에 차이나머니(China money)라는 단비를 내리게 했다. 제값보다 비싸게 팔아도 시원치 않은데 아무리 생각해도 우리는 손해를 본 것 같다. 아직 호주머니에 넣고 있다면 한중 FTA 협상에서 큰 힘이 될 것이 분명한 협상 카드를 날려버린 것이다.

정부는 지난 2일 중국과의 FTA 협상 개시를 공식 선언했다. 7년 전 시장경제지위 인정과 관련된 성급했던 결정에 대해 '실패의 연구'라도 하고 협상에 나서는 건지 궁금하다.

(조선일보, 2012.5.10)

6. 협상의 연구방향

우리 인간은 언제부터 협상을 했을까?

정답은 아무도 모른다이거나, 인류가 이 지구상에서 살면서부터 시작되었다가 정답일 것이다.

우리는 누가 가르쳐주지 않아도 늘 협상을 하고 있고, 머릿속에는 항상 누군과의 협상을 생각하고 있다. 그 상대가 내 자신일 수도, 가족일수도, 친구일 수도, 과일가게 아저씨일 수도, 비즈니스 상대일 수도....

그러나 협상을 하는 것과 협상을 잘 하기위해서 협상이라는 인간의 행위자체를 체계적으로 연구하는 것은 다른 현상이다. 그런 측면에서 협상을 잘하기 위해 협상을 연구하기 시작한 것은 언제부터 일까?

협상에 대한 연구의 시작점을 찾기 위한 시간여행은 고대까지 거슬러 올라가게 된다. 고대 그리스에는 다양한 신화와 철학으로 무장된 웅변가인 협상가들이 많았고, 동양으로 눈을 돌리면 21세기에도 베스트셀러인 삼국지, 손자병법 등의 병법에서도 결국 말하고자 하는 것은 남을 설득하고, 이길 수 있는 협상전략들을 제시하고 있다.

이러한 달변과 병법과 같은 협상에 대한 초기 연구는 근대국가 출범 이후에는 정치적 접근을 통한 외교분야에서 두각을 나타냈고, 최근 들어서 국제통상, 비즈니스협상 등으로 그 연구의 중요성이 확대되면서 협상이라는 인간의 행위를 체계적으로 설명하고 이해하기 위해 문화인류학, 사회학, 심리학, 경제학, 통계학, 무역학 등의 학제간 연구분야(interdisciplinary study)로 확대 발전되고 있다.

또한 최근 들어 커뮤니케이션을 중요시하는 협상 접근법은 서로 부합되지 않는 목표, 상호 의존적 협상자들, 사회적 상호작용 및 제안(offer)과 대안(counter-offer)의 교환과 같은 커뮤니케이션의 과정을 다각적으로 연구하고 있다[6].

Check Point 협상은 과학이 아니다

협상은 인간이 대화로서 문제와 갈등을 해결하는 과정이다. 이러한 협상은 1 + 1 = 2가 될 수도 있고, 10이 될 수도 있다. 물론 0이 될 수도 -10이 될 수도 있다. 그 이유는 협상은 불완전하고 모순적인 인간이 하기 때문이다. 따라서 협상에서는 인간의 심리, 문화 등과 같은 비과학적인 요인의 작용이 더 크다.

---

6) L. L. Putnam and M.E. Roloff, "Communication Perspectives on Negotiation", Communication and Negotiation, Sage, 1992, p.31.

갈등은 억압하지 말고, 그 갈등을 밖으로 표현할 수 있는
구체적인 통로를 만들고, 그 갈등을 해결할 수 있는
방식을 제도화해야 한다

- Albert Low -

CHAPTER 02

갈등관리와 협상

1. 갈등이란

갈등은 유사이래 신과 사랑과 함께 인간의 생각을 지배해 왔던 주제이다(Warren H. Schmidt, 2000). 나와 상대방간에 어떤 차이가 있음을 내가 인지하는 것을 기본적으로 갈등이라고 하고, 그러한 차이가 작용할 때 갈등이 발생했다고 말한다(이선우, 2004: 2).

일반적으로 갈등은 다른 생각과 의견 불일치가 있는 개인이나 집단이 이해관계로 부딪칠 때 발생된다. 특히 자신과 생각과 의견이 다른 상대가 자신의 일에 간섭하거나 같이 일을 하게 될 때 갈등은 증폭된다.

한쪽에서 다른 한쪽에 요구하는 어떤 문제에서 비롯되는 둘 이상의 주체간의 의견차이를 갈등이라고 한다.[7] 이러한 생각이나 의견의 차이에는 목표, 수단 등의 가치관의 차이에서 오는 갈등뿐만 아니라 미움이나 시기심, 오해같은 감정적인 요인에 의한 갈등도 포함이 된다. 또한 갈등은 자연재해와 전쟁과 같은 개인의 의지와는 상관없는 격동적인 사건에 의해서도 증폭된다.

| 표 | 갈등의 대표적인 유형

분류기준	종 류
포괄적인 기준	위계적 갈등, 수평적 갈등, 실재적 갈등, 과정적 갈등, 결과적 갈등
주 체	개인, 중앙정부, 광역 및 기초자치단체, 주민, 민간개발주체(기업), 비정부조직, 기업체, 민간단체, 개인, 소규모 집단
형 식	공식적인 갈등, 비공식적인 갈등
객 체	정치적, 사회적, 문화적 기능, 혐오성, 서비스의 수요/공급권역, 비용부담, 혜택
단 계	문제제기단계, 논쟁단계, 교착단계에서의 갈등
공 간	개인간 갈등, 이웃간 갈등, 지역간 갈등, 광역차원의 갈등, 전국차원의 갈등, 국제적인 갈등
시 간	단기, 중기, 장기
참 여 자	단독, 다수, 집단

7) W. Kheel. Thedoer, The Keys to Conflict Resolution, Four Walls Eight Window, 1999, p. 33.

분류기준	종　　류
목　　적	공익 목적, 이기적 목적, 이타적 목적
관　　점	주관적인 갈등, 객관적인 갈등
쟁　　점	경제적 관점, 정치적 관점, 감정적 관점, 문화적 관점, 사법적 관점, 행정적 관점
사 건 의 복 합 성	단일사건, 복합사건
빈　　도	간헐적인 갈등, 지속적인 갈등
대　　상	수질 및 상수원, 대기, 폐기물, 소음/진동, 악취, 토양, 해양, 방사능, 경관, 재산권, 일조권, 기본권, 개발사업, 토지이용, 환경권, 보수, 분업, 근무조건, 복지
선 호 도	'핌피'(PIMFY: please in my front yard) 관련시설 및 입지, '님비'(NIMBY: not in my back yard) 관련시설 및 입지

자료: 임길진(2001)

2. 갈등에서 승자와 패자

갈등이 원만히 해결되지 않고 갈등의 결과가 승자와 패자로 결론나면 일시적으로 갈등이 수면아래로 가라 앉아 갈등이 해결된 것처럼 인식되지만 이는 또다른 갈등의 잉태과정일 뿐이다.

갈등으로 인한 패자는 그 불만을 어떤 식으로도 표출할 방법을 찾고 그 과정에서 새로운 갈등이 발생하게 된다. 따라서 갈등의 해결은 당사자 모두가 만족할 수 있는 WIN-WIN 방법을 찾아내는 것이다.

3. 인간의 본성과 갈등

세상엔 오롯이 나쁜 사람도 좋은 사람도 없다. 인간의 본성은 누구나 합리적이고 이성적인 면이 있는가 하면 또한 비합리적이고 감정적인 면이 양립하고 있다. 따라서 갈등은 이러한 인간의 모순적이고, 이중적인 본성으로 인해 더욱 복잡해지고, 해결이 어려워지기도 하지만 또한 이러한 이중적인 인간의 본성 때문에 해결의 실마리를 찾을 수도 있다. 그런데 국제협상에서는 이러한 인간의 이중적인 본성이 이질적인 문화와 융합되어 더욱 복잡한 갈등양상을 보이게 된다.

1) personal conflict

personal conflict는 갈등의 대상이 제3자가 아닌 자아적 갈등을 의미한다. 특히 어떤 목표 달성에서 개인이 겪게 되는 심리적 갈등을 말한다.

2) interpersonal conflict

interpersonal conflict는 개인간에 발생하는 갈등으로 업무를 추진하는 과정에 상호간의 견해의 차이로 갈등이 발생하기도 하고, 상호간의 감정적 원인으로 갈등이 발생하기도 한다[8].

4. 비즈니스와 갈등

미국 경영자 업무의 20%가 갈등처리와 관련이 있다[9]. 그 만큼 현대 비즈니스에서 갈등관리는 숨기고 애써 방치하는 비즈니스의 사각지대가 아니고 비즈니스에서 중요한 부분이다.

비즈니스에서 갈등의 원천은 희소자원의 배분에 있다. 이는 내부적으로 업무나 승진, 보상 등에서 발생하고 외부적으로는 희소자원을 선점내지는 유지하는 가운데 발생한다. 특히 자신이 선점하고 있는 영역에 상대방의 관심이나 상대방의 업무영역 확장은 갈등을 증폭시킨다. 비즈니스 기득권을 유지하려는 측과 새롭게 진입하려는 측간에 경쟁이 발생될 때 양자간에 갈등이 증폭된다.

5. 협상과 갈등관리

협상은 갈등관리의 가장 효과적인 방법

협상을 정확히 이해하려면 우선 갈등의 의미와 갈등의 발생 원인 그리고 갈등이 어떻게 증폭하여 어떻게 해소되는지 그 과정에 대한 이해가 선행되어야 한다[10].

---

8) F. Luthans, Organizational Behavior, M.Y., McGraw-Hill, Inc., 1981, pp.371-374.
9) K.W. Thomas and W.H. Schmidt, “A Survey of Managerial Interest with Respect to Conflict”, Academy of Management Journal(June, 1976), pp.315-318.
10) 이선우, 「협상론」, KNOU, 2004, p.1.

협상을 하는 이유는 효과적으로 갈등을 관리하여 상호간의 이익을 극대화하고 원만한 합의점을 도출하는데 있다. 이처럼 협상은 이해관계자간의 상호이해를 증진하고, 갈등을 원만히 해결하려는 의도적인 설득과 양보의 상호과정이다.

즉, 협상은 갈등을 겪고 있는 이해당사자들의 공동이익을 향상시키면서 현존하는 갈등을 해결하기 위해 수면아래에 내재된 갈등을 수면위로 끌어 올려 상호조정하는 의도적인 과정을 수행한다. 이해당사자간의 정체된 갈등관계는 적극적이고 능동적인 갈등관리인 협상을 통해 해결되는 경우가 많다.

6. 국제협상과 갈등관리

갈등은 같은 언어, 같은 문화권에 있는 사람들간에도 한번 발생하면 해결의 모범답안을 찾기가 쉽지 않다. 그런데 하물며 언어와 문화가 상이한 외국인과의 갈등은 국내갈등보다 복잡하고, 해결의 실마리를 찾기가 더욱 어려운 경우가 많다.

무엇보다 상호간의 커뮤니케이션이 원활하지 않은 데에서 비롯된 갈등이 자주 발생한다. 국제무대에서는 단순한 언어장벽뿐만 아니라, 언어의 이면에 존재하고 있는 문화적 차이가 갈등을 유발하고, 발생된 갈등의 해결을 더디게 만든다.

따라서 국제협상에서는 무엇보다도 상호간에 상이한 문화에 대한 이해와 존중이 필요하고, 문화의 차이가 협상자의 가치관과 협상목표, 협상방법 등에 지대한 영향을 주고 있음을 항상 인식해야 한다.

특히 협상과정에서 단순한 언어적 차이만을 극복하려 해서는 안된다. 문화의 차이가 언어뿐만 아니라, 협상자의 상징, 행동, 정서에 영향을 미치고 있음을 인식하고 국제협상의 동태적인 과정에 대응해야 한다.

▌표▌ 다국적기업 갈등의 이슈 소재(1969~78 상반기)

	국내문제에 대한 본국 갈등	해외문제에 대한 본국 갈등	현지문제에 대한 현지 갈등	해외문제에 대한 현지 갈등
갈 등 수	42	21	27	10
테 러	12	20	48	20
인 권	3	89	0	8
정 치	3	32	52	13

	국내문제에 대한 본국 갈등	해외문제에 대한 본국 갈등	현지문제에 대한 현지 갈등	해외문제에 대한 현지 갈등
부정자금	34	41	5	20
마케팅	47	2	42	5
노동	67	7	21	5
환경	72	2	21	5
기술	22	14	50	14
경제 · 재무	55	14	24	7
1969	52	17	31	0
1970	47	16	31	6
1971	59	15	31	6
1972	46	19	25	10
1973	42	15	35	8
1974	41	17	33	9
1975	35	20	32	13
1976	31	23	30	16
1977	40	31	41	15
1978	47	37	16	0

자료: Gladwin and Walter (1980)

주: 5개 다국적기업의 650개 갈등을 %로 표시

| 표 | 다국적기업의 갈등분석(1969~78상반기)

기업	테러	인권	정치	부정자금	마케팅	노동	환경	기술	경제 · 재무
다우	1	6	6	2	2	22	34	7	20
걸프	2	7	14	18	2	6	11	1	39
ITT	9	3	26	25	5	4	4	2	32
로슈	5	0	0	0	56	7	15	12	5
RTZ	2	14	22	2	0	12	24	5	19
계	4	6	15	12	7	9	15	3	29

자료: Gladwin and Walter (1980)

주: 5개 다국적기업의 650개 갈등을 %로 표시

협상에세이

"한국 갈등지수 OECD 중 4위"

- 0.71 기록…터키 최악 수준
- 갈등비용은 GDP의 27%
- 민주주의지수 27위 머물러

한국의 사회갈등 수준이 경제협력개발기구(OECD) 회원국 가운데 4번째로 높다는 분석이 나왔다. 또 사회갈등 비용은 국내총생산(GDP)의 27%에 이르는 것으로 평가됐다.

삼성경제연구소는 24일 '한국의 사회갈등과 경제적 비용' 보고서에서 OECD 회원국들의 사회갈등 유발 요인과 관리 시스템을 분석, 사회갈등지수를 산출한 결과 이같이 나타났다고 밝혔다. OECD 30개 회원국 가운데 자료가 없거나 신뢰도가 떨어지는 아이슬란드・룩셈부르크・멕시코 등 3개국은 비교 대상에서 빠졌다.

분석 결과 한국의 갈등지수는 0.71로 OECD 평균(0.44)보다 훨씬 높았다. 이는 터키(1.20), 폴란드(0.76), 슬로바키아(0.72)에 이은 4번째 수준이다. 또 지수 0.36인 독일에 비해서는 2배, 가장 낮은 덴마크(0.24)보다는 3배나 높았다.

한국의 갈등지수가 이처럼 높은 것은 갈등을 관리할 민주주의 제도의 미성숙과 정부 능력이 부족하기 때문으로 분석됐다.

한국의 민주주의 지수는 민주화 전인 1986년 전까지 0에서 97년 이후 8을 기록하고 있으나 OECD 선진국(10)보다는 여전히 낮은 27위에 머물렀다. 정부 능력을 보여주는 정부효과성지수 역시 OECD 평균(1.43)보다 낮은 1.26으로 23위에 그쳤다.

민주주의 성숙도 부문에서는 행정권이 다른 헌법기관보다 강하고, 정당체계가 불안정하며, 반대집단에 대한 관용이 부족한 것으로 평가됐다. 정부 효과성이 떨어지는 요인은 정책의 일관성, 정부의 조정능력이 떨어지기 때문으로 분석됐다.

삼성경제연구소는 OECD 평균에 비해 높은 사회갈등 때문에 한국이 지불하는 갈등비용은 1인당 GDP의 27%에 이른다고 추정했다. 삼성경제연구소 박준 수석연구원은 "합리적 토론문화 형성 등을 통해 민주주의의 질을 높이고, 정부 역량을 끌어올려 갈등 조절기능을 향상시켜야 한다"고 말했다.

▲ 사회갈등 지수

갈등을 일으키는 요인과 이를 관리하는 시스템을 반영해 전반적인 사회갈등 수준을 파악할 수 있도록 한 지수. 소득불균형 정도를 나타내는 지니계수를 민주주의 성숙도 지수와 세계은행이 측정하는 정부효과성지수의 평균으로 나눠 구한다.

(경향신문, 2009.6.24)

7. 갈등의 단계별 변화과정

일반적으로 갈등은 처음에는 느리게 진행되다가 어느 순간 증폭된다. 또 어느 순간에 정체되고 점진적으로 갈등이 줄어들다가 해소되는 경향을 보인다(이선우, 2008).

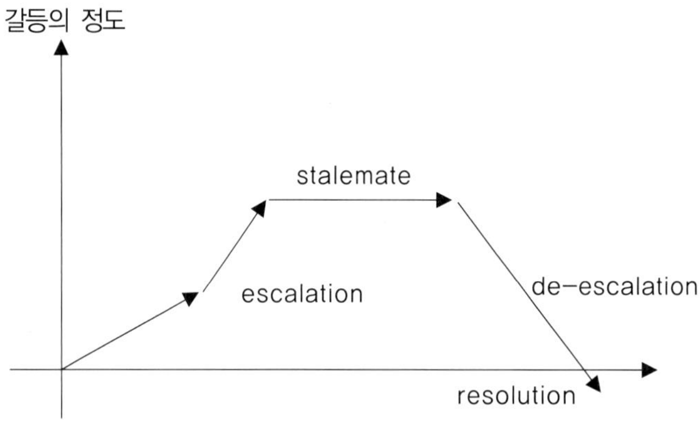

┃그림 1-1┃ 갈등의 진행과정

*출처 : Pruitt, Dean G. and Jeffrey Z. Rubin(1986), Social Conflict : Escalation, Stalemate, and Settlement. New York : McGraw-Hill

┃표┃ 갈등의 단계별 원인

갈등의 증폭(escalation) 원인
• 흑백 논리가 뚜렷해지고 이길 수 있다는 자신감이 생길 때 • 보다 확실한 증거를 발견했을 때 • 정보가 왜곡되어 유리한 것만 들어 올 때 • 자기에게 유리한 정보만 선택할 때 • 너무 몰입하여 자기논리에 갇혔을 대
갈등의 일정수준 유지(stalemate) 원인
• 더 이상 사용할 협상기술이나 카드가 없을 때 • 사회나 주위의 지지를 받지 못할 때
갈등의 수위가 낮아지는 원인
• 상대가 계속 무반응을 보일 때 • 상대로부터 얻을 것이 없거나 너무 완강할 때

자료: 이선우(2004)

8. 갈등에 대한 인식의 변화

쉼없이 발생하는 갈등을 어떻게 받아들일 것인가?

갈등은 좋은 것인가, 나쁜 것인가, 갈등은 선순환이 가능한가, 악순환만 되풀이 되는가? 갈등은 숨기고, 억제하고 제거해야 되는가, 활성화해야 되는가?

갈등관이란 이처럼 갈등을 어떻게 바라보고, 어떻게 갈등을 해결할 것인가에 대한 가치관을 의미한다. 이러한 갈등관은 시대의 흐름에 따라 변화되고, 발전되어 가고 있다.

사람들은 대부분 갈등의 부정적인 측면만을 걱정한다. 그러나 갈등이 항상 부정적인 측면만 있는 것은 아니다. 오히려 갈등을 적절히 해소하면 상호간에 갖고 있던 오해도 풀리고 오히려 시너지 효과도 나타날 수 있다[11].

1) 갈등에 대한 부정적 가치관

우리는 전통적으로 갈등을 긍정적인 의미가 전혀 없는 부정적인 의미로만 받아들였다. 일단 갈등 자체가 자신은 물론 상대방과의 관계를 불편하게 하고, 어떤 문제의 원천이 되어 좋지 않은 결과를 초래한다고 간주했다.

따라서 분명 문제가 상존함에도 불구하고 어떠한 문제제기가 상대방과의 의견 불일치를 가져와 갈등으로 확대되는 것을 우려하여 침묵으로 일관하는 경우가 많았다. 즉, 자신의 주장을 내세워 불필요한 갈등을 유발하지 않고 조화를 지켜내는 것이 가장 소중한 사회적 가치였다.

2) 갈등 제거론

1930~1940년대 갈등에 대한 일반적인 가치관은 갈등을 부정적인 것으로만 보는 견해였다. 갈등은 개인간이나 조직운영에 있어 역기능적 결과를 초래하므로 반드시 제거해야 되는 개념으로 인식되었다. 따라서 이 시기에 갈등은 억제되고, 제거해야 되는 부정적인 개념으로만 자리잡고 있었다. 따라서 경영조직에서 관리자들은 갈등을 억제하고 제거하는데 중점을 두었다.

11) Michale Watkins, Shaping the game, Harvard Business School Press, 2006, p.117.

3) 갈등 수용론

갈등은 부정적인 것이니까 무조건 억제하고 제거해야 된다는 전통적인 갈등관은 시대의 변천 속에 현실적 타협을 하게 된다. 갈등은 인위적으로 완전히 억제할 수도, 제거할 수도 없으므로 불가피하게 발생하는 갈등을 일정부분 수용하는 갈등관이 등장한다.

이러한 갈등관은 기존의 갈등을 숨기고, 제거하려고 했던 전통적인 갈등관에서 발전된 갈등관이나, 발생된 갈등을 수동적인 입장에서 수용하고 갈등을 해결하는 데에만 중점을 두었다.

4) 갈등 조장론

역사적으로 갈등관은 갈등을 부정시하고 제거하려만 들던 갈등관에서 일정부분 갈등을 수용하고 갈등을 해결하려 했던 갈등관으로 발전하였고, 최근 들어서는 갈등은 부정적인 개념도, 소극적으로 마지못해 수용해야 되는 개념도 아닌 적극적으로 활용해야 되는 개념으로 발전되고 있다.

갈등은 개인이나 조직의 발전을 위해 선택이 아닌 필수이고 발전을 위해 바람직한 현상으로 받아들여지고 있다. 과거처럼 갈등을 애써 숨기고 억제해서는 개인이나 조직의 발전을 기대할 수 없고, 갈등이 악순환된다는 견해이다.

이 갈등관은 갈등이 갖고 있는 순기능을 극대화하자는 견해이다. 따라서 갈등을 제거하거나 소극적으로 수용하는 자세에서 탈피하여 오히려 갈등을 조장하여 갈등을 발전의 계기로 삼아야 된다는 견해이다.

갈등은 긴장감을 높이고 피곤함을 주지만 갈등을 해결하려는 과정에서 개인과 조직의 발전을 가져오고, 적절한 갈등은 평소에는 생각하지 못했던 창의력을 가져온다.

현실적으로 갈등이 없거나 갈등이 억제된 조직은 표면적으로 별 문제가 없어 보이나, 본질적으로 매너리즘이나 무기력의 늪에 빠져 외부의 변화에 능동적으로 대처할 수 없다. 이 갈등관은 능동적이고, 창의적인 조직이 되려면 갈등은 필수적이고 갈등을 적극적으로 조장해야 된다는 견해이다.

5) 합리적인 갈등관과 협상

사람들 사이에 발생하는 의견차이 자체를 본질적으로 좋은 것이나 나쁜 것으로 간주해서는 안된다. 의견차이는 때때로 조직에 중요한 이익을 가져오기도 한다(Warren H. Schmidt, 2000).

갈등은 마냥 싫은 것도 좋은 것도 아니다. 갈등은 순기능과 역기능의 양면을 가지고 있다. 중요한 것은 사람사는 세상에 갈등은 항상 있었고, 지금도 미래에도 갈등은 발생한다는 것이다.

이러한 갈등을 어떻게 받아들일 것인가는 선택의 문제이다. 갈등을 숨길수도 억제할 수도, 마지못해 받아들일 수도 적극적으로 갈등을 조장할 수도 있다. 중요한 것은 갈등의 성질과 갈등을 관리할 수 있는 능력여부이다. 갈등이란 순기능도 있고, 역기능도 있기 때문에 갈등의 성질을 명확히 분석하고, 갈등의 순기능을 극대화할 수 있는 방안을 협상을 통해 도출해야 된다.

갈등을 면밀히 분석하여 갈등을 구성하고 있는 요소 중에서 개인간이나 집단의 운영에 발전적이고, 긍정적인 갈등요인은 갈등을 적극적으로 수용하여 촉진하고, 개인간이나 집단에 잠재된 갈등에서 역기능적인 요소는 제거하는 노력이 필요하다.

일반적으로 조직내에서 발생되는 갈등은 구성원들간의 커뮤니케이션이 충분하지 못하거나, 신뢰가 부족할 때 발생한다. 따라서 조직내에 원활한 의견교환 부족과 이에 따른 상호간의 내재된 불신의 갈등은 상호간의 원활한 커뮤니케이션을 통해 해결해야 한다. 갈등은 효과적으로 관리만 잘 된다면 잠재된 문제를 수면위로 끌어 올려 해결할 수 있는 촉진제가 될 수 있다.

9. 갈등과 다른 개념의 비교

우리의 생각과 언어생활 속에는 무의식적으로 갈등을 확대 해석하는 경우가 많다. 특히 갈등과 분명히 구분되는 개념을 갈등과 혼동하는 경우가 많다. 갈등과 유사한 개념을 명확히 갈등과 구분하고 이해함으로써 갈등의 개념을 더욱 명확히 할 수 있고, 갈등관리를 더욱 효과적으로 할 수 있다.

1) 갈등과 협력

많은 사람들이 갈등과 협력은 병존할 수 없는 개념으로 간주한다. 즉, 갈등이 있으면 협력은 존재할 수 없는 것으로 생각한다. 그러나 갈등과 협력은 정반대의 개념이 아니고, 병존이 가능한 개념이다. 당사자들간에 갈등이 없다고 협력을 하는 것은 아니다. 또한 어떤 갈등이 있다고 하더라도 사안에 따라 협력은 가능하다.

2) 갈등과 동의

갈등은 개인간 또는 조직간에 어떤 일을 추진하는데 상이한 목표와 수단 때문에 발생한다. 따라서 많은 사람들이 당사자간에 갈등이 있으면 일을 추진하는데 있어 상호간의 동의를 이끌어 낼 수 없다고 생각한다. 그러나 갈등과 동의는 양립할 수 없는 대립의 개념이 아니고, 사안에 따라 갈등과 동의는 혼재되어 나타날 수 있는 개념이다. 예를 들어 어떤 비즈니스를 추진하는데 사업목표에는 구성원 모두가 동의하였으나, 사업의 목표를 달성하는 수단의 선택이나 일의 우선순위를 결정하는 데에서는 의견불일치가 발생할 수 있고 심하면 갈등으로 확대될 수도 있다. 이처럼 당사자들간에 갈등이 있다고 해도 부분적으로 동의는 가능한 개념으로 갈등과 동의는 병존할 수 있는 개념이다.[12)]

3) 갈등과 경쟁

갈등 양립불가능한 상호작용 ⟷ 경쟁: 목표에 관하여 양립가능한 활동

경쟁은 지배를 목적으로 독단적이며 비협조적인 방법을 선택한다(장대환, 1998: 189). 이러한 이유로 경쟁을 좋아하는 사람은 많지 않다. 그러나 개인과 조직의 발전 뿐만 아니라 국가 및 인류의 발전을 위해서도 경쟁은 필요하다. 그런데 이러한 경쟁을 많은 사람들은 갈등과 동일한 개념으로 인식하고 있다.

그러나 갈등과 경쟁은 별개의 개념으로 동일한 개념으로 인식해서는 안된다. 사안에 따라 경쟁이 심해지면, 당사자들간에 갈등양상을 보이는 경우도 발생할 수 있으나, 모든 경쟁이 항상 갈등을 유발하지는 않는다. 따라서 경쟁자체를 갈등과 동일시해서는 안된다[13)].

일반적으로 경쟁은 정해진 규칙에 따라 한 당사자가 다른 당사자의 행위를 직접 방해하지 않는데 비해 갈등은 상대방의 행위를 방해하는 경우도 발생한다.

---

12) J. Hage. Theories of Organization: Process and Transformations, N.Y., John Wiley & Sons, Inc., 1980, p.327.

13) S.P. Robbin, Managing Organizatinal Conflicts; A Nontraditional Approach, Englewood Cliff, N.J., Prentice-Hall, Inc., 1974, pp.25-37.

경쟁이 격하되어 상대를 방해하게 되면 경쟁이 갈등으로 변하게 된다(장대환, 1998: 177).

4) 갈등과 다른 개념의 구분을 통한 갈등관리

갈등을 해결하는 방법 중에 하나는 갈등을 갈등의 유사개념과 명확히 구분하여 갈등의 유사개념을 통해 현존하는 갈등의 원인을 재검토해 보고, 해결방안을 찾는 노력을 하는 것이다.

무엇보다 갈등과 경쟁을 명확히 구분해야 한다. 불가피한 경쟁을 갈등으로 받아들여 갈등을 증폭시키고 있다면 이를 시정해야 한다. 또한 전통적으로 갈등과 협력은 병존할 수 없다고 보는 견해가 많았으나, 최근 들어서는 갈등과 협력은 병존할 수 있다는 견해가 우세하다[14]. 현존하는 갈등 때문에 얼마든지 협력할 수 있는 좋은 비즈니스 기회를 놓쳐서는 안된다.

10. 경영조직의 갈등관리

1) 경영조직의 갈등원인

(1) 의견차이의 본질

대부분의 갈등은 상호간의 의견차이에서 시작되는데 의견차이의 본질은 기본적으로 4가지 원인에서 시작되고, 의견차이로 인한 갈등이 상호간의 사실, 목표, 방법, 가치 중 어떤 요인에 의해 발생했는지에 따라서 갈등의 해소 방안이 도출된다.

┃표┃ 의견차이의 본질

- 사실: 각자 문제를 다르게 정의하거나, 다른 정보를 알고 있을 때
- 목표: 목표가 다르거나, 목표가 공유되지 않을 때
- 방법: 목표를 달성하는 방법이나 우선순위가 다를 때
- 가치: 정의와 공공성, 도덕적 측면에서 차이가 있을 때

자료: Robert Tannenbaum(2000)

---

14) S.P. Robbin, Managing Organizatinal Conflicts; A Nontraditional Approach, Englewood Cliff, N.J., Prentice-Hall, Inc., 1974, p.37.

의견차이의 원인이 갈등당사자들의 사실에 대한 인식의 차이에 원인이 있다면 갈등관리자는 갈등당사자들에게 추가자료를 제공하여 사실에 대한 공감을 이끌어 낼 수 있다. 또한 상이한 목표가 의견차이의 원인일 경우에는 추상적인 목표를 세분화하여 목표를 명확하게 하여 의견차이를 좁혀 가야 한다.

상이한 방법이 의견차이의 본질이다면, 갈등관리자는 갈등 당사자들에게 추구하는 목표가 동일함을 강조하여 의견차이를 줄여가야 된다. 마지막으로 가치에 차이가 있다면, 개인의 자아를 존중하면서 가치의 차이가 발생한 원인을 특정사안에 국한하여 차이를 줄여가는 노력을 해야 한다(Robert Tannenbaum, 2000).

가. 구성원들의 목표에 대한 의견차이

일반적으로 동일 기업의 종사자들이라고 하더라도 라인과 스탭의 목표는 주어진 여건에 따라 상이할 수 있다. 또한 노사간에도 동일기업의 종사자들임에도 불구하고 추구하는 목표가 첨예하게 대립되는 경우가 자주 발생하고 있다.

나. 구성원들의 목표에 대한 인식의 차이

기업내에서 추구하는 목표가 동일하다고 하더라도, 그 목표의 중요도에 대한 인식의 차이가 발생할 수 있고, 또한 목표를 달성하는 방법에 있어 일의 우선순위나 시간의 활용을 둘러싸고 갈등이 발생할 수 있다.

① approach-approach conflict

approach-approach conflict는 어떤 일을 추진하는데 달성하고 싶은 목표가 두가지 이상인데 한 가지 목표만 달성해야 될 때 발생하는 갈등을 의미한다.

② avoidance-avoidance conflict

avoidance-avoidance conflict는 어떤 일을 추진하는데 달성해야 되는 두 가지 목표 모두를 회피하고 싶어도 한 가지 목표는 반드시 추진해야 될 때에 겪는 갈등이다[15].

③ consensual conflict

consensual conflict는 조직내에서 구성원들간의 업무추진이나 협력업체와 업

15) F. Luthans, Organizational Behavior, M.Y., McGraw-Hill, Inc., 1981, pp.371-374.

무를 추진하는 과정에서 공동목표에는 동의하고 협력하여 공동목표를 수행하지만 목표가 달성되었을 때 결과가 한정적일 때 당사자간에 발생하는 갈등을 의미한다.

예를 들어 EU와 미국이 중국의 자동차시장 개방이라는 동일한 목표를 두고 상호 협력하여 중국 자동차 시장개방을 중국정부에 요구하고 목표가 달성되었을 때 외국인에게 개방된 중국 자동차시장을 놓고 EU와 미국은 갈등에 직면했다.

④ dissensual conflict

dissensual conflict는 구성원들이 동일한 목표와 성과에 대한 가치와 평가의 차이로 발생하는 갈등을 말한다. 조직내에서 업무를 추진하는 과정에서 동일한 목표, 수단에 대한 구성원들의 가치평가가 다를 경우 갈등이 발생한다. 이러한 갈등은 목표를 달성한 다음 성과보상으로 주어지는 임금, 승진이 동일하더라도 구성원간의 평가척도가 다를 경우에 발생한다. 이러한 갈등이 발생하는 이유는 구성원들의 교육정도, 연령, 성, 종교, 문화 등이 상이할 때 주로 발생한다[16]. 특히 여러 나라에서 온 직원들로 구성된 다국적기업의 경우 조직내에서 목표를 세우고 업무를 추진하는 과정과 성과에 따른 보상이 동일하더라도 갈등이 발생할 수 있다.

다. 경영조직내의 평가와 지위, 업무의 차이

기업에 존재하는 자원(직위, 예산, 권한 등)이 한정된 경우 배분과 사용을 두고 갈등이 발생한다. 그런데 평가와 보상체계가 조직의 부서별, 직능별, 지역별 차이가 있을 경우 갈등이 증폭된다.

또한 사람은 누구나 자신이 조직내에서 부여받고 있는 지위에 걸맞는 권한과 역할을 기대한다. 그런데 조직의 실질적인 운영체계에서 자신이 부여 받은 지위와 조직내에서 다른 구성원들에 의해 인식되는 지위가 부조화를 이룰 경우에는 직무를 수행하는데 구성원들과 갈등이 발생하고, 궁극적으로 지위부조화로 인한 본인의 내면갈등이 증폭된다.

그리고 조직내에서 업무를 진행하는데 있어 상위계층에서 권한이나 직무를

---

16) L. Kriesberg, The Sociology of Social Conflict, Englewood Cliff, N.J., Prentice-Hall Inc., pp.32-34.

하위계층에 위임하면 갈등을 줄일 수 있다. 그러나 조직내에서 수평적인 업무분장은 조직계층간의 권한과 직무의 중복으로 갈등이 발생한다.

① bargaining conflict

bargaining conflict는 희소한 자원의 배분때문에 조직내부 및 조직간에 발생하는 갈등이다. 어떤 조직이든 직위는 한정되어 있다. 모두가 다 임원이 될 수는 없다. 또한 구성원 모두에게 동일한 인센티브를 제공할 수도 없다. 이러한 한정되고, 부족한 자원 때문에 이를 둘러싼 배분을 둘러싸고 갈등이 발생한다. 노사간의 갈등도 결국 한정된 자원의 배분을 둘러싸고 노사간에 발생한 갈등이다.

② bureaucratic conflict

bureaucratic conflict는 수직적 갈등(vertical conflicts)으로 조직내의 상하계층간에 발생하는 갈등으로 조직내의 전형적인 갈등에 속한다. 특히 조직내의 상위부서가 하위부서에 대한 통제력을 강화하는 과정에서 발생한다.

최근 들어 국내외 많은 기업들이 팀제를 도입하면서 기업조직의 전통적인 수직관계를 개선하고 있으나, 일반적으로 기업의 조직의 구조는 수직적 관계를 갖고 있고, 이러한 수직구조에서 상하계층간에 업무를 수행하는 과정에서 갈등이 발생한다.

(2) 구성원들간의 관계

일반적으로 갈등은 개인간 및 집단간의 다양한 관계속에서 발생한다. 갈등은 이러한 개인간 및 집단간의 상호 의존성이 높아짐에 따라 갈등의 횟수가 증가한다. 특히 쌍방간의 상대에 대한 의존성의 정도에 차이가 발생할 때 갈등은 확대된다.

개인이나 집단간의 의존관계가 일방적일 때 개인간의 관계에는 갈등이 발생한다. 이러한 일방적 의존관계에서 발생하는 갈등은 상호의존적 관계에서 발생하는 갈등보다 치유하기가 힘들고 근본적인 힘의 균형이 이루어지기 전에는 갈등이 해결되지 않는다.

무엇보다 조직내의 구성원들의 구성이 동질적인 경우는 이질적인 경우보다 갈등의 발생을 줄여 준다. 그런데 동질적인 구성원들로 구성된 조직에 이질적인 구성원이 새로 영입된 경우 조직내 갈등이 발생하는 경우가 많다. 일반적으로 구성원들이 이질적이면 조직내에서 구성원들간의 친숙함이 떨어지기 때문에 구성원들간에 협력이 떨어지고 갈등이 증폭된다.

한국사회에서는 학연, 지연, 혈연으로 구성원들간에 동질성과 이질성이 많이 구분되는데 글로벌 기업이나 국제기구에서 구성원간의 동질성과 이질성은 인종, 국적, 종교 등 더욱 다양하고 복잡한 양상을 보인다.

가. systems conflict

systems conflict는 수평적 갈등(lateral conflicts)으로 조직내의 동일 수준의 계층간에 발생하는 갈등이다[17]. 즉, 조직내의 동일한 직급간, 동일한 지위에 있는 부서간의 수평적 갈등을 의미한다[18].

나. functional conflict

functional conflict는 기업의 조직내에서 다른 기능을 수행하는 조직들간에 발생하는 갈등을 의미한다. 대표적인 예는 라인과 스탭간의 갈등이고, 최근 들어 마케팅팀과 생산현장에서도 갈등이 발생한다.

다. competitive conflict

competitive conflict는 기업내에서 동일한 또는 유사한 기능을 복수의 조직에서 수행할 때 발생한다[19]. 예를 들어 신제품 연구와 개발 및 판매를 회사내의 여러 조직에서 경쟁적으로 수행하게 할 때 발생되는 갈등이다

(3) 내부규정과 정보의 차이

기업은 조직을 운영하는데 지침이 되는 사규를 규정해 놓고 있다. 그런데 이러한 내부규정이 명확하지 않을 경우 내부갈등이 증폭될 수 있다. 또한 내부규정이

---

17) Daniel Robey, Designing Organizations; A Macro Perspective, Homewood, Illinois, Richard D. Irwin, Inc., 1982, p.151.

18) L.R. Pondy, "Variety of Organizational Conflict", Administrative Science Quarterly, Vol.14, No14(Dec., 1969), pp.296-320.

19) P.L. Kahn, "Field Studies of Power in Organization", in R.L. Kahn and E. Boulding(eds), Power and Conflict in Organizations, N.Y., Basic Books, 1964, pp.146-157.

너무 상세하고 복잡할 경우에도 갈등이 발생한다.

조직내에서 정확한 정보전달은 구성원간에 원활한 의사전달과 의사교환을 가능하게 하여 불필요한 갈등의 발생을 억제할 수 있다. 그런데 반대로 조직내의 정보가 원활하게 구성원들에게 전달되지 않을 경우 갈등이 발생된다.

예를 들어 갑자기 조직내에 전달되는 정보의 양이 평상시 보다 급격히 많아지거나, 적어지면 구성원들은 동요하게 되고 갈등이 발생한다. 특히 정보의 내용이 해독하기에 난해하거나 애매모호한 경우 갈등은 증폭된다.

11. 학문별 갈등의 접근방식

갈등을 학문적으로 설명하고 해결방안을 접근하는 방식은 학문적으로 다양하다. 심리학에서는 갈등을 인간의 미세한 내면 심리로 설명하고 해결방안도 개인의 심리에서 찾고 있다. 그러나 이러한 심리학적 갈등접근은 개인의 갈등의 원인과 해결방안을 잘 설명하고 있으나 집단간, 조직간, 국가간의 갈등을 설명하는데는 한계를 보이고 있다.

사회학은 집단간의 사회적 갈등을 잘 분석하고, 설명하는데 개인의 심리적 갈등을 설명하고 분석하는 데는 한계가 있다. 사회현상이 복잡해지고, 사회계층이 다양해짐에 따라 사회적 갈등도 개인간의 심리적인 상태의 영향을 받고 개인간의 갈등도 사회적 갈등의 영향을 받으므로 갈등은 심리학적, 사회학적인 복합적인 접근을 해야 된다.

또한 최근 들어 세계화된 비즈니스 환경에서는 내국인과 외국인간의 갈등 및 국가간의 갈등도 자주 발생하고 있는데 이러한 국제간에 발생한 갈등을 정확히 분석하고 효율적인 해결방안을 도출하려면 문화인류학, 국제통상학, 국제정치 등의 다양한 학문간의 학제간 연구가 필요하다.

12. 갈등의 다양한 결과

갈등은 관계를 훼손시키기도 하고, 증진시키기도 하는 기능이 있다(이선우, 2004: 32). 결국 갈등 당사자들이 갈등을 어떻게 받아들이고, 갈등을 어떻게 슬기롭게 관리하느냐에 달려 있다.

1) 갈등의 부정적 결과

갈등이 발생하면 당사자들의 에너지가 낭비되고, 갈등이 격렬해지면 상대방에게 상처를 남기고, 인간관계를 단절시킬 수도 있다(Robert Tannenbaum, 2000).

조직내에서 갈등이 발생하면 갈등의 역기능으로 생산성이 하락하고 조직내에 부정적인 응집력(cohesiveness)이 발생하여 구성원 이외의 사람들에게 배타적인 반응을 보이게 된다. 또한 이러한 배타적이고, 역기능적인 갈등이 발생하면 조직 내부적으로 전제적인 강력한 리더십이 발생하고 조직의 운영이 경직된다. 이외에도 갈등이 기업경영에 있어 부정적인 요인은 다음과 같다(장대환, 1998:185).

첫째, 경제적 손실로 갈등이 발생하는 동안 시장기회를 상실할 수 있고, 자본과 인력을 갈등현안에 집중하게 하여 자원을 비생산적인 데에 매몰하게 한다.

둘째, 갈등으로 인해 기업이미지가 나빠지면 기업의 기존사업과 확장사업은 악영향을 받게 되고 조직원들의 회사내의 자부심은 물론이고 대외적으로 신용을 상실하게 된다.

(1) frictional conflict

frictional conflict는 조직구조의 변화가 없는 갈등을 말한다. 어떠한 갈등이 조직에서 발생하였으나, 조직구조상의 변화를 수반하지 않고 갈등이 해결되거나 미해결된 상태로 종결된 경우이다. 이러한 갈등은 조직내에서 조장된 갈등이 아니고 소극적이고, 수동적으로 발생된 갈등이다.

2) 갈등의 긍정적 결과

훌륭한 리더는 갈등을 피하지 않고 갈등의 중심에서 갈등을 해결한다.

개인이나 조직이 갈등을 효과적으로 관리하면, 갈등의 순기능이 발생하여 관계개선과 생산성 증대를 가져올 수 있다. 갈등의 순기능적 결과는 카타르시스와 같은 역할을 한다는 점이다. 갈등의 관리를 통해 내재된 긴장이 풀리고 새로운 의사소통을 가져와 활기찬 조직문화를 가져 올 수 있다. 따라서 갈등이 잘 관리만 된다면 조직내부의 단결력을 강화하고, 조직의 침체를 막을 수 있다. 특히 그동안 불분명했던 조직의 목표를 명확히 해주고, 잠재되었던 구성원간의 문제해결을 위한 동기를 제공해줄 수 있다(장대환, 1998: 186).

이외에도 갈등의 순기능은 다음과 같다. 첫째, 개인간이나 조직간에 잠재된 문제가 갈등으로 인해 수면위로 올라와 그동안 가려진 문제의 원인을 명확하게 할 수 있어 점진적으로 악화되고 있는 관계를 개선시킬 수 있다 둘째, 갈등이 발생하면 긴장감이 증대되고 이러한 가운데 독창적인 아이디어와 혁신적인 업무 방식이 고안되어 생산성이 증대된다. 셋째, 갈등이 발생하면 조직 내부에서 위기를 극복하기 위한 협력의 분위기가 고조되고 이러한 가운데 구성원들의 사기가 진작되어 생산성이 향상된다.

(1) strategic conflict

strategic conflict는 조직구조의 변화를 주는 갈등을 말한다. 조직내의 침체되고 정체된 분위기를 일신하고 생산성을 향상시키기 위해 내재된 갈등을 촉진하고 조장하는 경우 갈등의 결과 조직의 구조가 혁신적으로 변화될 수 있다. 새로운 팀을 만들거나 기존의 팀에 신규 팀원을 투입하여 구성원간에 생산적인 갈등을 유발하는 것이다.[20]

13. 갈등관리(conflict management)

갈등관리 = f(N×C×A×S)

대립관계의 변수(수; number, 복잡성; complexity, 애매성; ambiguity, 속도; speed)

그동안 갈등은 개인간이나 조직의 운영에 있어 덮어 두거나, 방치하거나 억제하는 수준에 머물렀다. 그러나 최근들어 갈등은 경영관리에서 중요한 부분으로 작용하고 있다.

갈등을 관리하는 것은 감정상태를 발전적으로 조성해 나가는 것이고, 상대와 대화할 자세가 되어 있다는 것이다(이선우, 2004: 30). 갈등을 해결하는 방법은 다종다양하다. 분쟁 당사자 중에서 어느 한쪽이 포기할 수도 있고, 또한 강제로 갈등을 해결할 수도 있다[21]. 이처럼 갈등관리는 다양한 갈등 해결방안 중에서

---

20) L.R. Pondy, "Variety of Organizational Conflict", Administrative Science Quarterly, Vol.14, No14(Dec., 1969), p.499.

21) W.Kheel. Thedoer, The Keys to Conflict Resolution, Four Walls Eight Window, 1999, p.34.

발생된 갈등의 종류에 가장 적합한 방법으로 갈등을 효과적으로 관리하는 것이다.

갈등은 대립되는 관계의 수가 많아질수록 갈등의 내용이 복잡하고 애매할 수록 가속도가 붙을수록 갈등관리가 힘들어진다. 효과적인 갈등관리를 위해서는 갈등의 발생동기와 갈등의 진행과정을 정확히 파악해야 된다.

또한 효율적인 갈등관리를 하려면 대화뿐만 아니라 비언어적 접근, 정서적 접근 등 다각적인 갈등관리를 해야 된다. 갈등관리는 갈등을 소극적으로 회피하는 것에서부터 갈등을 적극적으로 활용하여 조직의 발전 및 대인관계의 개선을 하는 것까지 다양하게 추구할 수 있다. 갈등관리는 단순하고 즉흥적인 방식으로 해서는 안 되고, 장기적이고 다양한 관점에서 이타적인 방식으로 해야 된다.

| 표 | 갈등해소에 도움이 되는 질문

- 의견차이의 본질은 무엇인가?
- 의견차이의 배후요인은 무엇인가?
- 의견차이가 어느 단계까지 발전했는가?

자료: Warren H. Schmidt(2000)

구성원들의 의견차이로 감정이 격화될 때 관리자가 팀내의 조화와 개인의 창의성 이 두 가지 요소 모두를 존중하면서 의견차이를 체계적으로 조정하기 위해서는 의견차이의 본질을 이해해야 한다(Robert Tannenbaum, 2000).

| 표 | 갈등관리의 장단점

형 태	장 점	단 점
1. 타협에 기반을 둔 갈등관리 (compromise)	곤경을 극복할 수 있고 협상을 빨리 진행시킴.	포기하는 데 드는 위험이 수반된다. 최종 결정에 위임권이 부족하다.
2. 종합에 기반을 둔 갈등관리 (synthesis)	최종결정에 모든 사람의 생각을 통합시키려고 함. 일의 수행이나 동기를 진작시킴.	관련없는 요소가 가끔 포함되고 협상의 결과를 약화시킬 수 있다.
3. 상승작용에 기반을 둔 갈등관리 (synergy)	협상결과는 창의적인 사람끼리 만들어내는 실제적인 결과이고 양측이 모두 승자가 되는 상황.	협상의 이 형태는 시간과 유연성, 개방적인 자세가 필요하다.

자료: 장대환(1998)

조직내에서 발생되는 의견차이를 다루는 절대적인 옳은 방법은 없다. 주어진 여건에 따라 의견차이를 피하거나, 억제하는 것이 좋을 때도 있고, 어떤 경우에는 조직내의 의견차이를 공론화하고 활용하여 조직의 잠재된 문제를 해결할 수도 있다(Warren H. Schmidt, 2000).

1) 갈등의 해결전략

(1) 갈등 당사자간의 의사교환

갈등 해소의 기본은 의사교환(communication process)이다. 의사교환을 통해 대화할 수 있는 감정상태를 조성해야 협상으로 넘어갈 수 있다(이선우, 2004). 실제로 많은 갈등은 오해에서 시작된다. 이러한 오해로 시작된 갈등은 설명과 설득을 통해 갈등을 해소할 수 있다.

(2) 갈등의 강압적 해결

강압적 해결은 갈등의 원인을 체계적으로 분석하고, 실질적인 해결방안을 강구하는 것이 아니고, 조직내에서 선임자나 상위자가 강제적인 명령 등을 통해 조직내에 내재된 갈등을 해소하지 않고 갈등을 인위적으로 제거하는 방법이다

이러한 강압적 갈등해결은 갈등의 원인을 명확하고 체계적으로 파악하지 않고, 갈등 그 자체에서 승자와 패자를 가린다(장대환, 1998: 190). 따라서 패자는 결과를 승복하지 않고 또 다른 갈등을 유발한다.

이러한 억제방법으로 갈등을 해소하려 할 때 관리자는 갈등을 발생시킬 수 있는 구성원들이 통제된 환경에서만 일할 수 있게 하고, 조직의 분위기도 협력과 순종을 하는 구성원들에게 보상을 하여 갈등을 억제한다.

이러한 갈등억제 방법은 조직내에 잠재된 의견차이가 조직의 업무수행 및 조직의 발전과 관련이 없을 때, 조직의 잠재적인 의견차이를 충분한 시간을 두고 해결할 수 없을 때, 관리자는 단기적인 성과에 집중해야 되는데 의견차이의 사안은 장기적인 먼 이야기일 때 효과적이다(Robert Tannenbaum, 2000).

(3) 갈등의 회피와 완화

갈등의 회피는 상대방의 이익도 고려하고 나의 이익도 고려하는 것이다. 나와 상대의 관계를 고려할 때 갈등이 있음에도 불구하고 서로 피해가는 것이다(이선우,

2004: 30).

회피는 갈등을 무시하고, 이를 피하려는 것으로 비독단적이며, 비협조적인 형태를 보인다. 갈등에 직접 개입하지 않고 철수, 무관심, 수동성, 무감동, 운명에 의지, 도피 등을 의미한다.

갈등의 회피는 다양한 형태로 나타난다. 첫째 당사자가 잠재적으로 갈등이 발생할 수 있는 상황에서 의도적으로 벗어나든가, 둘째, 갈등이 발생할 수 있는 부분을 축소하는 등으로 나타날 수 있다.

이러한 갈등의 회피전략은 당사자의 우유부단함과 결정력의 부족에서 불가피하게 발생되는 경우도 있지만 오히려 당사자들이 의도적으로 갈등이 없는 상태를 만들기 위해 하는 경우도 있다(장대환, 1998: 189-191).

만약 한 구성원이 조직내에서 매우 본질적인 사안에 대해 다른 구성원들과 다른 견해를 갖고 이를 강하게 주장한다면 그는 조직내에서 해로운 존재가 될 수 있다. 이러한 구성원들간의 본질적인 사안에 대한 의견차이는 많은 문제를 야기시킬 수 있다.

따라서 조직내에서 관리자는 구성원들간에 발생할 수 있는 의견차이를 미리 회피할 수 있다. 이를 위해 관리자는 구성원을 의견이 대부분 일치하는 사람들로 구성한다. 즉, 조직구성을 비슷한 사회계층, 유사한 경험을 공유한 구성원들로 구성하면 구성원들은 현상을 비슷하게 이해하며, 공통의 이해관계와 목표를 가지며, 어떤 문제가 발생한 경우 유사한 방식으로 해결방안을 찾는 경향이 있다(Warren H. Schmidt, 2000).

이처럼 관리자는 조직내에서 발생할 수 있는 구성원들간의 갈등을 회피하는 방법으로 조직구성을 동질적인 구성원들로 할 수 있다. 이러한 갈등의 회피전략의 가장 큰 단점은 구성원들의 창의성을 기대할 수 없다는 점이다.

| 표 | 갈등을 회피하는 경우

· 대응할 시간이 없을 때 · 문제해결의 가능성이 보일 때 · 상대의 힘과 양보의 정도를 파악할 수 없을 때

자료: 이선우(2004)

완화는 갈등을 근본적으로 해결하는 것이 아니고, 근본적인 문제는 건드리지 않고 갈등당사자들이 상호간의 다른 의견과 불만을 내세우지 않고 갈등을 완화시키는 방법이다.

(4) 경영조직의 변화를 통한 갈등 해결

조직 내부에서 직무를 둘러싼 갈등이 발생한 경우 조직내 새로운 팀을 조직하여 인적구조를 변경하거나, 새롭게 업무분장을 하여 직무를 둘러싼 갈등을 해소할 수 있다.

또한 조직내의 한정된 자원으로 발생한 갈등을 해결하는 방안으로 가장 효과적인 것은 한정된 자원을 증대시키는 것이다. 예를 들어 회사내에서 한정된 자리를 두고 승진때문에 발생한 소모적인 갈등을 해결하는 가장 효과적인 방법은 자리를 더 만들어 승진 누락자에게 승진의 기회를 주는 것이다. 그러나 이러한 방법은 한시적으로 갈등을 해결할 수 있으나, 조직내의 한정된 자원을 계속적으로 확대할 수 없다는 한계가 있다.

그리고 구성원들의 조직에 대한 불만이 팽배한 경우 이러한 내부 불평, 불만으로 인한 갈등을 해소하는 방법은 외부의 적을 내세워 내부 구성원들의 관심을 내부의 작은 문제에서 외부의 문제로 전환하는 방법을 찾는다.

(5) 갈등당사자간의 순응(수용)과 타협

순응은 갈등당사자들이 자신의 이익을 내세우는 것을 지양하고, 상대방의 입장에서 상대방의 이익을 배려하는 양보전략으로 갈등을 해소하는 방법이다. 수용(순응)은 상대방의 이익을 그대로 받아들이는 것이다. 이에 비해 타협은 나도 조금 양보하고, 상대방도 조금 양보하는 것을 말한다(이선우, 2004). 타협은 당사자가 상대방과의 차이점을 절충하는 방식이다. 즉, 한편으로는 당사자가 상대방과 경쟁하면서 한편으로는 협조를 하는 것이다. 타협은 그 과정에서 양자간 협상에서부터 제3자의 개입을 포함하는 중재에 이르기까지 다양한 형태를 취한다(장대환, 1998: 186-194).

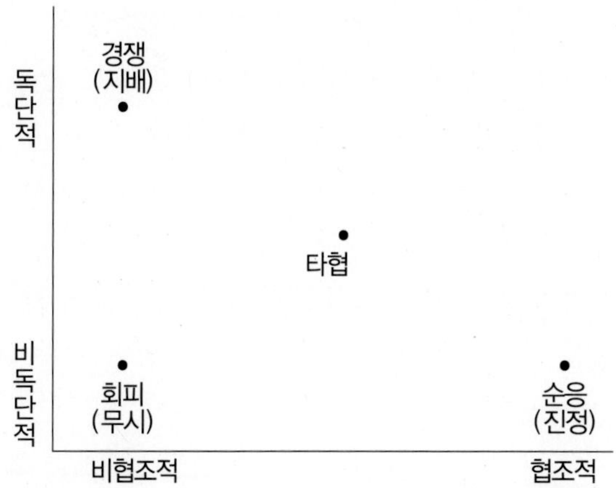

자료: 장대환(1998)

2) 갈등의 활성화 전략

갈등의 활성화 전략은 나와 상대 모두 감정 수준이 평상심보다는 높은 수준에 있을 때 의도적으로 갈등이 있음을 인정하고 그 갈등을 표출시킴으로써 갈등을 조장하는 방법이다(이선우, 2004: 39).

갈등조장은 수면아래 잠재하고 있는 갈등요인을 인위적으로 조장하여 갈등의 순기능을 극대화하여 조직의 잠재력을 끌어내고, 생산성을 향상시키기 위한 방법이다.

두 사람의 지혜가 한 사람의 것보다 나은 이유는 경험이 더욱 풍부해지며, 문제에 대한 다양한 통찰력을 가질 수 있기 때문이다. 개인간이나 조직내에서 자주 발생되는 의견차이를 서로 대립되는 것이 아니라 더 나은 발전을 위한 계기로 생각한다면 의견차이는 어느 한 사람의 해결방안보다 더 나은 결과를 가져올수 있다(Warren H. Schmidt, 2000).

| 표 | 갈등조장 시 고려해야 될 사안

· 갈등의 조장을 통해 무엇을 달성하고 싶은가? · 갈등을 통해 나타날 수 있는 결과는 무엇인가? · 갈등에 대한 균형잡힌 시각을 갖기 위해 어떤 조치를 취해야 하는가? · 갈등 이후 갈등당사자들의 유대강화를 위해 무엇을 해야 하는가?

자료: Robert Tannenbaum(2000).

즉, 문제를 다른 시각에서 보는 많은 이들이 각자의 견해를 자유롭게 표출할 수 있다면 의견차이로 인한 갈등이 발생될 수도 있지만, 궁극적으로는 문제를 균형잡힌 시각에서 접근하여 합리적으로 해결할 수 있다.

(1) 갈등의 존재를 인정

내재된 갈등을 수면위로 끌어 올려 갈등의 조장을 통한 문제해결과 생산성 증대를 하려면 가장 먼저 개인간 또는 조직간에 존재하는 갈등을 상호간에 인정해야 된다.

많은 경우 잠재적 갈등이 존재함에도 불구하고, 갈등자체를 부인하거나 갈등을 외면하면서 갈등의 골이 더 깊어지는 경우가 많다. 그러나 갈등을 조장하여 잠재적 갈등을 창조적 문제해결의 실마리로 만들려면 의견차이와 같은 잠재적 갈등을 있는 그대로 인정해야 된다.

(2) 경영조직의 의도적 변경

정체된 조직에 생동감을 불어 넣어 조직의 운영을 일신하기 위하여 외부에서 새로운 구성원을 영입하는 경우 기존의 내부 구성원과 외부에서 영입한 새로운 구성원간에 갈등이 발생한다. 그러나 이러한 선의의 경쟁은 조직에 능동적인 긴장감을 고조시켜 업무효율을 향상시킬 수 있다.

또한 조직에서 구성원들의 업무의욕을 고취시키는 방법 중에 하나는 개별적인 업무성과와 조직에 기여도에 따른 차등적인 인센티브의 부여이다. 인센티브는 임금, 성과금 등 금전적인 인센티브 뿐만 아니라 승진, 해외파견 등과 같은 기업내의 한정된 자원을 인센티브로 활용할 수 있다. 이러한 다양한 인센티브 제공을 통한 갈등조장은 동양사회의 전통적인 장유유서, 연공서열을 파괴하는 것으로 조직내에 갈등이 심화된다. 그러나 이러한 인센티브를 통한 갈등조장은 독창적인 아이디어와 성취요구, 문제해결 능력을 향상시키는 긍정적인 요인으로 작용할 수 있다.

그리고 조직의 구조를 혁신적으로 변경하여 구성원들의 긴장감을 고조시켜서 조직에 새로운 생동감과 의욕을 불어 넣는다. 일반적으로 조직구조가 장기간 변화없이 고착되어 있으면 구성원들은 매너리즘과 복지부동의 분위기에 빠지기 쉽다.

모든 문제에는 숨겨진 보물이 있기 마련이다.
당신이 할 일은 바로 그것을 찾아내는 것이다.

- Woody Allen -

CHAPTER 03 협상의 구조와 협상의제

1. 협상의 구성

Negotiation = party + issue + alternative + position + interests

협상은 둘 이상의 협상 당자자들이 공동의 관심사에 대해 협의에 이르는 과정이다. 모든 협상에는 공동의 목적을 갖고, 상호간에 비즈니스하는 협상당자(party)와 협상 당사자간에 해결해야 할 하나 이상의 쟁점(issue), 각 쟁점들을 풀어나갈 수 있는 대안들(alternative), 특정 주제에 대한 협상 당사자의 입장(position), 협상 당자자들의 이해관계(interests)로 구성되어 있다(Claude Cellich, 2006).

2. 협상 환경

협상 환경 = 통제가능한 환경 + 통제 불가능한 환경
협상 환경 = 협상의제를 전개해 나가는 틀을 제공

협상 환경은 협상 당사자들이 통제하고 조정할 수 있는 가격조건, 선적조건, 품질조건, 클레임조건 등과 같은 통제가능한 환경과 협상 당사자들이 통제불가능한 정치, 경제, 사회, 문화 등과 같은 통제 불가능한 환경으로 구분된다.

3. 협상 의제

우리말에서는 의제라고 하면 전체 의제와 그 전체 의제에 속하는 각각의 세부 의제도 의미한다. 그러나 영어에서는 agenda는 전체 의제를 의미하고, 거기에 속하는 세부 의제는 item on the agenda 또는 number...on the agenda라고 한다(임향옥, 2008).

협상의제 = 4Cs

협상의제는 협상 전에 협상 당사자들의 입장과 이해관계에 따라 협의를 통해 결정된다. 협상의제는 협상 당사자들간의 상호 견제와 협조의 결과물이다. 협상

| 그림 | 국제협상의 환경

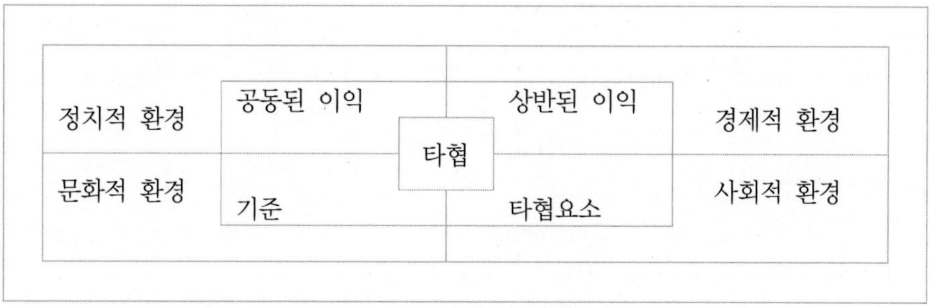

자료: John Fayweather & Ashok Kapoor, Strategy and Negotiation for the International Cooperation, Ballinger, 1976.

당사자들은 서로 자신에게 유리한 이슈를 협상의제로 관철시키려고 한다. 이러한 협상의제의 선정을 둘러싼 힘겨루기는 협상 상대방을 견제하기 위한 것으로 협상 당사자들은 협상을 시작하기 위해 상호 양보하고 협조해서 협상의제를 선정한다.

협상을 하려면 특정 대상이나, 문제해결이라는 목적물이 있어야 한다. 특정 목적물없이 이루어지는 단순한 대화는 의견교환일뿐 협상이라고 말할 수 없다(김병윤, 2007).

일반적으로 협상의제는 4Cs로 구성되어 있다. 4Cs는 공동의 이익(common interests), 대립되는 이익(conflicting interests), 타협(compromise), 기준 또는 목적(criteria or object)으로 구성되어 있다(이승영, 1999).

공동의 이익은 협상할 무엇(something to negotiate for)이고, 대립되는 이익은 협상의 대상이 되는 something to negotiate about이다 기준 또는 목적은 달성할 목적과 기준의 설정인 the objective for its achievements and determining the criteria.이다. 타협은 주고 받는 give and take on points이다(김성호, 2004: 98).

상호간에 공통되는 이익이 없거나, 대립되는 이익이 없으면 협상은 발생 하지 않는다. 따라서 협상에 있어 상호간의 공통되는 이익과 대립되는 이익은 필수적이다.

또한 공통되는 이익과 대립되는 이익이 있는 관계에서 갈등이 발생한 경우 협상을 원활하게 수행하려면 합리적인 기준이 있어야 된다. 이러한 합리적인 기준하에서 상호간에 자신의 입장과 양보를 주고 받으면서 타협을 통한 합의에 이르게 된다.

| 표 | 한·미간 산업협력협상

	Korean Firms	US Firms
Common Interest	• Enhancing and enlarging the M/S in the world market	
Conflicting Interest	• Concentration of economic power • Low technology • Receiving substancial flows of inward FDI	• IPRS(Intellectual Property Rights) • T/T(Transfer of Technology)
Criterion	• Globalization(Borderless) • Competitive in marketing. management, manufacturing	• Regionalism(ASEAN/NAFTA/AFTA/SAPTA)
Compromise	• To promote strategic industrial cooperation (OEM → Joint – venture → FDI)	
Advantages	• Diffusion of Globalization • Development in transportation, telecommunication	
Disadvantages	• Increased investing cost • Shortening of PLC • Weakening of NIES	• Emerging of WTO • Shrinking Int'l B/P • Outflowing of High-Tech
Motives (Background)	• Government's support • Chaebol's positive mind • Resource & market seeking • Circumvent trade barrier • Japan's reluctant to transfer technology	• Opportunity to enter the emerging Asian markets (BEM)
Alternative modes	• To reduce R&D cost through the strategic alliance, to confront the fast – changing of high – technology industry, and to enhance the efficiencies of collaboration both advanced American firm's technology and skillful Korean firm's producing capability	

자료 : 김성호(2011)

4. 4Cs는 변한다

협상은 정체되고 고정된 개념이 아니고, 동학적 개념(flow concept)이다. 협상과정에서 4Cs는 계속 변할 수 있다. 이처럼 4Cs가 협상과정 중에 변하면서 협상당사자들이 제안하는 대안도 동태적으로 변할 수 있다.

협상자는 이러한 동태적인 4Cs를 협상과정에서 잘 인식하여 협상 진행과정에서 협상 전에 정한 협상목표가 잘 지켜질 수 있도록 협상의 전 과정과 절차를 효율적으로 관리해야 한다.

5. 협상의제 선정의 우선 순위

본 협상이 시작되기 전에 협상에 참석할 모든 당사자들이 협상에서 논의할 의제를 합의해야 한다. 의제 때문에 협상의 결과가 좌우될 수 있기 때문에 논의할 내용 그리고 순서까지 협상 전에 정해야 한다(임향옥, 2008).

어떤 의제를 선정할 것인가?라는 질문은 협상할 쟁점과 협상에서 제외할 쟁점이 무엇인지 결정하는 것이다. 일반적으로 협상의제가 많으면 협상에 따른 혜택이 여러 당사자들에게 돌아 갈 가능성이 크다. 그러나 협상의제가 너무 많으면 합의를 도출하기가 곤란해질 수도 있다(Michale Watkins, 2006: 205).

협상의제는 협상력에 지대한 영향을 미치고, 협상의 진행방향을 정하게 된다. 협상자는 수 많은 안건 중에서 어떤 것을 협상의제로 선정하고, 선정된 협상의제 중에서 어떤 의제를 가장 먼저 논의하고, 또 어떤 의제를 협상 상대방에게 양보해야 되는가를 정해야 한다.

협상의제의 선정과 우선순위는 다음과 같은 원칙에 의해 정해야 한다. 만약 협상에서 다루어야 할 협상의제들의 우선 순위가 뒤죽박죽되어 있으면 협상은 정교하게 진행될 수 없고, 본래 의도했던 협상결과도 기대하기 힘들다.

1) 급하면서도 중요한 안건

논의해야 될 많은 안건 중에서 급하면서도 중요한 일은 가장 핵심적으로 다루어야 되는 안건이다. 이러한 안건은 반드시 협상의제로 관철시켜야 되고, 협상 상대방으로부터 시급히 양보받아야 할 안건이다.

양보하기 어려운 의제들은 항상 염두에 두고 협상에 임하여야 한다. 긴급하고도 중요한 핵심의제의 선정은 반드시 필요한 사항이다.

2) 급하지는 않지만 중요한 안건

일반적으로 다자간의 국제협상은 많은 의제를 정해진 시간에 맞추어 논의하는 경우가 많다. 이러한 경우 협상에서 논의해야 할 협상의제의 선정과 협상과정에서 우선적으로 논의해야 할 협상의제의 순서에 혼란이 올 수 있다. 특히 협상에서 논의해야 할 안건 중에 중요한 안건과 시급한 안건이 협상일정에 의해 우선순위에서 부딪칠 경우 비록 시급히 논의해야 될 안건이라도 중요한 안건보다 먼저 논의해서는 안된다. 중요한 안건을 협상과정에서 우선적으로 논의해야 된다.

3) 중요하지는 않지만 긴급한 안건

협상과정에서 중요한 안건은 아니지만, 안건으로서 타이밍이 중요한 사안은 협상의 제3순위로 고려해야 된다.

4) 중요하지도 긴급하지도 않은 안건

협상에서 협상 상대방으로부터 양보를 얻어 내기 위해서는 무엇을 양보할 것인가를 먼저 생각해야 된다. 특히 협상이 난항(deadlock)에 부딪쳤을 때 양보는 중단될 위기에 있는 협상을 진전시켜 준다. 이럴 때 양보로 쉽게 생각할 수 있는 안건은 중요하지도 시급하지도 않은 안건이다.

Check Point 교각살우(矯角殺牛)의 협상을 해서는 안된다.

협상자는 협상의 목표와 수단을 명확히 구분하여 수단 때문에 목표를 망쳐선 안된다. 또한 협상의제의 중요성을 세분화하여 협상과정에서 중요치 않은 의제의 소소한 부분 때문에 협상을 결렬시켜선 안된다.

Check Point Hiddedn agenda

Hiddedn agenda는 숨은 의제 또는 숨겨진 의도로 협상자가 협상에 참석한 목적이 외형적으로 보여지는 것과 달리 다른 곳에 있을 때 사용되는 표현이다(임향옥, 2008).

6. 협상의제의 전개과정

협상대표단의 첫 번째 임무는 의제자체를 정확하게 분석해야 된다. 의제에는 어떤 주제가 포함되며, 어떻게 의제를 공식화하며, 또한 어떤 순서에 따라 의제를 공식화 하는지에 대해 협상 상대방과 협의해야 한다. 협상에서 의제와 절차에 대한 결정은 향후 중요한 의사결정에 지대한 영향을 미친다(장대환, 1998: 315).

1) 쟁점

쟁점은 협상 당사자들이 풀어가야 할 문제점을 의미한다. 즉, 쟁점은 협상 당사자들간에 이해가 상충되는 것을 말한다. 협상은 상품가격의 흥정처럼 한가지 쟁점만 있는 경우도 있으나, 일반적으로 여러 가지 쟁점들이 복잡하게 얽혀있는 경우가 많다[22].

┃표┃ 한·EU FTA협상 5대 쟁점

한 국	쟁 점	유럽연합
자동차, 브라운관, 섬유, LCD 등 즉시 철폐	관세철폐	자동차, 정밀화학, 정밀기계 즉시 철폐 돼지고기, 치즈, 와인 등 일부 농산물 관세 인하
까다로운 환경정책 및 규격인증 완화	비관세장벽 철폐	자동차 표준, 기준에서 유럽규격 인정 의약품 약가산정방안 개선
금융, 연안해운, 시청각서비스 개방, 전문직 자격 상호인정 및 출입국 간소화	서비스 개방	금융, 법률, 회계, 택배, 통신, 뉴스
—	지식재산권 보호	지리적표시(GI) 및 산업디자인 보호 법률 이행 강화
개성공단 제품에 대한 특혜 관세 인정	원산지	개성공단은 정치적 문제

자료: 외교통상부(2009)

┃표┃ 한·미 FTA 협정문 주요 쟁점에 대한 비판과 해명

쟁 점	비 판	정부측 해명
투자자 국가간 소송제	조세주권 침해 가능성 (조세조치의 소송 대상 가능성)	일반적 조세조치가 수용 관련 소송 대상이 되지 않음을 명시(수용에서 예외가 되는 조세조치를 구체적으로 명시)
	투자계약·인가 위반도 대상에 포함 (타결 직후 발표 때 사실 은폐)	FTA 타결 직후 이미 발표한 사항 투자계약은 중앙정부만 해당(우리나라는 지자체와 공기업 계약이 대부분) 투자인가는 우리나라와 미국 모두 해당 사항 없음

22) Michale Watkins, Shaping the game, Harvard Business School Press. 2006, p.49.

쟁 점	비 판	정부측 해명
세이프 가드(금융)	발동 요건 제한으로 실효성 의문	발동 요건 제한은 외국환거래법에 따른 것
	발동기간 1년으로 제한	6개월로 제한한 외국환거래법보다 늘어난 것
의약품·의료 기기	최저가격보장제 간접적 수용	경쟁적 시장 도출 가격에 따르지 않아도 적절한 방법으로 결정할 수 있도록 명시(경쟁적 시장도출 가격에 기초)
무역구제	반덤핑 관련 분쟁 해결 절차 불리	미국과 합의한 2개 절차 규정만으로 양자 분쟁 제기하기 어려운 현실 반영
농산물수입 보호장치	세이프가드(SG) 발동 횟수 1회 제한	초민감 농산물 30개는 발동 횟수 제한없는 특별 세이프가드 적용
	특별 SG 미적용 농산물 보호장치 미흡	특별 SG 외에 자율할당관세(TRO) 계절관세 등 다양한 제도 적용
우편서비스	우편서비스 민영화 확대	우정당국 독점에 대한 예외 점진적으로 확대
개성공단	역외가공 인정 때 국제 규범(ILO) 참고	국제규범은 ILO협약이 아니라 국제적으로 인식되는 관념적 기준 의미
섬유	우회수출 방지 위해 경영정보 대폭 제공	원가정보와 직결되는 임금, 근로시간 등은 제외

자료: 외교통상부(2009)

협상에세이

한미 FTA 1차 협상과 2차 협상 사이

미국 워싱턴 인근 메릴랜드주 컬럼비아시에 있는 셰라톤 호텔은 외국 기자들로 때아닌 '호황'을 누리고 있다. 지난달 30일부터 열리고 있는 한·미 자유무역협정(FTA) 최종 협상을 취재하기 위해 몰려든 한국 기자들 때문이다.

언론의 관심을 피해 워싱턴 시내에 위치한 미국 무역대표부(USTR) 건물이 아닌 조용한 곳을 찾았던 한국과 미국 협상단의 목표는 협상 첫날부터 여지없이 빗나갔다. 특이한 것은 이렇게 붐비는 가운데서도 미국 언론의 모습은 로이터와 블룸버그통신 등 서너곳을 제외하고는 찾아볼 수가 없었다.한·미 FTA 협상에 대한 관심도를 반영하는 양국의 관심 정도를 보여주는 듯했다. 2010년 12월초 컬럼비아시 한 호텔의 광경을 보면서 2007년 3월말 서울 남산의 하얏트 호텔의 모습이 떠올랐다.

14개월간 진행됐던 한·미 FTA 협상을 마무리짓기 위한 최종 협상이 벌어지고 있던 당시도 상황은 비슷했다. 최고급 호텔은 수백명의 국내외 취재진이 호텔 로비를 가득 메우고 한국과 미국 협상단의 일거수 일투족을 쫓느라 북새통이었다. 양국 협상단은 당초 3월 31일이었던 협상시한을 두차례나 미뤄가는 신경전 끝에 4월 2일 오후

1시 협상을 끝냈다.

3년반 전에도 미국 언론들은 한국 언론들의 '과도한' 관심과 대비될 정도로 '상대적으로 무관심'했던 기억이 난다. 대신 협상이 막바지로 치달으면서 미국의 의원들은 USTR 협상단 대표 앞으로 한국의 자동차 시장을 더욱 개방하고 대신 미국 자동차 업계의 이익을 지키기 위한 구체적인 제안들을 담은 서한을 보내며 협상단을 강하게 압박했던 모습 또한 지금과 판박이일 정도로 비슷했다.

미국의 압력에 한국 협상단이 지나치게 양보하는 불평등한 협상을 맺는 것 아니냐는 한국내 반대세력의 비판도 유사하다. 다른 것이 있다면 협상장 주변에 협상에 반대하는 대규모 시위대가 없다는 점이랄까. 그 때도 한·미 FTA 협상이 필요한 것은 경제적 실익 못지 않게 한·미동맹 강화라는 명분이 강조됐었다. 3년 반이라는 세월이 지난 지금 가장 크게 달라진 것은 경제적인 상황과 미국과 한국의 국내 정치적 상황이다.

1930년대 이래 미국은 최악의 경제불황을 맞고 있고, 대표 산업인 자동차업계도 위기를 맞고 있다. 미국 자동차 업계가 정부의 구제금융을 받고 있는 가운데 한국의 현대와 기아자동차는 공격적인 마케팅으로 미국의 자동차시장 점유율을 3년전보다 거의 2배 수준으로 높여놓으며 미국 업계를 긴장시키고 있다.

또한 양국 정부와 의회의 다수당이 바뀌었다. 당시 한국에서는 지금의 야당인 민주당이 집권 여당이었고, 미국에서는 공화당의 조지 부시 대통령이 공화당 의회의 지원 속에 협상을 진행시켰다, 막판에 중간선거에서 민주당이 하원에서 다수당을 확보, 상황이 어려워졌지만 미국 경제가 어려워지면서 한·미 FTA는 미국인들의 일자리를 빼앗는 '주범'으로 몰리면서 미국내 반대 여론이 높아진 것도 당시와는 달라진 모습이다. 하지만 우선순위에서 밀렸던 한·미 FTA가 우여곡절 끝에 결승선을 다시 한번 눈앞에 두고 있다.

일단 서명까지 마친 협정을 다시 손질해야 겠다는 미국측의 주장이 아직도 납득이 가지는 않지만 더 이상 미완의 협상으로 놔두거나, 결렬시키는 것 또한 바람직하지 않다는 생각이다.

국내외 압박 속에 한국과 미국 협상단은 마지막 한 발을 남겨두고 있다. 한국 협상단의 말처럼 새로운 이익의 균형을 맞추기 위한 장고이길 바란다. 한국 국회도 대표단의 협상력을 높이기 위한 전면 재협상 요구라면 협상이 타결되는 마지막 순간까지 계속 돼야겠지만 협상 결과와는 상관없이 타결은 무조건 '굴욕 협상'이라는 논리는 곤란하다. 또 한차례의 볼썽사나운 '해머국회'보다 이번에는 한·미 FTA 협상이 한국 경제와 국민들에게 도움이 될 수 있도록 빈틈없는 지원책을 준비하는 모습을 보고 싶다.

(서울신문, 2012.8.15)

한미 FTA 일부 조항에 대한 논란

한국		미국
- 국제수역사무국(IOE) 판정에 따라 과학적 검증절차를 거쳐 개방여부 결정. - 쇠고기 수입과 FTA는 별개 사안.	**쇠고기 개방**	- 한국이 쇠고기 수입을 재개하지 않으면 한미 FTA에 서명 안할 것.
협정문 부속서에 개성공단이 직접 거론되지 않았지만 당연히 이를 염두에 둔 것.	**개성공단**	개성공단 생산품을 미국에 수출할 수 있도록 허용한다는 문구 없음.
무역촉진권한에 따른 협상의 경우 수정할 수 없으며 재협상 가능성도 없음.	**재협상 여부**	경우에 따라 협정문 수정이나 재협상도 가능.(일부 의원)

유전자조작 생물체(LMO)

한국	미국
계속 협의해 가자고 합의(김종훈 수석대표)	협의도, 합의도 아니며 LMO법을 설명했을 뿐(배종하 농림부 국장)

2) 입장

입장은 협상 당사자가 쟁점인 문제점에 대해 갖고 있는 자세를 의미한다. 이러한 입장은 협상자 본인이 수용할 수 있는 것과 수용하지 않을 것이 무엇인지에 대한 자세이다. 협상자들은 협상 상대방에게 자신의 입장을 내세워 협상상대방의 의사결정에 영향을 끼치려고 한다[23]. 그런데 이처럼 협상자가 협상상대방에게 내세우는 입장은 진실된 것일 수도 있고, 거짓되거나 과장된 것일 수도 있다.

협상은 둘 이상의 행위자가 협조(적대) 행위를 통하여 서로의 입장 차이를 양보(거절)함으로써 타협(결렬)하는 것을 말한다. 협상에 관련된 행위자의 입장이 다른 이유는 동일한 목표를 두고 서로 다른 이해관계를 갖고 있기 때문이다(정상국, 1999).

3) 목표점

목표점은 협상 당사자가 달성하기를 바라는 수준을 말한다.

4) 합의가능범위(ZOPA; zone of potential(possible) agreement)

합의가능범위는 협상상대방에게 양보할 수 있는 범위를 의미한다. 즉, 협상을 하는 양측이 허용할 수 있는 허용 범위라고 할 수 있다. ZOPA는 Contracting Zone 이라고도 한다(임향옥, 2008).

┃표┃ 1994년 한·미 자동차협상의 주요 타결내용

	미국측 요구내용	타결 내용
소비자 인식	수입품에 대한 편견 시정을 위한 정부의 가시적인 강력한 조치	한국측 지속적으로 인식개선 노력
자동차 세제	배기량별 세제의 지속적 완화	특소세: 기존계획유지 2,000cc 이상급 → 20% 2,500~3000cc 410 → 310원 3,000cc초과 630 → 370원
검사·인증	미국업체의 자기인증 인정	성능시험 대상범위(연간 판매량 기준): 500대 이상 → 1,000대이상(98년부터) 가속주행소음 : 기존 승인차는 연장
할부금융업	외국기업의 100% 소유원 인정 일정계획 단축	기존일정계획(97년 제한 철폐) 유지하되 구체사항은 추후논의
광고	피크타임 광고 완전개방	기존 개편계획 유지하되 추후 논의

자료: 정상국(1999)

23) Michale Watkins, Shaping the game, Harvard Business School Press. 2006, p.67.

|표| 한·미간 스크린쿼터 협상

	Korean Firms	US Firms
Common interest	• Enhancing and enlarging the M/S	• in Korean Film Market
Conflicting Interest	• Prortecting domestic market	• Diffusing of Overseas market in Film Industry
Criterion	• Keeping present SQS	• Globalization of US Film Industry
Compromise	• Negotiating and implementing SQS	
Advantages	• Develpoing Korean Film Industry	
Disadvantages	• Korean Government's indolencing moving against attitudes	• Shrinking exporters of US Film in Asian market
Motives	• Closing SQS(Mexico) • Modifying SQS(Canada)	• Entering and enlarging of US film in Asian market
Alternavives	• Finishing Korean Cultural Film • Reducing taxes & subsides to promote the National Film Industry • Reforming the structure of Film distribution system • Sequence of Government's policy	

자료: 김완순(2000)

5) 합의

합의란 협상 당사자들이 최종적으로 상호 동의한 내용을 의미한다.

협상 당사자들은 상대방의 협상의 목표와 합의가능범위를 정확하게 이해하지 못하고, 자의적으로 해석하여 상대방의 합의가능범위보다 낮은 최종합의를 하여 결과적으로 협상 당사자 모두 만족 수준을 하락시키는 경우가 발생하고 있다.

따라서 협상자는 협상의제를 전개하는 과정에서 협상 상대방의 목표와 합의가능범위를 주관적이고, 추상적으로 단정하지 말고, 객관적이고 구체적으로 파악해야 된다.

협상에서 협상 당사자 모두 만족하는 합의를 이끌어 내려면 쟁점을 명확하게 이해하고, 협상 상대방이 쟁점에 대해 갖고 있는 입장을 다각적으로 분석하여 합의가능범위를 합리적으로 조정해야 된다.

협상에서 합의가능범위를 합리적으로 조정하려면, 협상 상대방의 기대수준을

한-EU FTA 협상의 주요 합의 내용

구분	내용
공산품 관세철폐	•EU는 3년 내 공산품의 99%, 한국은 3년 내 96%, 양측 모두 5년 내 사실상 100% 관세 철폐 •배기량 1500cc 초과 중대형 자동차는 3년 내, 1500cc 이하 소형차는 5년 내 양측이 같은 일정으로 관세 폐지
서비스 시장 개방	•대부분 한미 FTA 수준으로 개방(다만 방송용 국제위성전용회선 서비스는 2년, 생활하수 처리서비스는 5년의 유예기간 후 추가 개방) •법률서비스의 경우 외국법자문사의 자국 명칭 사용 허용
지리적 표시 확대	•샴페인, 스카치위스키 등 포도주와 증류주에만 적용해 온 지리적 표시제(특정 지역 농산물과 가공품에 지역명 표시를 할 수 있는 제도)를 기타 농산물에도 확대 적용
관세환급	•관세환급 제도를 유지하되 협정 발효 5년 후부터 역외산 원자재 조달방식의 중대한 변화가 있을 경우 환급 관세율 상한을 설정할 수 있도록 함
원산지 기준	•자동차 완성차는 역외산 부품사용 비율이 45% 이하일 때 자국산으로 인정 •자동차 부품 등은 역외산 부품사용 비율이 50% 이하이거나 가공 과정에서 세관 분류 기준이 달라지면 자국산으로 인정

한-EU FTA가 한국경제에 미치는 효과

국내총생산(GDP · 원)	무역수지 흑자(달러)	수출(달러)	수입(달러)	취업자 수(명)
증가분 15조7000억 ~ 24조	1억3000만 ~ 28억5000만	64억7000만 ~ 110억4000만	63억4000만 ~ 81억9000만	30만1200 ~ 59만7060
증가율 (2.02~3.08%)	(0.16~3.54%)	(2.62~4.47%)	(3.81~4.92%)	(1.81~3.58%)

2006년 기준 추산치.

자료: 대외경제정책연구원(KIEP)

한-EU FTA 발효시 양측의 관세철폐 품목 및 시기

	발효 후 즉시	3년 내	5년 내	10년 내
한국이 EU에서 수입하는 물품	선박(5%) 와인(15%)	중대형승용차 (1500cc 초과, 8%)	소형 승용차 (1500cc 이하, 8%)	냉동삼겹살(25%)
EU가 한국에서 수입하는 물품	자동차부품(4.5%) 냉장고(1.9%) 에어컨(2.7%)	중대형승용차(10%)	소형 승용차(10%) 컬러TV(14%)	

( )는 현행 간세율, 쌀 고추 마늘 양파는 예외.

높여서는 안 된다. 협상자는 협상과정에서 협상상대방의 기대수준을 낮추어야 된다.

협상과정에서 특정 쟁점에 대해 과도한 관심을 보이거나, 협상가능범위와 최대 양보 수준을 협상 상대방이 눈치채게 하면 협상상대방의 기대수준을 높여 협상력을 약화시킨다. 협상 상대방의 협상가능범위를 협상 전이나 협상도중에 다각적으로 파악하여 협상 상대방의 기대수준을 낮추어야 좋은 협상결과를 기대할 수 있다. 또한 협상을 원활하게 진행하려면 협상 초기에 쟁점을 너무 앞세워서는 안된다.

표 협상전술

협상전진을 위해	정보교환 촉진을 위해	상호이해의 증진을 위해
· 대안을 많이 가진다. · 목표의 범위를 넓게 잡는다. · 장기적인 안목을 갖는다. · 상대방의 제안에 금방 다른 제안을 하지 않는다. · 쟁점의 초점을 벗어나지 않는다.	· 질문을 많이 한다. · 중간 중간에 요약을 한다.	· 신경을 건드리는 언어는 피한다. · 공격적이거나 방어적인 자세는 피한다.

자료: 장대환(1998)

Check Point 침묵은 금이다

협상에서 침묵은 유용한 협상전략으로 활용될 수 있다. 유능한 협상자는 자신의 말을 최대한 아끼고, 협상 상대방의 의견을 최대한 듣는다. 특히 협상 상대방의 말을 진심을 다해 들어 줌으로써 협상 상대방이 마음의 문을 열고 자신의 솔직한 입장과 같은 중요한 정보를 줄 수도 있다.

협상을 하는 동안에 협상자들의 침묵의 횟수는 문화권에 따라 상이하게 나타나는데, 3분 사이에 10초 이상 침묵한 횟수를 살펴 보았더니, 일본인은 평균 6번인데, 미국인들은 3번 정도로 두배 정도의 차이가 났다(안세영, 2006). 미국인들은 협상과정에서 침묵이 있을 경우 상당히 불안해 한다. 이 침묵을 깨기 위해 아무런 말이나 꺼내는 경우도 있다(임향옥, 2008: 46).

▌표▐ 상담에서 비언어적 변수의 문화적인 차이

행 동	일본인	미국인	브라질인
침묵 30분당 10초이상 침묵	5.5	3.5	0
대화의 중첩 10분당 횟수	12.6	10.3	28.6
안면응시 10분당 응시시간 ~분	1.3	3.3	5.2
접촉, 30분당	0	0	4.7

자료 : John Graham 「The Influence of Culture on Business Negotiation」 Journal of International and Business Studies, Vol.16., No.1

협상에세이

"클린턴의 '5분'"

지난 4일 평양에 가서 북한이 억류중이던 두 미국인 기자를 데리고 귀국한 클린턴 전 미국 대통령과 북미관계의 변화 가능성에 대해서 여러 평가와 전망이 나오고 있다. 미국 내에서는 환영 분위기 속에서 "테러 국가의 위신을 세워줬다"는 비판도 있고, '철저한 개인적 방북'이라는 미 정부와 클린턴의 선 긋기에도 불구하고 북미관계가 어떤 영향을 받을 것이냐는 탐색이 이어지고 있다.

한국인들의 반응은 좀 색다르다. 방북 자체에 대한 평가보다는 클린턴이 북한과 미국에서 보여 준 절제 있는 태도에 깊은 인상을 받았다는 사람들이 많다. 그리고 그런 감탄 뒤에는 으레 우리의 정치인들과 공직자들에 대한 한탄이 뒤따른다.

'큰 인물'의 절제와 품위

5일 새벽 버뱅크의 밥호프 공항에 특별기가 착륙하고 141일만에 풀려난 두 여기자가 눈물로 가족들과 포옹하는 동안 클린턴은 보이지 않았다. 그는 가족 상봉에 방해가 되지 않으려고 5분쯤 비행기 안에 있다가 조용히 나타났다. 그는 풀려난 기자들과 그들의 소속사인 커런트TV 엘 고어 회장이 인사말을 하는 동안 말 한마디 없이 지켜보기만 했고 시선을 끄는 어떤 제스처도 없었다. 밥호프 공항의 주인공은 두 기자들이었다.

클린턴의 도착 성명은 뉴욕에 있는 그의 사무실에서 나왔다. "북한 감옥에서 오랜 시련을 겪었던 두 여기자가 풀려나 가족들을 만날 수 있게 되어 매우 기쁘다"는 짧은 내용이었다. 그는 도착 다음날인 6일 클린턴 재단의 에이즈 관련 행사에서 기자들의 질문을 받았으나 여전히 말을 아꼈다. "더 이상 말하는 것은 내가 할 일이 아니다. 미국과 북한과 우방들에 무심코 영향을 줄 수 있는 말을 내가 해서는 안 된다. 나는 정책 결정자가 아니며 정부에 방북 내용을 보고할 의무가 있다."고 그는 말했다.

지금까지 클린턴의 이미지는 달변의 머리 좋은 야심가에 통제불능의 바람둥이라는 것이었다. 그러나 평양으로 달려가 두 여기자를 구출해 온 그는 전직 대통령의 관록과 품위, 절제와 겸양을 지닌 '큰 인물'로 다가왔다. 그는 침묵으로 과거의 달변보다 더 많은 점수를 땄다. LA타임스는 "인격이란 최종도착지가 중요한 것이지 과정이 중요한 것이 아니라고 주장하던 클린턴이 세월이 흐르면서 조용한 우아함을 갖기 시작했다"는 독자 기고를 실었다.

이번에 또 하나 눈길을 끄는 것은 미국 지도자들의 '화해'다. 2000년 대선에서 패배한 앨 고어 전 부통령은 "클린턴의 르윈스키 스캔들이 패배의 원인이었다"고 말한 것이 클린턴과의 불화로 이어졌고, 2008년 민주당 대선 후보 경선에서는 힐러리 아닌 오바마를 지지했지만, 자신이 설립한 커런트TV 소속 기자들의 석방을 위해 클린턴의 방북을 요청했고 클린턴은 기꺼이 수락했다. 고어는 밥호프 공항에서 "솜씨있게 힘든 임무를 완수한 클린턴과 그의 팀에 감사한다"고 인사했고, 두 사람은 뜨겁게 포옹했다.

대선후보 경선과정에서 힐러리와 경쟁하며 거친 공격으로 상처를 주고 받았던 오바마 대통령은 힐러리를 국무장관에 기용하면서 클린턴 전 대통령까지 '덤'으로 받은 셈이다. 오바마는 "클린턴 대통령의 비범한 노력에 찬사를 보낸다"고 고마움을 표시했다.

한심한 우리 지도자들

키신저 전 국무장관과 존 볼튼 전 유엔 대사는 "테러 국가의 위신을 세워주었다. 테러리스트와 협상한 꼴이다."라고 비판했지만, 클린턴의 방북은 모두가 우정을 회복하는 또 하나의 선물을 미국에 안겨 주었다. 김정일의 위신은 국내용으로 효과가 있을 뿐 대외적으로는 초라함을 더욱 강조했다.

미국인들에겐 당연하게 받아들여진 클린턴의 말과 행동이 이처럼 우리에게 깊은 인상을 주고 부러움의 대상이 되는 것은 우리의 현실이 너무나 한심하기 때문이다. 절제 겸양 품위 등의 미덕은 우리의 전통문화에서 지도자의 덕목으로 강조되는 것들인데, 어쩌다 우리 지도자들은 이 지경이 되었을까? '클린턴의 5분'을 한 때의 화제로 넘겨서는 안 된다.

(한국일보, 2009.8.14)

7. 협상의 정치경제적 효과

1) 최소한의 의사소통 통로의 확보

상호간에 내재된 갈등을 갖고 있는 갈등 당사자들이 협상과 같은 대화의 장이 마련되지 않는다면, 갈등은 해결되지 않은 채 상호 불신만 커진다. 그런데 갈등 당사자들간에 협상을 함으로써 갈등 당사자간의 의사통로가 유지되어 갈등을 해소할 수 있다.

2) 폭력을 대신할 수 있다

협상은 상호 대화를 통해 문제를 해결하는 과정으로 극단적인 전쟁과 같은 폭력 등을 대신하여 대화로서 갈등을 해결할 수 있다.

3) 협상과정을 통해 정보수집

협상에서 정보는 협상목표와 협상전략을 짜는데 무엇보다 중요한 요인이다. 협상자는 협상 상대방에 대한 정보를 협상 전에 다각적인 방법으로 수집하지만, 협상과정에 협상 상대방과의 직접 대화를 통해 협상 상대방이나 협상환경에 대한 객관적인 정보를 얻을 수 있다.

특히 문서화된 협상의제에 대한 협상 상대방의 진정한 의도, 협상력, 협상 전략, 협상전술 등과 같은 구체적인 정보는 협상과정에서 협상 상대방의 언어적, 비언어적 태도를 통해 다각적으로 수집할 수 있다.

4) 협상을 기만의 용도로 활용

역사적으로 협상은 반드시 진정한 대화를 위해서만 활용된 것은 아니다. 협상은 공격을 위장하기 위한 또는 공격을 위한 시간벌기 수단으로 활용하는 경우도 많았다.

제2차 세계 대전 중에 일본은 미국의 진주만을 기습 공격하기 전에 워싱턴에서 회담을 시작하여 공격을 평화적으로 위장하였고, 회담을 통해 공격을 위한 시간을 벌었다.

이처럼 협상이 대화를 통한 문제해결이라는 본질을 벗어나 상대방을 기만하는 수단으로 악용되는 경우도 있다. 따라서 협상자는 협상 상대방의 협상에대한 진정한 의도와 태도를 정확하게 협상 전과 협상과정 중에 파악해야 한다.

5) 대내외 선전효과

국제협상이나 기업간의 인수합병 협상, 대기업의 노사간의 협상, 군축협상 등과 같이 대규모 협상은 협상의 결과를 떠나 협상에 임하는 자체로서 세간의 주목을 받게 된다.

특히 중소기업이나 약소국은 대기업이나 강대국과 협상에 대등하게 임하는 그 자체로서 대내외적으로 주목을 받게 되어 협상의 선전효과를 극대화할 수 있다.

또한 강대국과 대기업도 자신들이 힘의 논리로 밀어 붙이지 않고, 협상을 통해 자신보다 열세에 있는 약소국 및 중소기업과 입장을 조율함을 대내외에 보여줌으로써 공정한 이미지를 심어 줄 수 있다.

6) 최근 우리나라 FTA 협상의 정치경제적 파급효과

협상이 타결되거나 결렬되었을 경우 정치경제적 파급효과는 크다. 특히 국제통상협상의 경우 국내외 정치, 경제적 파급효과가 크다. 최근 우리나라가 추진한 FTA의 파급효과는 다음과 같다.

표 한·싱가포르 FTA발효 전후 對 싱가포르 수출입 변화

단위: 백만달러, %

	발효 전 10개월	발효 후 10개월	증가율
수 출	6,757	8,102	19.9
수 입	4,734	4,943	4.4
무역수지	2,023	3,159	56.2

|표| 주요 품목별 對 싱가포르 수출입

단위: 백만달러, %

수출					수입				
품 목	발효전 10개월		발효 후 10개월		품 목	발효 전 10개월		발효 후 10개월	
	금액	증가율	금액	증가율		금액	증가율	금액	증가율
메모리반도체 등	2,706	22.9	3,656	35.1	집적회로반도체	2,571	44.8	2,730	6.2
석유 제품	1,116	148.0	1,136	1.8	컴퓨터	411	-17.0	493	20.0
선박	503	106.1	623	23.9	석유화학중간원료	110	29.4	169	53.6
무선 통신기기	482	-4.7	432	-10.4	석유제품	165	35.2	156	-5.5
금은 및 백금	63	34.0	217	244.4	계측제어분석기	90	30.4	99	10.0
철강판	105	8.2	142	35.2	메모리반도체	116	-1.7	88	-24.1
컴퓨터	124	19.2	137	10.5	기타정밀화학제품	85	21.4	87	2.4

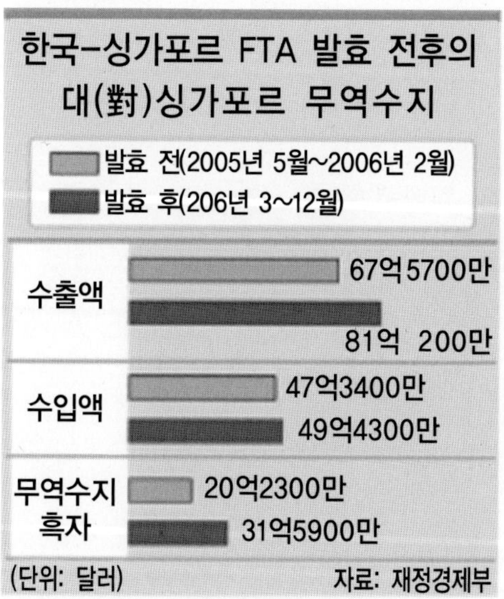

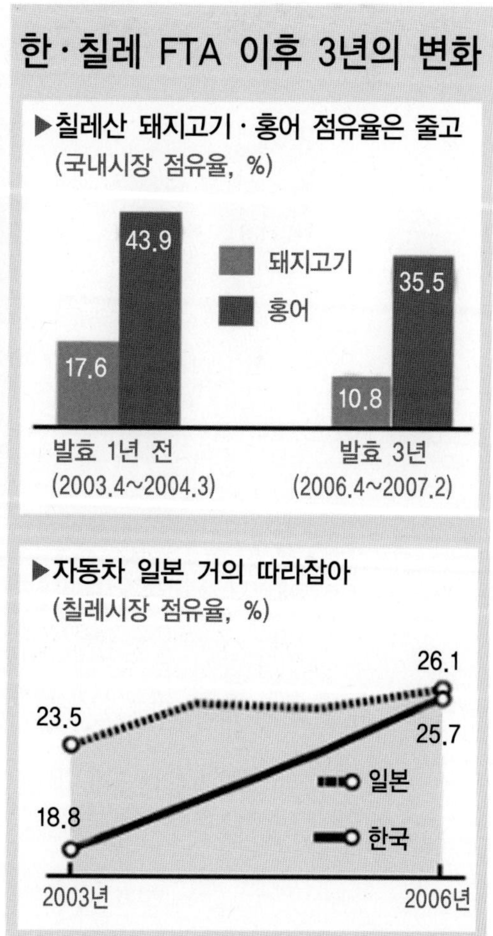

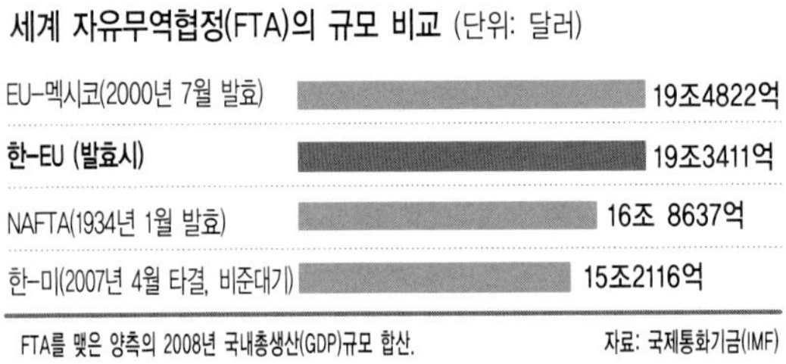

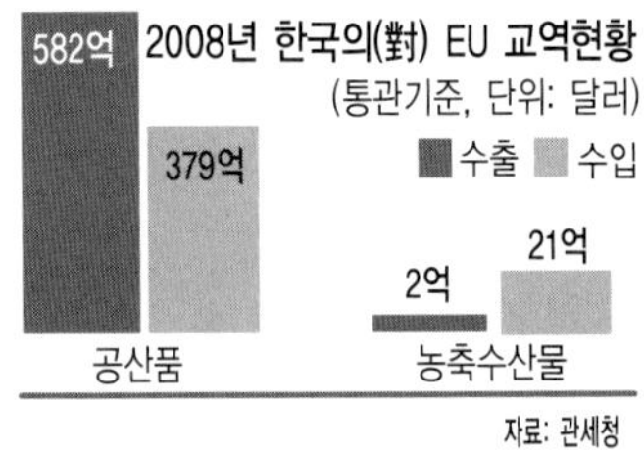

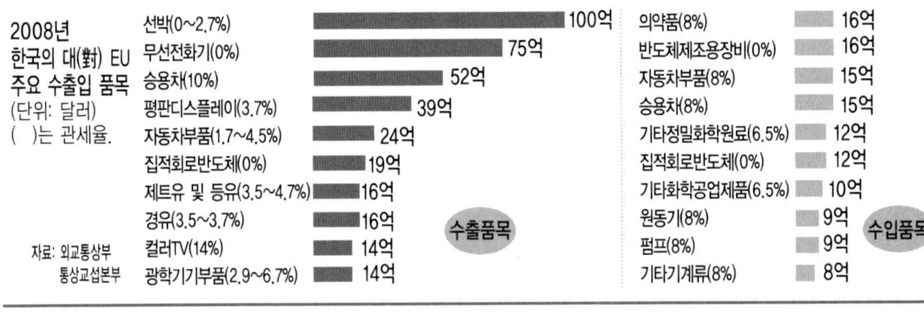

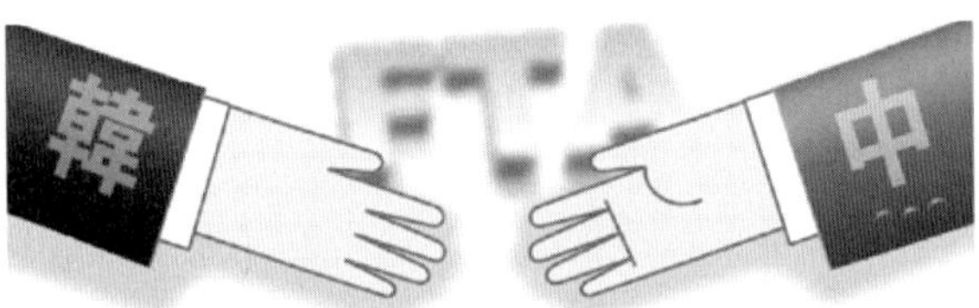

■ 한 · 중 FTA가 체결될 경우 7~10년 후 경제적 파급효과

시나리오	국내총생산	수출 확대효과	고용 창출효과	농수산물 생산
농업 · 제조업 관세 완전 철폐 경우	3.13% 상승	5.43% 상승	+ 94,924명	14.7% 하락
농업 · 제조업 관세 완전 철폐되고, 서비스산업 무역 장벽 50% 감축될 경우	3.17% 상승	5.48% 상승	+ 96,836명	14.7% 하락

※대외경제정책연구원(KIEP)이 일반균형모형(CGE)을 바탕으로 추산, 생산성 효과는 제외함.

■ 한 · 중 FTA 추진 일정 자료: 외교안보연구원

2002년	중국, 한 · 중 FTA 공동 연구 제의. 중국, 국무원 발전연구중심(DRC) 내에 태스크포스팀 설치
2004년	한 · 중 정상회담에서 2년 간의 민간 공동 연구 합의
2005년	한 · 중 FTA 민간 공동 연구 개시
2006년 11월	민간 공동 연구 종료. 1년 간의 산(産) · 관(官) · 학(學) 공동 연구 개최
2007년 3월	1차 산 · 관 · 학 공동 연구 회의 개최
2008년	한 · 중 FTA 본격 협상 개시(전망)

■ 한 · 중 FTA 추진 일정 자료: 외교안보연구원

구 분	한국의 대중(對中) 교역	중국의 대한(對韓) 교역
수출	69,459 (21.3%)	44,558 (4.6%)
수입	48,557 (15.6%)	89,818 (11.3%)
5대 수출 품목	반도체, 석유제품, 컴퓨터, 무선통신기기, 합성수지	송신·수신기의 부품, 철 · 비합금강의 평탄 입연제품, 전자직접회로, 컴퓨터 부품, 알루미늄의 괴

자료: 국제무역연구원, 2006년 기준

비즈니스의 목적은 고객과 상호 호혜적인
관계를 창조하는 것이다.
이러한 관계를 제대로 구축한 기업에게는
그 관계를 발전시킬 미래가 주어진다.

- John Woods -

CHAPTER 04

사업전략과 협상전략

1. 사업전략과 협상의 관계

협상 = 사업을 추진하기 위한 수단

		협상목표
사업전략	➡	협상의제
		협상계획

협상은 비즈니스를 추진하기 위해 행해진다. 즉, 어떠한 경우에도 협상이 비즈니스 추진의 걸림돌이 되어선 안된다. 이를 위해서 협상자는 비즈니스를 추진하기 위한 목표를 정한 후에 협상 상대방에 따라 차별화된 사업전략을 개발해야 한다. 즉, 사업전략은 협상에서 좋은 결과를 얻기 위해 사용되는 광범위한 계획이다(장대환, 1998:51).

사업전략과 관계된 비즈니스 협상에서 최악의 협상은 비즈니스 파트너와의 관계도 악화되고, 아무것도 얻지 못하는 협상이다. 최선의 협상은 협상 상대방과의 관계도 좋아지고, 상호이익도 증진되는 협상이다[24)]

기업은 성장성, 안정성, 수익성을 지속적으로 확보하기 위해 다양한 사업전략을 추진한다. 그런데 이러한 사업전략이 추진되기 위해서는 내외부적인 협상을 거쳐야 한다.

이처럼 협상은 사업을 추진하기 위한 중요한 수단이다. 또한 비즈니스 협상에서 사업전략은 협상목표가 된다. 사업전략은 비즈니스 협상에서 협상의제의 선정에 지대한 영향을 미친다. 그리고 비즈니스 협상에서 사업전략은 협상전략에 영향을 미쳐 동태적인 협상력의 변화를 가져온다.

2. 사업전략의 구성요소

1) 경영자원의 배분계획

사업전략과 관련된 협상을 체계적으로 수행하려면 내외부 협상 전에 경영자원의 배분계획을 명확하게 해야 한다. 경영자원의 분배에 대한 밑그림이 그려져

24) Michale Watkins, Shaping the game, Harvard Business School Press, 2006, p.109.

있지 않으면 구체적인 사업전략을 위한 협상을 실행할 수 없다.

2) 사업전략 목표

명확한 사업전략의 목표가 설정되어야 한다. 만약 사업전략의 목표가 분명치 않다면 사업전략을 추진하는데 부딪치는 사안들간의 갈등을 협상을 통해 원활히 해결할 수 없다. 즉, 사업전략의 목표가 명확치 않으면 사업전략의 세부 사안들간의 우선순위를 정할 수 없어 협상을 원활히 진행할 수 없다.

3) 사업전략의 평가

사업전략의 결과는 마케팅, 유통, 경쟁관계, 기회 등의 다양한 형태로 평가되어야 하고 사업전략과 관련된 협상의 결과도 다양하게 평가되어야 한다.

국제 비즈니스협상의 결과는 가시적일 수도 있고, 그렇지 않을 수도 있다. 국제 비즈니스 협상은 장기적인 관점에서 가시적인 효과를 달성하기 위해 타협하는 것이다(Claude Cellich, 2006). 즉, 기술이전을 받기를 원하는 측은 단기적으로 비가시적인 이익에 만족하고 상호 신뢰를 쌓은 후에 가시적인 성과인 기술이전을 받는 중장기적인 협상전략을 생각해야 한다.

표 국제비즈니스 협상결과

가시적 결과	비가시적 결과
이익 배분 기술이전 로열티 판매 지적재산권 보호 공동소유권	양측간의 친선관계

자료: Claude Cellich(2006).

3. 사업전략에 따른 협상전략의 변화

사업관계의 형성은 단기간 승부를 결정짓는 것이 아니라 중장기적인 비즈니스 관계 구축이 중요하기 때문에 사업초기에 사업전략을 세울 때 중장기적인 비즈니스 목표를 세워 사업 초기의 손실을 신뢰구축이나 중장기적인 관계 구축의 사업 전략으로 인식해야 한다(김병윤, 2007).

비즈니스 협상에서 협상전략의 배후에는 개별 기업의 다양한 사업전략이 영향을 미치고 있다. 비즈니스 협상전략은 해당기업의 사업전략을 원활하게 추진하는 것을 협상의 목적으로 하는 것이기 때문에 사업전략이 변화되면 협상목표와 협상전략도 수정을 해야 한다.

특히 기업간의 비즈니스 협상에서는 해당 기업의 사업전략이 협상 대상 기업과의 협상의 내용을 상당부분 결정짓고 있다. 만약 해당 기업의 현재 사업전략이 상대 기업과의 중장기적인 관계구축이 요구된다면 상대 기업과의 협상전략은 양보를 통한 우호적인 관계구축에 주안점을 두게 된다. 이처럼 협상전략은 그 배경이 되고 있는 사업전략의 요구에 따라 다음과 같이 달라지게 된다.

1) 협조전략

비즈니스 협상에서 협조 협상전략은 사업전략이 상대 기업과 단기적인 성과도 달성하면서 중장기적인 관계정립도 필요한 경우 사용되는 협상전략이다.

2) 양보전략

사업전략이 타사와의 관계구축이 절실한 경우 비즈니스 협상에서는 단기적인 성과를 뒤로 하고, 상대방과의 중장기적인 관계구축을 위해 협상과정에서 협상 상대방에게 양보하는 전략을 사용한다.

3) 경합전략

사업전략이 상대 기업과의 단기적인 성과를 달성해야 되는 경우 협상에서 협상자는 상대방과의 상호관계를 고려하는 양보보다는 단기적인 성과를 추구하는 경합전략을 사용한다.

4) 현상유지전략

사업전략이 상대 기업과 새로운 사업이나 관계구축보다는 현재의 비즈니스 관계를 유지하는 정도일 때 협상자는 협상과정에서 무리하게 성과를 요구하지도 않고, 양보도 하지 않는 현상유지 협상전략을 사용한다.

4. SWOT분석과 협상전략

SWOT분석(Strength Factors, Weakness Factors, opportunity variables, threat variables)은 협상의 배후가 되는 사업전략을 다각적으로 분석하여 협상전략에 효과적으로 활용할 수 있다.

협상의 결과가 만족스러울려면 무엇보다 협상 전에 자신의 현재 상황과 주변 환경을 종합적으로 연계하여 자신의 강점, 약점, 기회, 위협 요인을 정확하게 SWOT 분석해야 된다. 그리고 이러한 SWOT 분석을 기초로 하여 다각적인 협상 전략과 협상전술을 마련해야 된다.

SWOT분석은 협상과정에서 협상자에게 강점을 부각시켜 극대화하고, 약점은 보완내지 최소화하며 기회의 가능성을 넓히고, 위협요인을 다른 대안을 통해 중화시킬 수 있는 역할을 한다.

협상자는 협상중에 분석된 자신의 강점을 관철시키려 노력하고, 자신의 약점을 보완하기 위해 대화의 다른 면을 부각시키거나 쟁점의 범위를 넓혀 자신의 약점을 최소화할 수 있다. 또한 자신의 예상되는 기회요인을 살리기 위해 협상을 유도하고, 위협요인들은 협상자가 먼저 제안을 통해 중화할 수 있다(Claude Cellich, 2006).

SWOT분석은 협상자 자신 및 조직의 내부역량 분석과 주변의 다양한 환경분석을 연계하여 최고의 사업전략을 모색하는 과정이다. 이렇게 고안된 사업전략에 따라 협상 가능범위가 정해진다.

1) SWOT분석의 방법

(1) 환경분석(OT analysis; opportunity variables, threat variables)

환경분석은 기회변수와 위험변수를 상대방의 입장(you-attitude)에서 객관적이고 다각적으로 분석하여 협상방안을 도출하는 것이다.

〈사례: 중동지역의 신발사업 타당성 분석〉

70년대 중반, 국내 S사는 중동지역의 S국가에 신발수출의 시장타당성을 검토하기 위하여 현지실사팀(site survey team)을 파견하였다. 그 당시 시장환경은 현지사람들은 어느 누구도 신발을 신지 않는 습관을 갖고 있었다. 따라서 연구소 요원은 그 지역에서 신발판매는 곤란하므로 동구, 남미지역으로 수출시장을 전환해야 된다고 주장했다. 그러나 실무부서에서는 중동사람들이 아직 신발의 유용성을 못느끼고 있으므로 시장개척을 하면 무한한 잠재 가능성이 있다는 상반된 보고서를 제출하였다. 경영진은 후자의 보고서를 채택하고 중동지역에서 적극적으로 마케팅을 강화한 결과 성공적인 결과를 도출하였다. 환경분석에 따라 국제비즈니스에서는 알래스카에 냉장고를 팔고, 인도네시아에 전기스토브를 팔 수 있는 것이다(이승영, 1999).

(2) 내부역량분석(SW analysis; Strength Factors, Weakness Factors)

내부역량분석은 자신의 강점요인들과 약점요인들을 비교분석하여 협상 범위를 정한다.

2) SWOT분석에 따른 협상전략

SWOT분석 결과 → 다양한 협상전략 매트릭스

(1) OS전략

OS전략은 협상 상대방으로부터 유인되는 기회요인과 자신의 자체적인 강점을 결합하여 협상전략을 도출한다.

(2) OW전략

OW전략은 협상 상대방으로부터 유인되는 기회요인을 협상에서 활용하면서 자신의 근본적인 약점을 보완하는 협상전략을 취한다.

(3) ST전략

ST전략는 자신의 강점을 극대화하고, 협상 상대방으로부터 유인되는 위협요인을 회피하는 협상전략을 도출한다.

(4) TW전략

협상 상대방으로부터의 유인되는 위협요인을 회피하고, 자신의 약점을 보완하는 협상전략을 취한다(이승영, 1999).

5. SWOT 분석과 합리적인 협상전략

협상자는 SWOT 분석을 통해 협상자 쌍방의 장점과 단점을 체계적이고 다각적으로 분석하여 자신의 장점을 극대화하고 단점을 보완하면서, 협상 상대방의 단점도 상호 보완할 수 있는 협상전략을 마련해야 된다.

협상에서 유리한 위치를 선점하기 위해 협상자가 협상 상대방의 단점을 공격대상으로만 생각하고 협상을 네거티브 방향으로 몰고 가면 결국 협상은 파국을 맞을 수도 있다. 또한 협상자가 협상 상대방의 단점을 공격하여 협상에서 승리하였다고 하더라도, 결국 협상 상대방과 비즈니스 관계를 단절시키는 결과를 가져온다.

협상에세이

여기자 석방에서 읽는 협상의 법칙

2000년 개봉돼 많은 인기를 모았던 영화 '공동경비구역 JSA'에는 초코파이와 관련된 내용이 등장해 관객들에게 많은 웃음을 선사했다.

극중 북한군인 오 중사(송강호 분)는 한국군이 준 초코파이를 맛있게 먹으면서 "내 소원은 우리 공화국이 남조선보다 더 맛있는 초코파이를 만드는 공장을 세우는 것"이라고 열을 올린다. 이 말 속에는 "왜 북한에는 변변한 과자공장 하나 없을까"하는 자조섞인 의미가 내포되어 있다. 비록 영화 속 픽션이기는 하지만 북한의 생필품 부족 상황을 코믹하게 전달한 것으로 생각된다.

이렇게 묘사되던 북한이 얼마 전 '핵실험', '대륙간탄도미사일(ICBM)' 등으로 세계의 뉴스를 장악했다. 엄청난 비용을 쏟아부어 가며 미국, 러시아 등 군사대국이나 보유한 핵무기와 ICBM을 개발하겠다는 야심을 보였기 때문이다. 조금 비약하자면 초코파이와 핵실험은 북한 체재의 양면성을 상징적으로 보여준다. 그만큼 이들에 대한 접근방식이 어렵다는 얘기다.

그러나 지난 주 석방된 여기자 두명의 사례는 협상전략의 중요성을 다시 한번 일깨워 준다. 아무리 까다로운 상대라도 효과적인 전략을 구사한다면 해결의 실마리를 찾을 수 있다는 것을 보여준 것이다.

초기에 북한은 이들이 국경을 침입했다며 재판을 열고 중형을 선고하는 등 겉으로는 강경 입장을 보였다. 냉랭한 북 · 미 관계를 반영하는 모습이었다. 그러나 미국정부는 침묵을 지켰다. 대외용에 불과하다는 것을 간파했던 것이다. 그리고는 물밑에서 다양한 협상 채널을 가동했다.

빌 클린턴 전 대통령이 두 여기자와 함께 온 것이나 북한이 그를 방북 대표로 요구했다는 뒷 얘기 등은 이런 정황을 반영한다. 결국 대북 문제에 있어 대화와 제재라는 '투트랙(two track)' 정책기조는 고수하면서 협상은 조용하고 성공적으로 이끌었다.

북한의 양면성과 여기자 석방을 길게 언급한 것은 요즘 '협상전략'의 중요성이 새롭게 주목받고 있기 때문이다. 개인간의 일도 비즈니스도 끝임없는 협상의 과정이다. 협상이란 양측의 주장이 맞서는 평행선에서 출발한다. 서로 밀고 당기며 공통분모를 찾아내고 합의점을 도출하는 과정이다. 줄 것은 주고 받을 것은 받아내는 일이다.

이런 점에 주목해 한국의 세계경영연구원(IGM)이라는 곳에서는 '협상의 10계명'이라는 내용을 소개해 관심을 끌고 있다.

IGM의 협상전략을 간략히 소개하면 ▷상대방의 욕구(interest)를 찾아내 자극하고 ▷창조적 대안을 제시하고 ▷윈윈(win-win)을 위해 노력할 것 ▷협상 결렬을 대비해 차선의 대안을 활용할 것 ▷서로 인정하는 객관적 기준을 정할 것 ▷좋은 인관관계를 맺어 협상의 토대로 활용할 것 ▷철저히 준비할 것 등이다.

잘 살펴보면 협상을 하겠다는 의지가 있다면 상대방을 완전히 제압하려는 생각은 버려야 한다는 내용들이다. 대신 '어떻게 하면 효과적이고 유리하게 결과를 이끌어낼 것인가'를 고민해야 한다는 것이다.

경기가 어렵다 보니 이런저런 다툼도 잦아지고 있다. 대부분은 몇 번 의견을 교환하다 본인의 주장이 관철되지 않으면 곧장 법정으로 달려간다. 울화가 치밀어 상대방을 완전히 제압해야 직성이 풀기기 때문이다. 그러나 법에 호소한다고 100% 승리를 장담하기는 어렵다.

오히려 협상의 지혜를 발휘해 실리를 챙기는 것이 더 현명하지 않을까.

(중앙일보, 2008.7.9)

6. M&A 협상전략

1) 난제(難題)는 가장 나중에 협상

M&A 협상은 비즈니스협상에서도 가장 까다롭고, 이해관계가 첨예하게 대립되는 협상으로 자칫 잘못하면 서로에게 손해만 주고 끝날 수도 있는 협상이다.

따라서 협상의 전 과정에서 치밀한 전략과 협상 상대방에 대한 배려가 있어야 된다. M&A 협상은 인수 가격뿐만 아니라, 여러 가지 현장실사를 통해 점검해야 될 사안이 많다.

이러한 현장실사는 시간이 많이 소요되고, 상호간의 신뢰와 협조가 필요하다. 그런데 협상 당사자자들이 급한 마음에 실사도 하기 전에 협상 초기부터 인수가격에 대해 격론을 벌이면 협상은 본격적인 시작도 해보기 전에 좌초할 수 있다.

따라서 M&A 협상은 협상 초기에는 쉽게 합의할 수 있는 현안을 논의하고 우호적인 분위기에서 현장실사 등을 하면서 신뢰를 쌓아가고, 합의가 쉽지 않은 가격협상 등은 어는 정도 분위기가 무르익은 다음에 최종적으로 하는 것이 좋다.

특히 가격협상에서는 눈으로 확인할 수 없는 기업의 성장성과 같은 기업가치를 둘러싼 논쟁이 발생할 수 있다. 즉, 기업의 이미지, 영업전망, 마케팅 능력 등은 협상 당사자들간에 상호신뢰가 기반되지 않고서는 난항을 겪을 수 있다.

2) 협상 팀원의 상호보완적인 역할 분담

M&A 협상은 기업을 사고 파는 협상이므로 상품을 사고 파는 비즈니스 협상보다 협상 당사자들간에 밀고 당기는 협상과정이 더욱 치열하다. 우리가 일반적으로 상품 하나를 고를 때도 이것 저것 점검해야 되는 것이 한 두가지가 아닌데, 기업을 인수할 때는 더욱 치밀함과 전문지식이 요구된다.

예를 들어 기업을 매각하는 입장에서는 단순히 매각 금액뿐만 아니라 기업 매각 후 임직원들의 고용승계 문제 등을 고려해야 되고, 기업을 인수하는 입장에서는 우발채무, 환경오염 문제와 같은 기업인수 후 발생할 수 있는 사안들을 꼼꼼히 점검해야 한다(안세영, 2006).

그런데 협상과정에서 이러한 딱딱한 문제를 협상 당사자간에 계속 물고 늘어진다면 협상은 서로의 입장차만 확인하고 결렬될 가능성이 크다. 따라서 M&A 협상에서는 협상팀을 구성할 때 역할을 구분하여 협상팀원을 운영해야 된다.

즉, 회사의 이익을 위해 한치의 양보도 없이 깐깐하게 주요사안을 점검하는 팀원과 협상을 우호적인 분위기에서 지속적으로 끌고 가는 팀원이 상호보완적으로 팀웍을 형성해야 M&A협상을 성공적으로 끌고 갈 수 있다.

3) M&A협상은 속전속결로 마무리

M&A협상은 아무리 보안을 유지해도 세상에 알려지게 되고 여론의 주목을 받게 된다. 따라서 협상당사자간에 사전에 치밀하게 계획하고, 물밑 접촉을 하여 세상에 알려 짐과 동시에 일사천리로 진행되어야 한다.

만약 M&A협상을 둘러싼 소문들이 증권시장과 여론에서 나돌아 다니는 가운데 M&A협상이 지지부진하게 진행되면 협상은 결렬되기 쉽고, 양측 모두 기업이미지와 금전적 손해를 볼 수도 있다.

4) 상생과 나눔의 비즈니스

M&A는 기업간에 기업을 사고, 파는 비즈니스이다. 따라서 기업을 매각하는 기업이나, 기업을 인수하는 기업이나 모두 M&A협상은 비즈니스의 끝이 아니고, 새로운 시작이다.

그러므로 M&A협상에서 협상자들은 자신의 단기적인 이익만을 가지고 협상을 해서는 안되고, 상대 기업의 입장, 향후 상대 기업과의 협력관계 등을 다각적으로 고려하여 상호 win-win할 수 있는 방안을 마련해야 한다.

❙표❙ M&A의 협상단계

제1단계	상황 분석	우수한 기업들이 있다
제2단계	자신파악	경영 부실로 힘든 처지
제3단계	명확한 목적 인식	우수한 기업의 합병으로 지속적 기업 경영
제4단계	상대방 파악	기업규모/효율적 기업경영/유동성 자금
제5단계	협상 후 결과 검증	M&A를 통하여 기업의 성장

자료: 김성호(2011)

▌그림▐ M&A의 절차

인수합병 전략수립	인수목적의 명확화 목적에 맞는 기업의 특성 결정 인수합병의 추진방법 수립
목표기업 선정	피인수 후보기업의 선정 피인수 후보기업의 평가 후보기업 중 목표기업 선정
목표기업 접촉	접촉을 통한 인수 가능성 타진 인수 T/F 팀 발족
인수합병 협상	인수가격, 지급방법 등 기본사항 협의 인수자금 조달계획 수립
인수 사전조사, 감사	목표기업에 실시조사단 파견, 조사 법무 · 재무 · 세무문제 등 감사
M&A 합의서 조인	인수가격 및 조건 조정 협의서 작성 및 조인 양국 정부승인을 통한 절차 완료
대금지급	합의서 일정에 따른 대금지급

자료: 김성호(2011)

Check Point 협상에 강한 기업들의 원칙

기업들이 조화된 협상능력을 성공적으로 구축하기 위해서는 다음과 같은 4가지 조치를 취해야 된다. 첫째, 기업은 과거에 이루어진 협상에서 얻은 지식을 적용하여 장래의 협약을 개선하기 위해 회사 차원에서 협상인프라를 구축해야 된다. 둘째, 기업은 비용과 가격의 문제를 뛰어 넘어 협상자의 성과를 평가하기 위해 측정지표를 개발해야 한다. 셋째, 기업은 개인거래의 요소와 협상 당사자간의 지속적인 관계의 성격을 명확히 해야 된다. 넷째, 기업은 거래가 회사에 이익이 되지 않을 때 협상자들이 거래에서 편안한 마음으로 빠져 나올수 있는 분위기를 마련해야 한다(Danny Ertel, 2000).

| 표 | 협상을 평가하는 측정지표

〈관　계〉

- 협상과정은 고객과의 관계를 효과적으로 구축하는데 도움을 주는가?

〈의사소통〉

- 협상과정은 쌍방이 문제해결에 목적을 둔 건설적인 대화를 나눌 수 있는 환경을 조성하는데 도움을 주는가?

〈이해관계〉

- 협상을 통해 쌍방의 이해관계를 만족시킬 뿐만 아니라 관련된 제3자의 이해관계를 용인할 수 있는 수준으로 만족시켰는가?

〈선 택 안〉

- 협상과정의 일부로서 쌍방에게 이익이 될 수 있는 혁신적이고, 효율적인 해결책을 모색했는가?

〈적 법 성〉

- 다양한 선택안을 협상한 후에 쌍방이 정당한 것으로 받아들일 수 있는 하나의 선택안을 평가하고 선정하기 위해 객관적인 준거법을 사용했는가?

〈BANTA〉

- 제안된 거래를 BANTA에 비추어 평가했는가?

〈공　약〉

- 협상의 쌍방 모두가 이해할 수 있는 체계적이고, 현실적인 공약을 만들었는가?

자료: Danny Ertel(2000)

┃그림┃ 국제기업협상의 종류

국제기업협상

- 수출 협상
  - · 간접수출(indirect)
  - · 직접수출(direct agent/distributer)
  - · 지사 및 마케팅 현지법인 설치(direct branch/subsidiary)
  - · 기타
- 국제계약에 따른 기업협상
  - · 국제기술이전계약(licensing and/or technical agreements)
  - · 프랜차이징(franchising)
  - · 서비스계약(service contracts)
  - · 경영관리계약(management contracts)
  - · 건설공사계약(construction contracts)
  - · 플랜트/턴키계약(plant/turn-key contracts)
  - · 계약제조(contracts manufacture)
  - · 공동생산계약(co-production agreement)
  - · 기타
- 국제투자협상
  - · 국제간접투자(international portfolio investment)
  - · 해외직접투자(foreign direct investment)
    - · 단독투자(sole venture)
      - · 신규건설(new establishment)
      - 기존기업/공장의 매입(acquisition)
    - · 합작투자(joint venture)
      - · 신규건설
      - 기존기업/공장의 매입

자료: 장대환(1998)

양보할 생각이 없다면 극단적인 타결을
기대하지 마라.

- Malcolm Forbes -

CHAPTER 05 협상의 양보전략

1. 단일 협상의제와 양보전략

협상에서 제안과 대안은 협상 상호작용의 실체가 되며 제의, 양보, 전략, 전술 및 상대방 행위의 분석에 바탕을 둔다[25]. 이러한 다각적인 분석을 통해 비즈니스 협상에서 대가없는 양보는 하지 않아야 한다[26].

만약 협상의제가 하나인데, 협상 당사자들간의 이해관계가 첨예하게 대립되어 협상이 결렬될 위기가 발생한 경우 협상을 중단시키지 않고, 상호 양보를 통해 협상을 끌고 가려면 협상자들은 협상 중에 다른 의제를 합의하여 협상의제의 범위를 확대하여야 한다. 이를 통해 협상 당사자들은 서로 주고받을 양보안을 도출해야 한다.

2. 복수 협상의제와 양보전략

협상의제가 두 가지 이상일 때 협상 당사자들간의 이해관계 대립으로 협상이 교착상태에 빠지면, 협상 당사자들은 복수의 협상의제를 분리하여 상대적으로 중요한 사안과 덜 중요한 사안을 구분하고 덜 중요한 사안에서 양보할 수 있는 부분을 찾아야 한다.

협상은 궁극적으로 협상 당사자들간에 양보를 주고받는 것이다. 따라서 협상의제가 복수일 때는 협상이 교착상태에 빠졌을 때 양보할 의제를 미리 정해 놓아야 한다. 협상은 이러한 상호 양보를 통해 실이익과 우호적인 관계의 두 마리 토끼를 다 잡을 수 있다.

협상에세이

협상은 생산적 옵션(option)을 개발하라

가장 좋은 협상가는 성공하는 협상가라는 말과 동의어로 볼 수 있다. 이 말은 바로 성공하는 협상은 바로 협상가에게 달려 있다는 말과 같다. 이것이 가능한 이유는

25) L.L, Putnam, "Bargaining", International Encyclopedia of Communication, Oxford Uni. Press, 1989, p.70.

26) Michale Watkins, Shaping the game, Harvard Business School Press. 2006, p.61.

분명하다. 성공하는 협상가에게는 바로 그에 맞는 상대방이 선호하는 인격이 있기 때문이다. 생산적인 협상은 전략적인 작업이다. 당사자들의 공통적인 이해관계가 탐색되어야 한다. 협상은 단순히 승패를 가르는 게임이 아니라, 상호 수용 할 수 있는 방법으로 서로의 필요와 욕구, 이해관계가 충족되고, 문제가 해결되는 하나의 공동 의사결정 과정이다.

생산적인 협상의 테이블에서 합리적이고 미래지향적인 사고를 바탕으로 서로 윈윈 할수 있는 균형 잡힌 협상을 찾아야 한다. 서로를 협상의 파트너로 인정하고 서로의 이해를 존중하여 양보와 겸양의 미덕을 발휘해야 하며, 이러한 미덕을 발휘하기 위해서는 서로에 대해 배려하는 협상문화가 싹터야 한다. 그러나 문제는 상대가 거만하고 이기적인 상태에서는 배려를 할 수 없다는 점도 간과해서는 안 된다. 그렇게 될 경우, 거만하여 이기는 쪽은 자기가 잘 나서 그리 된 것으로 알고, 그것이 학습이 되어 다른 상대에 대해서도 똑 같이 밀어붙이기식으로 반복할 것이기 때문이다.

먼저, 미국의 하버드 경영대학원에서 제시하는 대표적인 협상방법을 살펴보기로 하자.

첫째, 사람과 문제를 분리하고 입장이 아닌 실익에 초점을 맞춰라

이는 사람이 가진 문제, 즉 감정, 선입견, 편견 등이 협상 과정에 개입되어서는 안 된다는 것이다. 협상은 항상 정확하고, 객관적인 자료를 토대로 솔직한 대화가 오고 갈 때 바람직한 결과를 도출할 수 있다. 이는 상대방이 협상을 하는 동기를 파악하자는 것으로, 협상자 상호는 서로가 협상에 나서게 된 입장보다는 실익에 중점을 두고 문제를 풀어가는 자세를 가져야 한다. 만약 서로의 입장만을 계속 강조하게 되면, 바람직한 합의점에 도달하기도 전에 갈등의 골만 깊어질 위험성이 크다.

둘째, 생산적 옵션(option)의 개발과 객관적 기준을 활용하라

옵션(option)을 영어사전에서 찾아보면 '선택할 수 있는 것', '선택권'이라는 설명을 찾을 수 있다. 우리 실생활에서도 옵션은 이런 의미로 활용된다. "내게 주어진 옵션이 뭐야"라는 말은 말 그대로 선택 가능한 조건이 무엇인지를 묻는 얘기다. 즉 생산적 옵션이란, 함께 살아남기 위해서 선택하는 것을 의미한다. 이는 문제해결을 위해 서로 아이디어를 발휘하라는 말로, 협상은 상대방의 문제를 해결할 수 있는 기발한 아이디어가 도출될 때, 바람직한 결과에 도달할 수 있게 된다.

즉, 다양한 옵션의 개발을 통해 협상에 도달할 수 있는 여러 개의 길을 스스로 설정해 놓으라는 말이다 이는 자신의 요구가 공정하다고 인식될 수 있도록 철저히 객관적인 자료, 선례, 증거 등을 활용함을 강조한 것이다. 협상에서 객관적 기준은 상호 호혜적 대화를 위한 설득의 근거가 된다. 또한 상호간 견해차를 좁힐 수 있는 가장 좋은 방법이라고 할 수 있다.

21세기의 경쟁력은 겸손과 존중이 균형을 이룰 때 극대화된다. 여기에는 관심과 배려를 중심으로 한 구술커뮤니케이션 문화가 중요한 역할을 한다. 최근 들어 이슈로 자리매김하고 있는 것들 중 하나가 바로 신뢰는 상대방에 대한 존중과 정중함에서 시작되며 진실성과 믿음에 바탕을 둔 것임을 알 수 있다. 우리도 이러한 요소가 필요하다. 그러기 위해서는 우리 자신이 바로 신용수표가 되어야 할 것이다.

한편, 작금 배려와 관심이 결여된 극단적 자기주장과 집단주의가 기승을 부리고 있다. 서로 자기주장에만 몰입한 나머지 설득과 생산적인 협상이 잘 안 되는 경우가 더러 있다. "성급하게 서둘지 말며 또한 작은 이득을 얻으려 하지마라, 급하게 서두르면 일을 제대로 다하지 못하고, 작은 이득을 꾀하면 큰일을 이루지 못한다" 말을 적어 둔다. (뉴스와이어, 2011.11.1)

3. 협상양보 전략과 전술

1) 상대에게 높은 기대치를 주지말고, 난제(難題)는 마지막에...

협상에서 협상상대방에게 처음부터 높은 기대치를 주면 양보를 하고도 좋은 결과를 얻을 수 없다. 또한 협상의 쟁점이 많다면 격론이 예상되는 쟁점은 가장 나중에 논의를 해야 한다.

그 이유는 첫째, 협상 초기에 상대적으로 합의가 쉬운 쟁점을 해결함으로써 협상의 분위기를 우호적으로 리드할 수 있다. 둘째, 상대적으로 수월한 쟁점을 논의하면서 본인이 양보해도 좋은 사안을 양보하여 분위기를 우호적으로 만들 수 있다(Thomas C. Keiser, 2000).

2) side payment

협상자는 협상을 관계의 지속 가능성의 발판으로 삼아야 한다. 이를 위해서는 협상자는 협상을 상호이익이 되게 이끌어야 한다[27]. 협상은 일방적으로 본인의 이익과 입장만을 추구하는 것이 아니라, 상대방의 이익과 입장도 고려해야 한다.

협상자가 이러한 협상의 원칙을 가지고 있다면 협상자는 협상과정에서 자신이 협상 상대방으로부터 얻은 상품, 가격, 품질 등의 가치에 상응하는 지불을 협상 상대방에게 하려고 노력한다.

---

27) Michale Watkins, Shaping the game, Harvard Business School Press. 2006, p.60.

협상과정에서 이처럼 받은 만큼 지불을 통해 협상의 이익의 균형을 추구하는 것을 side payment라고 한다. 이러한 side payment는 동일한 종류의 가치의 지불뿐만 아니라 다양한 형태로 나타날 수 있다.

3) 상대적인 양보의 가치를 활용하라

협상은 일방적으로 상대방을 굴복시키거나 설득하는 것이 아니고, 양보를 통해 양보를 얻는 과정이다. 따라서 원활한 협상을 위해서는 다양한 양보안이 있어야 한다.

협상 상대방의 입장에서 이해관계가 무엇이고, 타협할 용의가 있는 부분은 무엇인지 생각해봐야 한다. 특히 협상자는 쟁점 중에서 무엇이 자신에게 핵심이고, 협상 상대방에게는 무엇이 핵심인지 파악해야 한다. 이런 식으로 협상 상대방의 입장에서 생각해 보면 본인에게는 상대적으로 덜 중요해서 쉽게 양보할 수 있는 것들을 발견할 수 있기 때문이다[28].

무엇보다 다양한 양보안을 확보하려면, 협상 상대방과 본인의 양보의 가치가 상대적으로 다를 수 있다는 것을 인식해야 한다. 즉 본인에게는 별로 중요하지 않은 부분이 협상상대방에게는 중요한 내용이 될 수도 있다는 것을 항상 염두에 두어야 한다.

특히 비즈니스 협상에서는 구매자와 판매자에게 동일한 양보라도 다른 가치를 줄 수 있다는 것을 인식해야 한다. 따라서 판매자 입장에서는 구매자가 높이 평가하지만 큰 비용이 들지 않는 부분을 구매자에게 양보하는 방안을 다각적으로 마련해야 한다(Thomas C. Keiser, 2000).

▌표▐ 판매자가 구매자에게 양보할 수 있는 방안들

• 품질보증	• 편의성 제공
• 상품 부족시 우선적 공급	• 신기술에 대한 정보 제공
• 신용공여	• 납품시기 조절
• 서비스 제공	

자료: Thomas C. Keiser(2000).

28) Michale Watkins, Shaping the game, Harvard Business School Press. 2006, pp.51-57.

4) strategic misrepresentation

협상자가 협상 상대방에게 양보를 하는 것은 협상 상대방과 협상의 이익을 공유하여 협상을 원활하게 진행하고, 협상 상대방의 입장을 배려하기 위함이다.

또한 협상자는 자신의 양보를 통해 협상 상대방으로부터 양보를 얻어 내야 된다. 이를 위해서 협상자는 자신이 양보하는 부분의 가치를 실제보다 다소 부풀려서 양보함으로써 협상 상대방으로부터 더욱 많은 양보를 얻을 수 있다. 이처럼 자신의 양보 부분을 의도적으로 과장해서 상대방으로부터 더 많은 양보를 얻어내는 전략을 strategic misrepresentation이라고 한다.

| 표 | 효과적인 양보전략

협상자는 협상의 실체와 전략 모두에 관하여 다음과 같은 서로 상충되는 요인들간의 균형을 유지해야 된다.

첫째, 더 큰 주문을 받기 위해 가격에서 어느 정도 양보할 수 있나?

둘째, 장기적 관계를 구축하는데 노력해야 되나?
단기적인 거래를 종결하는데 집중해야 되나?

셋째, 먼저 제의를 해야 하는가?
상대방이 패를 보일 때까지 기다려야 하는가?

넷째, 이 거래를 진행해야 되는가?
지금 끝내야 되는가?

자료: Danny Ertel(2000)

5) 미끼협상 전략

| 표 | 미끼협상의 단계별 전략

1단계: 협상 상대방이 현실적으로 수용할 수 없는 다양한 미끼조건들을 한꺼번에 제시
2단계: 협상 상대방이 이러한 미끼조건들을 수용하지 않아 협상이 난관에 봉착함
3단계: 협상이 결렬되기 직전에 미끼조건의 요구를 철회하고 핵심의제를 협상 상대방으로부터 받아 낸다.

자료: 안세영(2006)

노련한 협상자는 협상을 통해 협상 상대방으로부터 반드시 양보받을 부분을 미리 정해 놓고, 협상 상대방으로부터 굳이 양보받지 않아도 될 부분들과 혼합하여 협상 상대방에게 양보를 요구한다.

이처럼 실질적으로 중요하지 않으면서, 중요한 사안과 더불어 협상 상대방에게 요구하는 것들을 협상에서는 미끼협상이라고 한다. 협상자가 이러한 미끼협상을 하는 이유는 협상에서 자신이 원하는 사안을 미끼협상을 통해 관철시키기 위함이다.

즉, 미끼협상을 사용하는 협상자는 협상 상대방이 수용하기 힘든 미끼협상 내용을 강력하게 주장하다가 미끼협상의 내용들을 하나씩 양보하면서 최종적으로 자신이 쟁취하고자 하는 사안을 협상 상대방으로부터 양보를 받아 낸다.

Check Point anchoring tactic

앵커링 효과(anchoring tactic)는 비즈니스 협상에서 먼저 제안하거나 역제안하면 자신에게 유리한 결과를 가져 올 수 있다는 것이다. 일반적으로 사람들은 상대가 먼저 제안한 가격의 지배를 받는다는 것이다. 보통 가격협상의 경우 대개 최초의 제안과 반대제안의 중간쯤에서 타협이 이루어진다고 한다(Michale Watkins, 2006: 47).

협상에세이

"하버드식 협상법"

마이클 콜라다는 사람이 쓴 책에 '협상에 성공하는 법'이 있다.

여기서 그는 '체샤의 고양이' 작전을 소개하고 있다. 체샤의 고양이는 '이상한 나라의 앨리스'라는 동화책에 나오는 고양이다. 이 고양이는 남몰래 상대방의 거동을 관찰한다.

'이건 절대 양보못해' 피해야

가령 교섭을 위해 상대방의 사무실을 찾아간다고 하자. 상대방은 일부러 당장에 만나주지를 않고 잠시 기다리게 만든다. 1분이 지나고 2분이 지나면서부터 방문자는 불안해진다. 이런 상태가 5분이 넘으면 화가 나기 시작한다. 그래서 3분쯤 지난 다음에 "기다리게 해서 미안합니다" 면서 방에서 나와 손님을 맞는다. 손님은 그제야 은근히 마음을 놓는다. 이렇게 해서 손님의 기를 한풀 꺾게 만드는 게 '체샤의 고양이' 작전이다.

북쪽이 돌연 정상회담을 하루 연기한 것도 혹은 이런 심리작전이었는지 모른다. 그러면서도 그렇게도 어려운 남북의 정상회담이 실현된 것은 양측이 '하버드식 협상법'을 따른 때문이었을 것이다.

하버드대학의 로저 피셔 교수가 발표한 '하버드식 협상법'을 보면 협상이나 교섭이 성공하려면 첫째, '서로 절대로 양보할 수 없는' 문제는 되도록 피해나가야 한다.

만약에 북쪽이 처음부터 미군철수를 요구했다면 회담은 실현되지 않았을 것이다. 공동선언문의 내용을 보면 조금도 반대할 이유가 없는 것들뿐이다.

두 번째로는 인간적 감정문제는 떼어놓고 회의를 하라고 되어 있다. 반세기 동안이나 대립해왔던 남북이었던 만큼 서로 증오하고 불신하는 마음이 여간 크지 않다. 이번에는 그런 감정을 건드리는 문제는 전혀 언급되지 않았다. 북측은 김일성의 유체가 안치되어 있는 금수산 기념궁전을 김 대통령이 방문할 것을 강력히 요구하지도 않았던 것 같다.

세 번째로는 서로가 득을 볼 수 있는 문제를 우선해서 풀어나가야 한다는 것이다. 뭐니뭐니해도 이번에 가장 득을 본 것은 김정일 위원장이었다.

그러나 피셔 교수가 또 하나 강조한 것은 누가 이겼다 졌다, 누가 더 득을 봤다 못봤다 하는 것을 따지지 말라는 것이다. 회의의 목적은 이기는 데 있는 게 아니라 서로가 납득이 가는 결과에 도달하는 데 있다. 이런 네가지 원칙을 이번에는 남북이 충실히 따랐다.

원래가 파안대소하는 버릇이 없다지만 김 대통령은 2박 3일의 평양체류 중 단 한번도 활짝 크게 웃는 얼굴을 보이지 않았다. 그것을 "노련한 정치가답다"고 평한 뉴스해설자도 있었지만 어쨌든 시종 무거운 표정이었다.

어쩌면 이번 정상회담은 어디까지나 첫걸음일 뿐 통일을 위해 넘어가야 할 험준한 산들이 얼마나 많은가를 그는 누구보다도 잘 알고 있었기 때문이라고 풀이하고 싶다. 김 대통령은 이제부터 걱정이 태산인데 사람들은 지금 너무 들떠 있는 것 같다.

(조선일보, 2000.6.20)

어떤 결정의 순간에서든 당신이 할 수 있는 최선의 것은
올바른 것이며, 그 다음은 옳지 않은 것이며,
최악의 행동은 아무 것도 하지 않는 것이다.

- Theodore Roosevelt -

CHAPTER 06

대안과 협상의제 확대전략

1. 대안

협상자들은 협상에 임할 때나 협상과정에서 여러 대안을 갖는다. 예를 들어 비즈니스 협상의 경우 거래자체를 포기하는 것, 제 3자와 거래하는 것, 협상을 결렬하는 것, 시간을 두고 관망하는 것, 소송을 제기하는 것까지 다종다양한 대안을 갖게 된다.

협상자는 항상 강력한 대안을 갖고 있어야 한다. 대안은 지속적으로 개선되어야 하고 상대방의 관점에서 대안을 평가하고 개선할 점이 있으면 개선해야 된다. 비즈니스 협상에서 협상자가 좋은 대안을 가지고 있으면 불편한 협상을 진행할 필요가 없다. 다른 좋은 대안으로 다른 상대와 협상을 하면 된다[29]. 결국 얼마나 좋은 대안을 가졌는가에 따라 협상력은 좌우되고, 강력하고 좋은 대안을 가진 협상자가 웃을 수 있다.

협상에서 대안은 협상 당사자들이 모두 수용하면 새로운 협상의제의 역할을 한다. 이처럼 협상에서 대안(alternatives)은 협상이 교착상태에 빠지거나, 합의가 쉽지 않을 때 협상자가 새롭게 제안하는 것이다.

협상에세이

T-50 재협상 제안 뒤에 숨겨진 UAE의 협상전략

몇 일전, '아랍에미리트 (UAE) 정부가 한국과 T-50 고등훈련기 재협상 가능하다'는 기사가 나왔었죠.

호메이드 알 쉬마리 아부다비 무바달라 국부펀드 항공우주 사업부문 대표는 모 언론사와의 인터뷰에서 이탈리아 M-346 훈련기에 대한 우선협상이 결렬될 경우 한국과 재협상 할 수 있다고 밝힌 것입니다.

UAE와 이탈리아 간 협상이 삐그덕 거리며 협상이 별 진전을 보지 못하는 것으로 이미 외부로 흘러 나온 바 있습니다. 게다가 최근의 인도네시아의 T-50 구매 계약 성사와 맞물려, 잘 하면 이탈리아에게 뺏긴 UAE형 고등훈련기 수출건이 우리에게 다시 넘어 올 수도 있다는 기대감에 정부와 관련 기업들이 들썩이고 있는 분위기입니다.

---

29) Michale Watkins, Shaping the game, Harvard Business School Press. 2006, p.47.

말 그대로라면 정말 좋은 소식이 아닐 수 없습니다. 그렇게만 된다면, 우리나라도 첨단 항공기 생산국으로서의 위상과 새로운 고부가가치 산업의 확보란 측면에서 획기적인 전기를 가질 수 있기 때문이며, 또한 우리나라의 뛰어난 IT산업 기술력을 접목했을 시 선진국과의 첨단항공기 기술력의 격차를 단시간에 극복, 세계 항공기 시장에서 강력한 다크호스로 도약할 수 있는 까닭입니다.

생각만 해도 가슴 벅찬 즐거운 얘기는 이 정도로 하고, 잠시 협상의 관점에서 이 문제를 다른 측면에서 분석해 보고자 합니다. 국제 협상에 대한 관심도 높고 예리한 분석력을 갖고 계신 한 분이 필자에게 이런 분석 의견을 보내셨습니다.

"이탈리아와 협상하다가 한국에게 다시 추파를 던지는 것은 아마도, 한국으로 정말 되돌아올 가능성을 가지고 접근하기 보다는, 이탈리아를 압박하기 위한 상투적인 협상전술일 가능성이 더 커 보입니다. 한국은 그 장난에 희롱 당하고 다시 한번 가슴 아파할 지도.."

필자는 뒤통수를 한대 얻어 맞은 느낌이었습니다. 대단히 날카로운 통찰이 아닙니까? 이미 끝난 딜임에도 불구하고, 또다시 한국을 Leverage 하여 현재까지 강경일변도로 요지부동인 이탈리아에게 계약파기위협 전술(Withdrawing an offer와 Bare hand-threatening을 병용)을 사용하여 추가 양보를 요구하는 Nibbler를 구사한다는 그 분의 말씀에 상당 부분 동의하지 않을 수 없었습니다.

자기가 하면 로맨스고 남이 하면 불륜이란 우스갯소리가 있듯이, 미국이나 유럽의 비즈니스맨들이나 외교관들은 국제협상에서, 지네들이 하면 Nibbler(막판 혹은 협상종결 후 이유를 대며 추가 양보를 요구하는 협상기법)이고 남이 하면 '계약번복'이란 비윤리적인 협상기법이라고 대놓고 비난해대죠.

근데 미국에서조차 협상 막판 Nibbler는 비즈니스 하는 사람이든 외교관이든 협상에 임하면 막판에 한번은 반드시 해야 하는 당연지사로 여겨집니다.

그러니 안 하는 게 도리어 이상한 거죠. 한미 FTA협상 종료선언 이후에도 미국이 지속적으로 자동차 관세 조정, 소고기 수입개방 요구를 재기하는 것은 전형적인 Nibbler이죠. 아무튼 아랍의 협상력과 점잖은 척 하면서 끝까지 실속을 챙기는 태도가 밉기도 하지만, 우리로선 새겨 봐야 할 대목입니다.

사실 Nibbler만큼 추가비용 투입 없이, 또한 한창 협상 진행 중일 때처럼 상대의 강력한 저지선을 뚫기 위해 골머리 썩히지 않으면서 의외로 상당한 실속을 챙기기 쉬운 협상전략은 없죠.

그러나 여기서 이탈리아의 대응을 한번 예측해 보면 어떨까요? 아마도 이탈리아는 아랍의 Nibbler에 대해 일단은 '난색' 즉 불가론을 펼칠 것으로 예상됩니다.

그것도 UAE의 왕족이나 정부가 위신을 손상 당했다느니, 모욕적인 처사라느니 하는 말까지 나올 때까지 뭉갤지도 모르죠. 이유는 '각인효과' 즉 Anchoring Effect를 보기 위해서죠.

그렇게 해야, UAE의 추가양보 요구에 대해 일부 계약 Upgrade 및 공급항목 추가 및 계약금액 증액 조정요구를 하는 데 있어서 당위성을 확보할 수 있고 심리적으로 상대를 위축시킬 수 있으니까요.

사실 이탈리아도 자기네 입장으로선 우리와의 과열된 경쟁 입찰(사실 UAE 정부가 의도적으로 교묘하게 조장한 것이겠지요. 하긴 우리나라도 배워야 할 주요 협상 덕목입니다.)로 인해 손실을 감수한 저가 출혈 계약을 체결했을 확률이 없지 않아 있죠.

결국 UAE와 이탈리아간의 협상이 이제 본격적인 막이 오른 것으로 봐야 하지 않나 싶습니다. 물론 양국의 언론은 우리나라의 언론처럼 그렇게 순진하게 할 말 안 할 말 가리지 않고 무조건 호외성 기사로 자국의 내밀한 협상전략상황을 생중계 하듯 떠벌리진 않을 것으로 예상됩니다.

왜냐고요? 그랬다가 상대국에게 빌미를 잡힐 수 있다는 것을, 그래서 자칫 협상을 말아 먹을 수도 있다는 것을 아는 까닭이죠. (이데일리뉴스, 2011.6.9)

2. 최상의 대안(BATNA)

BATNA의 기본원칙 = 최소한 BATNA보다 못한 합의는 수용하지 마라

최상의 대안(BATNA; best alternative to negotiated agreement)은 협상자들이 제안한 수 많은 대안들 중에서 협상자에게 가장 바람직하다고 생각되는 대안의 선택을 말한다.

BATNA는 협상에 의한 합의가 불가능할 경우 협상자가 선택하게 될 다른 대안을 의미하는데 협상자는 자신의 BATNA 밖에는 모르며 협상 상대방의 BATNA는 협상과정에서 추론하고 이를 계속 개선해야 한다(곽노성, 1998: 10-11).

협상자는 협상중에 논의되는 대안들을 BATNA와 비교해 협의된 사항의 가치를 검토하여 협상결과를 최상으로 유지할 수 있다. 만약 협상 상대방이 제안한 것이 BATNA보다 더 유리하면 합의된 사항을 받아들이고 협상을 끝내면 된다.

그러나 합의 내용이 BATNA보다 불리하다면 다른 대안을 가지고 협상을 계속해야 한다. 또한 합의 내용이 협상 전에 설정한 BATNA보다 불리하여 협상이 결렬되어도 이는 협상의 실패가 아니라 협상의 성공으로 간주할 수 있다(Claude Cellich, 2006).

3. 신규 협상의제의 제안전략

1) 양보를 용이하게 하기 위해

협상 당사자들간에 사전에 정한 협상의제가 협상과정에서 상호 양보하기 어려울 때 협상자들은 협사의제를 세분화하여 상호간에 양보를 용이하게 한다.

2) 협상자체가 양보 불가능한 교착상태에 봉착한 경우

협상과정에서 본협상 전에 정한 협상의제를 둘러싸고 협상자간에 한치의 양보도 불가능하여 협상이 결렬 위기에 놓인 경우 협상자들은 협상의 단절을 막기 위해 새로운 협상의제를 합의하여 협상을 끌고 간다.

3) 협상력의 열위를 만회하기 위하여

협상에서 협상력은 정태적이지 않고, 동태적이다. 협상력은 협상과정에서 자주 변동한다. 협상자는 협상과정에서 자신의 협상력의 만회를 위해 기존의 협상의제를 세분화하여 신규 협상의제를 만들어 내거나 새로운 협상의제를 상정한다.

Check Point reversible negotiation

협상과정에서 세부항목의 합의가 어려우면 유능한 협상자들은 협상을 진척시키고 더 나은 대안을 다시 찾기 위해 협상의 앞 단계로 돌아가거나 각 단계를 오가면서 협상을 탄력적으로 끌고 간다[30].

협상에서 소급적 합의(reversible negotiation)는 잘 진행되던 협상이 의견차이와 이해관계의 대립으로 난관에 부딪쳐 협상의 합의가 어려울 때 협상자는 이미 논의

30) Michale Watkins, Shaping the game, Harvard Business School Press. 2006, p.64.

되어 합의된 협상의제를 다시 거론하여 협상의제를 확대하는 전략을 의미한다.

Check Point learning process

협상자는 협상을 통해 협상 상대방이 협상의제에 대해 갖고 있는 의중을 알 수 있다. 이처럼 협상자는 협상에서 협상 상대방에 대한 학습을 통해 협상의제를 다른 시각에서 접근하여 새로운 대안을 찾아내고 협상의제도 재구성하여 최상의 대안을 도출할 수 있다.

4. 협상의제와 협상팀의 지속성

협상의제는 협상과정에서 얼마든지 세분화가 가능하고, 동일한 협상의제를 갖고도 협상자들간에 해석상 이견이 발생할 수 있다. 특히 다자간의 협상인 경우 협상의제의 해석을 둘러싼 이견은 협상을 더욱 복잡하게 하고, 협상과정을 더욱 동태적으로 만들어 간다.

이러한 동태적인 협상과정에서 협상자가 기민하게 대응하려면 협상대표에게 협상의제와 관련된 권한을 부여해야 한다. 특히 중장기적인 다자간의 국제협상에서 복잡한 협상의제를 정확하게 이해하고 탄력적으로 대응하려면 협상대표와 협상구성원들을 자주 교체해서는 안된다.

Check Point Change the Negotiator

일반적으로 국제협상은 장기간이 소요된다. 이런 이유로 협상과정에서 상호간에 서로 잘 알게 되어 상대방의 협상계획을 사전에 어느 정도 예측할 수 있다. 그런데 협상자를 새롭게 교체할 경우 협상 상대방은 새로운 협상 상대방의 협상스타일을 잘 몰라 혼란에 빠질 수 있다.

또한 새로운 협상자는 전임 협상자가 협상 상대방에게 약속한 내용을 번복할 수도 있고, 협상 분위기를 쇄신할 수 있다(임향옥, 2008).

협상에세이

협상의 법칙이나 비법이 존재하는가?

협상의 법칙이나 비법이 정말로 존재합니까? 협상론 수업을 진행하다 보면 가끔 이런 질문을 받는다. 사실 시중의 큰 서점에 가서 협상이란 키워드를 가지고 협상 관련 서적들을 뒤지다 보면 우선 100가지도 넘는 협상 관련 서적의 종류에 놀라게 된다. 그리고는 협상의 무슨 무슨 원칙, 전략, 비법이라고 쓰인 책들에 다시금 놀라게 된다.

세계적으로 유명한 학자들을 비롯하여 많은 사람들이 어떻게 하면 훌륭한 협상가가 될 수 있는가에 관해 나름대로의 논리나 경험을 가지고 협상의 법칙이란 이름하에 다양한 협상 방법과 기술들을 주장하고 있다. 이러한 법칙들은 어떠한 협상 상황에도 적용되는 만병통치약처럼 보인다. 만일 이러한 법칙들이 정말로 존재한다면 협상을 처음 해보는 초보 협상가도 책에 적힌 법칙들만 잘 지킨다면 어떤 협상에서도 이기게 될 것이다. 그렇다면 거꾸로 협상에서 질 사람은 아무도 없을 것이다.

그런데 협상 법칙들에서 주장하는 것처럼 현실 속의 협상이 그렇게 단순하지는 않다. 모든 협상은 서로 다른 모습을 띠며 정확하게 똑같은 협상이 다시 존재하기는 어렵다. 또한 가치를 창조하는 통합적 기술(integrative skill)과 자신의 몫을 주장하는 분배적 기술(distributive skill)이 뒤섞이는 경우가 대부분이다. 게다가 협상가들은 불확실성과 모호성 하에서 협상을 진행해야 한다. 이러한 현실 속에서 실제로 효과적인 협상가의 모습을 보여주기는 정말 어렵다.

그렇다면 신기루 같은 협상의 비법을 찾아 헤매기보다는 협상 준비단계에서 자신이 당면한 협상을 꼼꼼히 분석하고 준비하는 편이 보다 성공적인 협상을 위한 최선의 방법일 것이다. 어떤 협상 상황에 놓여있던 모든 협상에는 공통적인 요소들이 존재하기 마련이다. 협상준비단계에서 이러한 핵심 요소들을 확인하고 점검하는 가장 좋은 방법은 "협상 체크리스트(negotiation checklist)"를 준비하는 것이다. 협상 체크리스트를 활용하여 자신에 관한 사항, 상대방에 관한 사항, 협상 구조 및 상황에 관한 사항들을 체계적으로 점검하고 분석하는 합리적 접근이 필요하다.

제일 먼저, 자신에 관한 사항들을 점검해야 한다. 우선 협상에서 어떤 의제(issue)들을 논의할 것이며, 자신의 목표치와 유보치가 무엇인지 결정해야 한다. 흔히 쟁점으로도 불리는 협상 의제가 하나인 경우와 둘 이상인 경우 협상 전략은 달라질 수밖에 없다. 의제가 복잡하고 많은 상황에 비해 단순하고 그 숫자가 적은 협상이 모든 당사자들에게 더 바람직할 것으로 여겨지지만 실제로는 그 반대이다. 의제의 수가 많아질수록 더 나은 협상 상황이 조성된다. 의제들이 많을수록 당사자들 사이에 의제들 간의 득실을 계산하여 "통나무 굴리기(logrolling)"와 같은 의제교환이 가능해진다. 또한 모든 협상에서 당사자들은 자신들이 성취하고자 하는 최상의 결과 즉, 목표치(target value)를 지니고 있다. 한 당사자의 협상범위(bargaining range)는 바로 자신의 유보치와 목표치 사이의 영역이다. 목표치와 함께, 자신의 유보치(reservation value)를 지니고 있어야 한다. 유보치는 협상이 이루어지든 아니면 협상 테이블을 박차고 나가든 상관이 없다고 생각하는 임계점으로, 일종의 협상 마지노선이라고 할 수 있다. 이처럼 협상 포기 한계선이라고도 할 수 있는 유보치는 당사자가 상대방의 제안을 수용할 수 있는 최저 한계점을 말한다.

유보치의 도출 과정에서 BATNA(Best Alternative To Negotiated Agreement), 즉 협상 이외의 대안이 무엇이 있는지 확인하는 작업도 빠뜨려서는 안 된다. 현재의 협상이 실패하는 경우 자신이 선택할 수 있는 최선의 대안들을 준비해야 한다. 자신의 BATNA를 정확히 알고 있지 못하면 어떤 제안을 수용할 것인지 결정하기는 쉽지 않다. 이와 함께, 상대방의 제의를 평가하기 위한 점수체계(scoring system)를 개발해야 한다.

다음으로, 상대방에 관한 사항들을 분석해야 한다. 협상의 상대방이 누구이며, 상대방의 목표치, 유보치, BATNA는 무엇인지 평가해야 한다. 협상의 대상을 흔히 상대방(opponent)이라 부른다. 보통은 상대방을 쉽게 확인할 수 있지만, 가장 중요한 당사자가 협상 테이블에 나타나지 않는 경우도 빈번하다. 이러한 당사자를 "숨겨진 당사자(hidden table)"라 부르며, 따라서 상대방의 배후에 숨겨진 당사자가 있는지 확인하는 일이 중요하다. 또한 상대방이 한 명인 경우 양자 협상이 되지만, 셋 이상의 당사자가 존재하는 경우 다자 협상이 된다. 물론 후자의 경우엔 연합형성(coalition building) 전략도 고민해야 한다.

또한 첫 번째 단계에서 자신에 대해 분석을 했던 것처럼, 가능한 정확한 정보에 기초하여 상대방의 목표치, 유보치, BATNA에 대해서도 분석을 해야 한다. 이러한 분석을 토대로 협상에서 상대방에게 어떻게 첫 제의를 할 것인지, 어떤 전략으로 얼마나 양보를 할 것인지, 어떤 제안을 수용할 것인지를 미리 결정할 수 있다.

마지막으로, 자신이 직면하고 있는 협상의 구조와 상황을 정확히 평가해야 한다. 당사자는 자신이 처해있는 협상의 구조와 상황을 이해함으로써 협상 전략의 준비나 실제 협상의 진행에 커다란 도움을 얻을 수 있다. 특히 다음과 같은 사항들을 점검해야 한다. 첫째, 협상에 데드라인이 있는가? 누가 더 급한 상황인가? 둘째, 협상이 반복적인가? 셋째, 당사자간 합의가 반드시 필요한가? 넷째, 제3자 개입이 가능한가? 다섯째, 상대방을 신뢰하는가? 상대방에 대해 얼마나 알고 있는가? 여섯째, 협상에서 상대방과의 권력의 차이가 중요한 문제인가? 일곱째, 어떤 방식으로 상대방과 의사소통을 할 것인가? 여덟째, 당사자가 일심동체(monolithic entity)인가? 물론 이러한 사항들이 망라적인(exhaustive) 것은 아니며, 또한 부분적으로 중첩되는 측면도 있지만 협상 상황을 이해하고 그 특성을 파악하는데 커다란 도움이 된다.

이상과 같은 협상 체크리스트를 활용하여, 자신에 대한 사항, 상대방에 대한 사항, 협상의 구조 및 상황 등에 대한 정밀한 평가를 하고 협상에 임한다면 이미 성공적인 협상의 절반을 달성한 것이나 다름없다. 모든 협상은 상이한 상황에서 상이하게 구조화되며, 따라서 모든 상황에 적용 가능한 보편타당한 협상 비법이나 전략은 존재하지 않는다. 당면한 협상이 어떤 특성을 지니고 있는가에 따라 바람직한 전략 역시 달라질 뿐이다. 철저한 준비만이 훌륭한 협상가가 되는 최선의 방법임을 명심해야 한다.

(갈등해소센터, 2011.1.1)

모든 것을 알고 있다고 생각하는
것만큼 위험한 건 없다

- Jack Kuehler -

CHAPTER 07

협상의 프로세스

| 표 | 협상의 전개와 그에 따른 준비사항

협상목표의 설정	협상의 당위성 인지 협상 성격의 파악

↓

협상환경분석

↓

자기분석	선례분석 경제력분석 인적자원분석

↓

평　가

↓

상대분석

↓

자기측과 상대방에 대한 관계설정 및 우위확보 조건의 입지

↓

전략 및 전술의 수립

↓

협　상

↓

평　가

↓

재 협 상

자료 : 장대환(1998)

협상의 프로세스 = 협상상황 + 협상과정 + 협상 타결 및 결렬 후

1. 협상준비

Be prepared: 항상 준비해라

협상이 본격적으로 시작되기 전에 협상력은 국력, 인구, 자본 등과 같이 단기적으로 쉽게 우위가 변동될 수 없는 정태적인 요인에 의해 절대우위가 결정된다. 그러나 협상이 시작되면 협상테이블에서의 협상력은 정보, 사전계획, 대안 등으로 동태적인 요인에 의해 비교우위가 결정된다.

협상자가 협상상황을 정확히 파악하지 못하면 협상에 임하지 않는 것이 오히려 더 낫다. 협상상황을 파악하고 협상준비를 하는 것은 스포츠 경기전에 준비운동을 하는 것과 같다[31].

협상의 준비는 협상과정의 어려움을 예측하기 위한 시도이고, 중대한 상황에서 활용할 수 있는 제도적 장치를 제공해 준다(장대환, 1998: 318). 협상에 참석하기 전에 미리 준비를 하지 않으면 어떤 일부터 처리해야 되는지를 몰라 서두르게 된다(임향옥, 2008).

협상자가 협상에 임할 때 협상준비를 태만하게 하는 것은 협상테이블에서 자신의 주장을 협상상대방에게 철저하게 관철시킬 의사가 없는 것이나 다름없다.

협상자가 협상에 임하기 전에 협상테이블에서 발생할 수 있는 모든 가능성을 미리 염두에 두고 다양한 방안을 마련해 놓았다면 협상의 절반은 성공한 셈이다.

만약 협상준비가 제대로 이루어져 있지 않은 상태에서 불가피하게 협상상대방을 만났다면 말을 아끼고, 협상상대방의 입장이나 주장을 들으면서 협상 준비를 할 시간을 벌어야 한다(김병윤, 2007).

협상 준비단계에서는 좋은 대안과 양보 범위도 정해야 한다. 또한 협상을 한번에 끝낼 것인지, 단계적으로 할 것인지, 각 단계별 협상목표는 무엇인지 확인하고 준비해야 한다(임향옥, 2008).

많은 사람들은 협상 시작 후의 협상테이블에서 밀고 당기는 대화의 과정을 협상의 전부로 생각한다. 그러나 협상은 협상테이블에서 본격적인 대화의 시작

31) Michale Watkins, Shaping the game, Harvard Business School Press. 2006, p.42.

전에 이미 의제 선정 등을 위해 공식적인 만남뿐만 아니라 비공식적인 다양한 접촉을 통해 시작된다. 특히 협상테이블에서의 공식적인 대화못지 않게 비공식적인 대화채널도 협상에서는 자주 발생하고 있다.

Check Point **多算勝 少算不勝**

손자는 승산이 없는 것을 알면서도 전쟁을 하는 것은 무모한 짓이다고 하였다. 전쟁은 승산이 많은 편이 이기고, 승산이 적은 편이 지게 되어 있다. 따라서 전쟁이건 협상이건 사전에 철저한 사전준비와 분석을 통해 승산이 있는 전쟁이나 협상인지를 파악해야 한다(김병윤, 2007).

"하늘은 스스로 돕는자를 돕는다"는 말처럼, 협상도 협상자가 협상 전에 얼마나 열의를 갖고, 철저하게 준비하느냐에 따라 성패가 결정된다. 특히 협상의 준비를 통해 협상의 승산을 미리 가늠해 보는 것은 중요하다.

2. 협상계획

협상계획은 동태적인 협상과정에서 협상력을 상실하지 않거나, 협상력을 향상시키기 위해 협상 단계별로 다각적인 협상방안을 마련하는데 이처럼 협상 전에 치밀하게 마련되는 비즈니스 협상계획은 본사의 사업전략의 영향을 받는다. 체계적인 협상계획은 협상을 진행하는 프로세스를 정해 주고, 협상의 기본안 및 협상 실무팀의 구성과 역할에 영향을 미친다.

협상 당자자와 협상 상대방이 협상에 임하는 이유와 협상 당사자와 협상 상대방이 본협상에서 달성하려는 목표를 다각적으로 고려하여 협상계획을 세워야 한다(장대환, 1998:23).

표 협상전에 준비해야 될 것

- 협상목적(무엇을 실현하려 하는지)를 명확히 한다(목적)
- 전체계획을 세워 협상의 방향을 정한다(전략)
- 구체적인 전개, 순서, 언제, 누구에게 어떤 전략을 취할 것인지 명확히 한다(작전)
- 정보, 자료의 입수, 로비 등 협상의 토대 만들기(정보)
- 협상 상대를 어떻게 공격하고 수비할 것인지 명확하게 한다(전술)

자료: Yutaka Shatari(2001)

3. 협상대표단의 첫 만남

협상의제를 팔기 전에 협상당사자 자신을 먼저 팔아라

사람은 누구나 처음 만난 사람에게 방어적인 태도를 취한다. 따라서 협상에서도 첫 만남에서 신뢰를 구축하는 것이 중요하다(김병윤, 2006). 협상은 첫 만남의 기간에 발생한 일이 다음 협상국면을 상당부분 결정하게 된다. 만약 협상대표단의 첫 만남에서 관계가 원활하지 않았다면 향후 협상에서도 부정적인 분위기가 지속된다. 따라서 협상자는 첫 만남에서 긍정적이고, 우호적인 분위기를 조성해야 한다(Claude Cellich, 2006).

협상의 절차상 협상 대표자간의 상호인사는 협상의제를 논의하여 확정하기 이전에 협상대표자간의 첫 상견례이다. 이러한 상호인사단계에서 협상자들은 협상 상대방에게 예의를 갖추고 신뢰를 주어 좋은 파트너로서의 이미지를 주어야 한다.

"시작이 반"이라는 말처럼 협상에서 상호인사단계는 협상 당사자들간의 단순한 첫 만남 이상의 협상의 첫 단추 역할을 한다. 첫 단추가 잘 못채워지면 다음 단추들이 엉망으로 채워지듯이, 협상에서 상호인사 단계는 매우 중요한 프로세스이다.

만약 협상 당사자들이 상호 인사단계를 중요하게 생각하지 않고 철저한 준비없이 경솔하게 첫 만남을 한다면 상호간의 신뢰를 쌓을 수 없다. 협상 당사자들이 첫 만남인 상호 인사 단계에서 신뢰를 쌓지 못하고, 상대방에 대한 이해도 부족한 상태에서 자신이 원하는 협상의제만을 협상 상대방에게 요구하면 협상은 본격적으로 시작되기도 전에 좌초될 수 있다.

협상자들간에 상호인사가 어색하거나, 불편한 가운데 시작되면 협상 당사자들간에 상호불신감이 커져 협상을 효과적으로 진행할 수 없다. 특히 협상자들간에 상호인사가 협상자들의 사전준비 부족으로 원활하게 진행되지 못하면 상호인사 단계에서 상호 신뢰구축을 위한 학습기간(learning period)을 통해 상대방의 입장(you-attitude)을 이해하고 상대방의 입장에서 상대방이 제안하는 협상의제를 접근해야 된다.

본격적인 협상 전에 본협상에서 다룰 협상의제를 논의하는 상호 인사단계에서 상호간에 신뢰를 쌓으려면 무엇보다 협상 상대방에 대한 관심과 이해가 필요하다.

이를 위해서는 협상 상대방의 전통과 문화에 대한 학습뿐만 아니라, 협상 상대방의 기초적인 언어를 습득하여 첫 만남에서 활용한다면 협상 상대방에게 우호적인 감정을 줄 수 있다.

협상자들은 상호 의존적인 관계를 보이며 세가지 스타일을 겪는다. 첫째, 협상자들은 협력과 경쟁의 극단적인 스타일을 만난다. 협상자들이 지나치게 강경하고, 단호한 주장을 펼치면 협상 상대방은 협상 결렬을 선언할 수 있고, 협상자들이 지나치게 양보하면 너무 많은 것을 양보해야 한다.

둘째, 협상자들은 진실한 사람과 거짓말하는 사람들을 구분한다. 협상자가 너무 솔직하면 상대방으로부터 이용을 당할 수 있고, 자주 거짓말을 하면 협상 상대방이 불신하여 협상이 결렬될 수 있다.

셋째, 협상자들은 단기이익과 장기이익 중 어떤 부분에 더 중점을 둘 것인지를 선택해야 한다[32].

상호 인사단계에서 협상대표가 협상 상대방에게 지나치게 저자세로 일관한다면 협상 상대방에게 협상의 주도권을 빼앗기고, 협상 상대방이 일방적인 아집으로 협상을 진행할 가능성이 커진다.

또한 상호 인사단계에서 협상대표가 협상 상대방에게 지나치게 고압적이고, 거만하게 나오면 우호적인 감정을 갖고 있던 협상 상대방을 보수적으로 변하게 할 수 있다.

따라서 협상에서 첫 단추를 채우는 상호인사단계에서 협상자가 협상을 원활하게 진행하려면 협상 상대방에게 지나치게 고자세나 저자세를 취해선 안된다. 협상자가 협상 상대방의 입장과 의견을 존중하면서도 협상의 주도권을 유지하려면 상호인사 단계에서 무엇보다 개방되고 진실된 마음으로 협상 상대방에게 신뢰를 주면서 자신의 입장에 대한 이해를 구해야 한다.

---

32) L.L, Putnam, "Bargaining", International Encyclopedia of Communication, Oxford Uni. Press, 1989, p.43.

▌표▌ 국제협상 매너

인　　사	사람들이 어떻게 인사하며 서로를 어떻게 부르는가 비즈니스의 명함은 어떤 역할을 하는가
형식의 정도	격식을 차려 옷을 입어야 하는가
선물의 수여	비즈니스맨들이 선물을 교환하는가 어떤 선물이 적절한가 금기시 되는 선물이 있는가
신 체 접 촉	신체 접촉과 관련하여 어떤 생각을 갖고 있는가

눈 맞 춤	직접적으로 눈을 맞추는 것이 예의 바른 것인가 직접적으로 눈을 맞추는 것이 필요한가
품 행	어떻게 처신해야 하는가 형식적으로, 약식으로
감 정	감정을 표출하는 것이 버릇없고, 당황스러우며 이례적인가
침 묵	침묵이 필요한가, 모욕인가, 존경을 표하는 건가
식 사	식사하는데 적절한 매너는 무엇인가
신 체 언 어	특정 몸짓이나 신체언어의 형식이 불쾌감을 주지 않는가
시 간 엄 수	시간을 엄수해야 하며 상대방도 그러하기를 기대해야 하는가 그렇지 않으면 스케쥴 일정이 유동적인가

자료: James K. Sebenius, "The Hidden Challenge of Cross-Boarder Negotiations", Harvard Business, March 2002.

Check Point **국제회의와 회의시간의 운영전략**

주요한 국제회의는 다수 국가가 참여하고, 참가자도 수 백 명의 대표자, 비정부기관의 대표자 그리고 국내외 수 많은 방송통신매체 등이 참가한다. 이러한 요인들 때문에 대규모 국제회의는 국제회의 지원시설(conference service capital)을 완벽하게 갖춘 곳에서 개최되고 있다(장대환, 1998: 314).

국제협상에서 회의 시작과 진행은 시간을 어떻게 간주하느냐에 따라 다양한 형태를 보인다. 독일인, 미국인, 스칸디나비아인들은 회의를 정해진 시간에 시작하고 협상테이블에 앉자마자 안건을 이야기하는 스타일이다.

이에 비해 프랑스인과 스페인인들은 협상테이블에 착석하자마자 안건을 꺼내는 것은 다소 무례한 행동으로 받아들인다. 최소한 10분 이상을 안건과 상관없는 담소를 나누다가 자연스럽게 안건으로 화제를 옮기는 것이 예의바른 행동으로 생각한다(최윤희, 1998).

또한 인도에서 개최되는 국제회의 시작 전에 인도인이 초청한 파티장소에서는 회의 안건에 대해 이야기하는 것을 피해야 된다. 이는 손님으로서 부담없이 마음껏 즐기라는 주인의 환대에 대한 결례라고 받아들이기 때문이다(안세영, 2006).

|표| 회의시작의 문화적 차이

국가	회의시작
독 일	공식적 소개 → 참석 → 시작
핀란드	공식적 소개 → 커피 한 잔 → 참석 → 시작
미 국	비공식적 소개 → 커피 한잔 → 유머 → 시작
영 국	공식적 소개 → 차와 다과 → 10분 정도 여담 → 시작
프랑스	공식적 소개 → 15분 정도 여담 → 시작
일 본	공식적 소개 → 자리배치 → 엽차 → 15~20분 여담 → 상급자로부터의 지시 → 시작
스페인/이태리	다른 사람들이 도착하는 20~30분 여담 → 모두 도착하면 시작

자료: 최윤희(1998)

협상에세이

직장인 회의 잘하는 법

친구나 주변 사람의 회사로 전화를 걸면 동료가 대신 전화를 받아 '지금 회의 중인데요'라고 답하는 경우가 많다. 하지만 전화를 끊고 바로 휴대전화로 걸면 상대방이 멀쩡히 전화를 받곤 한다. 회의 중 휴대전화를 받아도 되는 '중요하지 않은 회의'가 반복된다는 뜻일까?

업종이나 기업에 따라 차이가 있지만 하루 중에서 회의시간이 차지하는 비율은 일반사원이 55%, 간부사원이 10%, 영업계열이 15%, 일반 관리직이 15-20%로 직급이 오를 수록 높아진다.

일본의 유명한 컨설턴트인 다카하시 마고토씨는 '성공한 기업회의는 이렇게 다르다'에서 '비효율적 회의'의 전형으로 10가지를 들었다.

① 장시간 회의 ② 결론이 나지 않는 회의
③ 의제가 모호한 회의 ④ 강압적인 회의
⑤ 우선 열고 보는 회의 ⑥ 발언자가 적은 회의
⑦ 독재형 회의 ⑧ 잡담이 많은 회의
⑨ 중도 이탈자나 불참자가 많은 회의
⑩ 결론이 좀처럼 반영되지 않는 회의

혹시 회의 진행자가 리더십이 없고 시간관리를 못하며 회의 분위기를 살리지 못한 채 자신의 의견을 강요하는 스타일은 아닌가? 그렇다면 회의 참석자로서 본인은 어떤가. 아무 준비 없이 참석하고 언제나 지각하거나 도중에 빠져 나가고 상대가 하는 말에는 귀를 기울이지 않지만 자신이 발언할 때는 장황하게 늘어놓지는 않는지. 게다가 찬성은 하지만 주관이 없고 반대를 해도 대안을 제시하지 못하는 '시간 끌기형' 참석자는 아닌지를 반성해 보자.

회의 진행자와 참석자의 태도만 바뀌어도 회의는 반쯤 성공한 셈이다. 하지만 보다 효율적인 회의를 위해서는 몇 가지 유의해야 할 사항이 있다.

우선 회의시간을 적절히 관리해야 한다. 일본의 자동차 회사인 혼다는 회의실을 2시간 이상 사용하지 못하도록 사규로 정해놓고 있다.

회의시간은 2시간 이상을 넘지 않는 게 좋다는 뜻이다. 이를 위해서는 우선 지각생이 없어야 하는데 다카하시씨는 회의시간을 15분 단위로 시작할 것을 권하고 있다. 즉 회의시간을 1시 15분, 5시 15분 등으로 정해 참석자들에게 심리적 부담을 주라는 것이다.

회의를 압축적으로 하기 위한 방법 중 하나는 참석자가 너무 많지 않아야 한다는 것, 회의 참석자는 되도록 줄이는 것이 발언 기회도 많고 집중력도 높일 수 있다.

회의실 선택도 중요하다. 30명 정도 들어가는 넓은 회의실에 몇 명만 모여 회의를 하거나 창밖으로 아름다운 풍경이 보이는 장소에서 회의를 진행하는 것은 금물.

최근 많은 회사들이 회의실 벽면을 투명유리로 설계해 회의 진행의 긴장감을 고조시키려 하지만 단시간에 집중적으로 회의를 하고자 할 때는 폐쇄된 공간이 좋다.

테이블 위치도 회의 진행에 중요한 영향을 미친다. 예를 들어 전달 회의라면 전달하는 쪽과 전달받는 쪽이 서로 마주보고 앉는 것이 원칙이다. 창조회의나 조정회의에서는 전원이 공평한 입장에 서야 하므로 중앙의 공간을 에워싸듯 둘러앉는 미음(ㅁ)자형이 좋다.

결정회의에서는 최종 결정권을 가진 의사 결정자와 어느 정도 거리를 둘 필요가 있지만 그 밖의 참석자들은 공평하게 디귿(ㄷ)자 형이 좋다. 그리고 진행자는 말로만 회의를 이끌 것이 아니라 화이트 보드에 회의 내용을 정리해 가면서 진행하는 것이 참석자들의 집중력을 높이는데 도움이 된다. (조선일보, 2003.2.27)

Check Point 벨리업(belly-up) 전략이란?

협상에서 벨리업 전략이란 양의 탈을 쓴 늑대전략이라고도 한다(안세영, 2006). 이러한 벨리업 전략은 노련하고 유능한 협상자가 협상 당사자들간의 상호인사 단계에서 무능하고, 쉬운 상대처럼 행동하여 협상 상대방을 방심하게 하여 결국 협상을 자신의 의도대로 끌고 가는 고도의 협상전략이다.

4. 협상과 정보교환

협상은 협상 당사자들간에 대화를 통하여 갈등과 쟁점을 해소하는 합의에 도달하는 과정이다. 협상자들은 대화를 하는 과정에 협상과 관련된 정보를 주고 받는다. 협상자가 협상의 초기에 협상 상대방에게 전하고자 하는 정보를 정확히 전달하지 못하면 협상은 난항을 겪고 자칫 잘못하면 협상을 결렬시킬 수 있다.

따라서 성공적인 협상을 위해서는 협상자가 정보를 어떤 방식으로 협상 상대방에게 정확히 전달해서 협상 상대방을 효과적으로 이해시켜 협상을 주도적으로 이끌고 가는가가 중요하다.

한국과 EU의 FTA협상대표단

1) 협상과 정보수집

정보수집: 다각적으로 ⟷ 정보분석: 합리적으로

협상에 지기 위해 나오는 사람은 없다. 협상 상대방도 협상에서 이기는 꿈을 꾼다. 결국 누가 얼마나 더 정확하고 설득력있는 정보를 갖고 이를 활용하는가에 따라 성패가 상당부분 결정된다(김병윤, 2007). 협상자는 협상 상대방의 원칙과 대안, 마지노선이 무엇인지, 과거에는 어떻게 협상했는지 다각적으로 정보를 수집해야 한다(임향옥, 2008).

문화권에 따라 협상자들은 협상 상대방에 대해 얻고자 하는 정보가 상이하다. 예를 들어 중동지역이나 동아시아 지역의 협상자들은 협상 상대방의 인구학적 배경정보(고향, 종교, 출신학교 등)를 수집하는 데 중점을 둔다. 이에 비해 미국의 협상자는 협상 상대방의 가치와 태도에 관한 정보(독서 분야, 기호 식품 등)를 수집하는데 더 관심을 갖는다(최윤희, 1999).

또한 정보를 수집하는 방식도 남미인, 이태리인처럼 대화 중심으로 정보를 얻는 사람들과 독일, 스위스처럼 조사를 통해서 정보를 획득하는 사람들로 구분할 수 있다[33].

▌표▐ 대화지향 문화와 데이터 지향 문화

1. 남미인	(대화)
2. 이태리인, 스페인인, 포루투갈인, 프랑스인	↑
3. 아랍인, 아프리카인	
4. 인도인, 파키스탄인	
5. 칠레인	
6. 헝가리인, 루마니아인	
7. 슬라브인	
8. 베네룩스인	
9. 영국인, 오스트리아인	
10. 스칸디나비아인	
11. 북미인(미국 앵글로색슨계 백인 신교도인과 캐나다인	
12. 뉴질랜드인	↓
13. 독일인, 스위스인	(데이터)

자료: Lewis, 최윤희(1998)

33) Lewis, *op.cit.*

| 표 | 협상 상대방에 대해 수집해야 할 협상정보

- 협상 상대방의 협상목적
- 협상 상대방의 약점과 강점
- 협상 상대방의 협상전략과 대안
- 협상 상대방과 이해관계자들의 갈등
- 협상 상대방의 시간제약
- 협상 상대방의 개인적인 정보(조직내에서의 인사동향, 사생활 등)

자료: 안세영(2006)

2) 협상과 정보의 분류

필요하고 중요한 정보를 효과적으로 선택하고, 분류하려면 누가 무엇을 알고 있으며, 자신이 무엇을 아는 것이 중요한지 명확하게 파악해야 한다. 특히 협상 상대가 나에 대해 아는 것보다 내가 협상 상대에 대해 아는 것이 더 많을 때 수집한 정보가 가치가 있다.[34)]

일반적으로 협상은 정보를 다각적으로 입수하고, 입수한 정보를 체계적으로 분류하여 협상의 방향을 세우고, 협상과정에서 협상자는 이러한 정보를 통해 효율적인 의사결정을 해야 한다. 이처럼 정보를 협상 전에 협상계획을 세울 때나 협상과정에서 신속하고 정확하게 활용하려면 정보를 일목요연하게 분류하여 정리하여야 한다.

손자는 정보수집과 관련하여 다음과 같은 명언을 남겼다. "명석한 군주나 현명한 장수는 신에게 기원하거나 경험에 의존한다거나 점성술로 상대방의 정보를 알아내지 않는다. 그들은 언제나 인간을 활용하여 살아 있는 정보를 입수한다"(김병윤, 2007). 손자는 이처럼 정보수집에 있어 경험이 주는 오류와 수동적이고 비과학적인 정보수집을 경계하고 인간을 활용한 정보수집의 중요성을 강조했다.

수 많은 정보가 난무하는 증권시장에서 가장 훌륭한 애널리스트들은 증권가에 떠도는 증권루머에 현혹되지 않고 본인이 직접 현장 탐방을 통해 담당 기업이나 업종의 정보를 획득하여 증시를 전망한다. 특히 정보의 정확성과 신뢰성을 확보하려면 정보망을 복수로 운영해야 한다.

---

34) Michale Watkins, Shaping the game, Harvard Business School Press. 2006, p.55.

| 표 | 손자의 정보원 분류

- 향간(鄕間): 상대방의 지역내에 있는 사람을 활용하여 정보를 수집
- 내간(內間): 상대방 조직의 내부사람을 매수하거나 환심을 사서 정보를 수집
- 반간(反間): 상대방 정보원을 포섭하여 상대방 내분을 역으로 이용함.
- 사간(死間): 상대방에게 거짓 정보를 흘려 계책에 말려들게 함
- 생간(生間): 상대방 조직에 들어가 직접 정보를 수집

3) 정보의 발전과정

자료 → 자료탐색(가공) → 정보 → 지식 → 지혜

정보는 가공되지 않은 상태인 자료의 탐색으로부터 유익한 자료와 무익한 자료를 구분하여 협상에 유익한 정보를 도출한다. 이처럼 자료의 탐색을 통해 정보가 만들어진다.

또한 정보를 분석하고, 정보를 조합하는 과정을 통해 지식이 창출된다. 이렇게 창출된 지식은 경험과 결합되어 협상에서 기발한 발상이나 착상과 같은 지혜를 만들어 낸다. 이러한 기발한 발상이나 착상과 같은 예지능력은 축적된 지혜를 가진 사람이 협상이 난관에 부딪쳤을 때 발휘할 수 있다(김병윤, 2007).

4) 정보의 교환과정

정보수집 = 정보교환

협상과정중에 협상 상대방으로부터 정보를 얻을 수 없다는 것은 아직 상대방에 신뢰를 주지 못해 관계가 제대로 형성되지 않았음을 의미한다. 사람은 누구나 협상 상대방이 합리적이라고 생각하면 상호 이익을 위해 정보를 제공할 용의를 가지고 있다. 따라서 협상자는 협상과정에서 협상 상대방이 합리적이라고 느낄 수 있는 동기를 부여하는 것이 중요하다(김병윤, 2007).

정보의 흐름은 양방향(two ways)이다. 한국의 협상자들이 협상에서 자주하는 실수는 협상 상대방의 정보는 수집하면서 자신의 정보는 주지 않으려는 태도이다. 자신이 협상 상대방에게 정보를 제공해야 협상 상대방도 정보를 제공한다(안세영, 2006).

노련한 협상자는 협상 상대방과 제안을 교환하는 과정에서 협상 상대방으로부터 완전한 정보를 얻으려 노력하면서 자신의 협상 의도는 선택적으로 노출함으로써 협상력은 상실하지 않으면서 상대방에게 협상의 진지성을 보여 줄 수 있다(장대환, 1998: 194).

5) 정보의 활용과 협상

정보수집 ≠ 쌓아두는 것
= 활용하기 위한 것

정보는 쌓아 두는 것이 중요한 것이 아니고 수집된 정보를 언제, 어떻게 시의적절하게 활용하는가가 중요하다. 특히 정보수집에는 시간과 비용이 들어가므로 동일 조직내의 체계적인 정보공유로 정보수집과 정보활용을 효율적으로 관리해야 한다. 또한 동태적인 협상과정에서 수집한 정보를 활용하려면 정보가 예상된 협상과정의 시나리오와 대안제시에 맞추어 체계적으로 분류되어야 한다.

(1) 활용할 정보의 우선 순위

협상이 이해관계의 대립으로 난관에 봉착했을 때 결렬되지 않고 창조적으로 협상을 풀어 가려면 협상과정 중에 대안이 시의적절하게 제시되어야 한다. 이를 위해서는 협상과정 중에 정보를 즉흥적으로 사용해서는 안되고, 협상 전에 활용할 정보의 우선순위가 체계적으로 마련되어 있어야 한다.

(2) 협상의 목표와 정보활용

협상에 필요한 정보와 정보교환을 명확히 하려면 협상을 시작하기 전에 협상 당사자들 쌍방이 하고 있는 일, 상대방으로부터 얻고자하는 정보, 상대방에게 제공하게 될 정보가 무엇인지 명확히 파악하고 있어야 한다(장대환, 1998:23).

또한 정보를 효율적으로 활용하려면 협상의 목표가 구체적으로 제시되어야 한다. 만약 협상목표가 여러 가지일 경우에는 그 중요도에 따라 우선순위를 정해두고 협상에서 얻은 정보를 활용해야 한다.

협상에세이

대우자동차 매각협상 실수

포드의 대우자동차 인수 포기 파문이 확산되고 있다. 매각지연에 대한 경제적 손실도 문제이지만 대우자동차는 물론 자동차 부품사 등 한국 자동차 산업 전반에 대한 정보유출이 더 큰 손실이라는 지적이 나오고 있다.

포드는 6주간에 걸친 정밀 실사작업을 하면서 비용, 1000만 달러 이상과 인원 200여 명을 투입해 총 180개 파일, A4 용지 7만쪽 분량의 자료를 통해 대우차 국내법인은 물론 11개 국외 공장과 25개 국외 판매법인에 대한 계약 현황, 재무재표, 5개년 사업계획 심지어는 가격과 품질 등에 대한 모든 자료를 낱낱이 파악했을 뿐만 아니라 대우캐피탈, 대우차판매, 쌍용차 등 매각 대상 관련회사와 협력업체 300여 부품의 중소기업들에 대한 정보까지 얻은 것으로 알려졌다.

포드가 인수를 포기한 데 따른 국가 경제적 손실이 크지만 아무런 대응을 할 수 없는 것은 대우차 매각협상 곳곳에 구멍이 뚫렸기 때문이라는 분석이 대두되고 있다. 즉 입찰참여 안내서를 발송할 때 인수예정 금액의 5%(정부 주도의 경우)를 입찰보증금으로 하는 등의 제재조항을 넣지 않은 점이나 우선 협상대상자로 포드를 단독 선정한 것이 최악의 상태를 야기시켰다는 것이다. (매일경제, 2000.9.29)

5. 협상과 설득과정

협상 = 상대방의 마음을 움직이게 하는 것

"다른 사람을 설득하기가 어려운 것은 갖고 있는 지식이 풍부해야 하기 때문에 아니라 상대방의 마음을 읽고 적절한 방법과 말로 상대의 마음을 움직여야 하기 때문이다"(한비자 세난편).

Check Point explanation ⟷ persuasion

설명과 설득은 상대방에게 정보를 전달한다는 공통점이 있지만, 전달방법에는 상당한 차이가 있다. 설명(explanation)은 정보를 전달하는 정보 발신자가 선택된 정보를 가공하지 않고 정보 수신자에게 그대로 전달하는 것이다.

설득(persuasion)은 정보 발신자가 정보를 그대로 전달하지 않고, 정보 수신자의 눈높이와 관심사안에 맞추어 정보를 가공하여 전달한다. 설득은 이처럼 상대방의 이해를 구하기 위해 정보를 상대방의 관점에서 가공한다.

협상에세이

설득의 꽃, 협상

설득의 꽃이라 불리는 협상은 우리 생활의 매 순간 이루어진다. 서로 설득의 테이블에 나와서 상대의 요구를 조율하고 각자의 이익을 나누고 서로 윈윈하는 것이 협상의 궁극적 목적이다.

설득과 협상은 지극히 상호 보완적 관계이고 결국에는 설득이 선행되야 협상에 성공할 수 있다. 협상 능력은 생존 전략이기도 하다. 지배하느냐, 지배당하느냐의 문제이기도 하다.

시장에서 물건 값을 흥정할 때, 부동산 계약을 할 때, 상대에게 업무를 부과할 때, 사람 사이에 이루어지는 협상 뿐 아니라 조직 간 이루어지는 협상, 국가 간 이루어지는 협상에 이르기까지 협상의 범위는 다양하지만 기본 법칙은 있다. 양측간 신뢰를 구축하는 것이 중요하다. 즉 서로 윈윈하는 협상이라 한 쪽이 손해본다는 느낌을 주기보다 서로의 차이를 극복하고 새로운 가치를 창출하며 협력하고 서로의 이해관계를 고려하는 것이지 각자의 입장에서만 커뮤니케이션을 하는 것이 아니다.

협상에서는 가치 창출(협력)과 가치 주장(경쟁)을 정반대 개념으로 착각하곤 하는데, 협상에서는 경쟁적이면서도 협조적 태도를 취할 수 있다. 상대방의 쟁점을 이해하고 탐색 시에는 협조적 태도를 취하고, 자신의 권리를 주장할 때는 경쟁적이고 단호한 태도를 취하는 것이 필요한 것이다. 아울러 자신의 권리를 주장할 때는 확신에 찬 목소리로 이야기하는 것이 중요하다. 인간이란 우물쭈물하는 사람의 말은 믿지 않으려 하는 경향이 있기 때문이다. 이는 기싸움과도 연관이 있는 셈이다.

설득을 잘하는 사람들의 공통적 성격을 보면, 정서적 안정감, 자신감, 외향성, 지배성이 있다. 즉, 상대가 비웃거나 나무라는 소리를 해도 결코 감정적이 되지 않는 '안정성', 나는 타인을 설득하는 데 뛰어난 소질이 있다고 믿는 '자신감', 누구에게나 말을 붙일 수 있는 '외향성', 자신에게 유리한 결과가 나오도록 자기 쪽에서 상황을 제어하는 '지배성', 이 네 가지 성격을 가진 사람이 바로 타인을 멋지게 설득해내는 필요요건으로 볼 수 있다.

그리고 협상에서는 처음엔 냉랭한 표정을 지으며 차가운 태도를 취하는 것이 좋다. '게인 효과'와 '로스 효과'인데, 전자는 처음에는 냉랭했는 데 사귀다보니 따뜻한 사람이 가장 사랑받는 사람이고 이를 '게인 효과'라 하며, 처음에는 따뜻했는데 사귀다보니 냉랭해지는 사람은 가장 미움을 받고, 이를 '로스 효과'라 하는 것이다. 매력을 느끼는 감정의 변화를 협상에서 그대로 적용해야 한다. 협상 초기에 일부러 상대를 애타게 하거나 혹은 도발적 발언을 하는 등, 차디찬 대응을 하고 그 다음에 서서히 따뜻한 대응으로 바꿔나가는 것이 더 좋은 것이다.

협상할 때 '표정'이 아주 중요한 요소로 작용한다. 협상에서는 표정의 풍부함이 최대 포인트인 것이다. 얼굴 표정이 목소리의 두 배, 발언 내용에 비해 여섯 배나 더 강력하게 그 사람의 인상을 결정짓는다는 연구 결과가 있다.

그리고 '나' 커뮤니케이션으로 말하는 것이 더 설득적이다. 인간의 마음을 움직이는 것은 '너 커뮤니케이션'이 아니라 '나 커뮤니케이션'이다. 무조건 밀어붙이는 설득보다는 상대를 배려하는 듯한 말이 더 잘 풀리는 법이다. (한국경제, 2012.8.15)

협상에세이

성질 급한 한국인을 위한 설득의 왕도…목표를 분명히 하고 계획을 세워 진도를 나가라

똑같은 상황, 똑같은 대상이라도 누가 나서면 일이 성사되고 다른 사람이 나서면 본전도 못 찾고 돌아오는 일이 생긴다. 단순히 '말발'의 문제일까? 아니면 타고 나는 것일까? 그러나 아리스토텔레스에 의하면 후천적인 학습과 훈련을 통해 역량이 키워지는 일종의 '기술'이 바로 설득이다.

A사는 까다롭기로 유명한 클라이언트다. 조목조목 꼼꼼하게 챙기고 일정은 빠듯하고 비용은 실비 수준인데 늘 높은 퀄리티를 요구한다. 그렇다 보니 분기별로 담당자가 바뀌고 있다.

그러다 최근은 일 년 간 안정이 됐다. 새로 교체된 담당자 덕이다. 특별히 경력이 높거나 언변이 좋은 것은 아닌데 클라이언트의 요청 사항을 적절히 받아들이면서 진행에 차질이 없도록 어레인지 하는 능력이 빛을 발하고 있는 것이다.

B사를 담당하고 있는 김 대리도 사실 업무 능력이 뛰어난 편은 아니다. 그러나 B사와의 관계는 특이할 정도로 좋다. 성질 급한 B사의 담당 클라이언트에게 김 대리는 '바로바로 피드백이 오는' 부지런함의 화신으로 비춰지고 있기 때문.

그 과정에서 문제가 발생해도 클라이언트는 김 대리를 탓하지 않고 자기 선에서 처리하곤 한다. 김 대리도 문제가 생기면 바로 상부에 보고하기 보다는 클라이언트에게 먼저 읍소하고 있다. 그야말로 진정한 협력관계인 셈.

C사의 클라이언트도 깐깐하기로는 다른 곳 못지않다. 어쩌다 일이 틀어지면 한 번씩 하청업체를 들었다 놨다 하는데, 담당자뿐 아니라 관련 업무를 맡고 있는 여러 사람들에게 다이렉트로 질타와 요청, 당부를 거듭하는 것.

그 과정에서 어떤 담당자는 그야말로 '말려서' 엉뚱한 것을 약속하기도 하고, 누군가는 좋게 좋게 서로 동병상련의 아픔을 나누거나, 또 어느 누군가는 자연스레 하청업체의 입장을 설명하기도 하고 하는 것이다.

한동안 설득의 기술이 유행을 했다. 설득은 일종의 커뮤니케이션이다. 아리스토텔레스는 설득의 3대요소를 분석하며 이를 학습하고 훈련하여 청중을 설득하라고 했다. 쉽게 말하면 에토스, 파토스, 로고스라는, 상대의 감성과 처지, 이성의 비율이 각기 6:3:1이므로 이에 맞춘 전략을 수립하라는 얘기다.

하지만 성질 급한 한국인은 논리보다 솔루션이다. 설득의 달인, 설득을 성공케 하는 왕도가 있다. 다음의 1가지 단계만 충실히 한다면 상대가 클라이언트든, 상사든, 이견을 가진 동료든 당신의 뜻대로 이끌어갈 수 있을 것이다.

1단계

상대의 입장에서 생각하라

아리스토텔레스가 말한 '에토스'다. 상대가 처한 입장과 처지를 조금만 헤아려 보면 이미 답은 나와 있는 경우가 많다. 예를 들어 '음, 이건 결국 비용을 줄여야겠다는 얘기군', '지금 자신이 일에 몰려 있기 때문에 우리가 그걸 해결해주던가, 인력을 더 보강해야 한다는 당위성을 보여주어야 한다는 얘기군' 이런 식이다.

내가 상대의 입장이라면 어떻게 할 것인가? 역지사지(易地思之)로 생각하면 정말 쉽다. 특히 결정권을 가진 사람이라든가 클라이언트에 대해 우리는 흔히 '상대에 대한 배려가 없다'라고 여기고 있는데, 그 이유는 단순하다. 상사는 시간과 돈을 중시하기 때문이고 클라이언트는 자신이 책임질 수 없기 때문이다.

실무를 주고받는 관계라면 더욱 구체적이고 간단해진다. 상대가 '이번 주까지 끝내주세요'라고 하는 것은 자신이 일정을 독촉당하고 있기 때문이다. 맞춰줄 수 있다면 가장 좋지만 그렇지 않다면 일단 가능한 실물 결과, 눈에 보이는 성과물을 제시하고 완성되지 못한 디테일을 고지한다든가 하는 식으로 '진행'을 해야 한다.

'그래도 해야 한다'는 경우도 있다. 하는 수 없이 맞춰줄 수 있다면 다행이지만 그렇지 않다면 이 일이 왜 안 되는지에 대한 근거를 명확히 제시하도록 한다.

2단계

이야기는 100% 들어주라

그냥 들어라. 이상한 말도 그냥 듣고, 괴상한 말, 말도 안 되는 말, 억지 등 온갖 이야기를 일단은 다 그냥 들어주라. 좋지 않은 상황에서 트러블을 일으키는 단초는 대부분 상대가 하던 이야기를 끊고 나의 입장을 얘기하려 할 때 비롯되곤 한다. 그리고 이렇게 시작한 각자의 입장 해명은 일의 해결에 아무런 도움을 주지 않고 감정만 상하는 소모전으로 전락하기 쉽다. 게다가 인간관계란 한번 금이 가면 다시 복구하기 어려운 법.

상대의 이야기를 듣는 것은 상대의 입장을 이해하기 위한 일종의 프리젠테이션 과정이다. 인간은 논리적으로 이해하기 보다는 감정과 감성으로 이해한다. 또 자신이 말을 많이 할수록 상대에게 더 이해받고 있다고 느끼게 된다. 이야기를 하고 그 이야기를 듣고 있는 동안 서로 말이 안 되는 논리나 내용 보다는 각자의 입장에 대한 공유가 이뤄지게 마련이다. 즉 공감과 교감이 이뤄지는 중요한 단계다.

가만히 듣고만 있는 것이 전부는 아니다. 지속적으로 질문해야 한다. 그래야 나도 내가 상대의 이야기를 제대로 이해하고 있는지 확인이 되고 상대 역시 내가 자신의 이야기를 경청하고 있다고 깨닫게 된다. 또 질문을 하고 확인을 하는 과정에서 자연스레 서로의 책임으로 미루려는 것이 아니라 해결점을 찾으려 한다는 것임을 인지하고 공유하게 되는 것이다. 해결점을 찾기 위해서는 정보를 얻어야 하고 상대의 이야기는 그 정보에 대한 설명이다.

3단계

당신이 기획자고 진행자다

설득은 설득을 하려 하는 사람이 기획하고 진행해야 한다. 일단 목표를 분명히 하라. 목표가 불분명한 상태에서 설득의 장으로 나가는 사람들이 꽤 있다. 단지 '새 일을 따기 위해', '사고가 일어난 것을 수습해야 하니까', '발생하는 비용을 최소화 시켜야 하니까' 등은 목표가 아니다. 전제고 당위다.

목표란 '이번에 거기서 새로 시작하는 A프로젝트에 참여하기 위해', '사고 수습을 위한 별도의 일정 상의와 지원업무의 가능 여부를 확인하기 위해', '비용을 줄이는 데 있어 우리가 생각하는 것을 통과시키기 위해서' 등이다.

이렇게 목표를 분명히 해야 클라이언트와의 대화를 이끌어 갈 수 있다. 대체로 설득의 대상은 상사나 클라이언트 등 헤게모니를 쥐고 있는 경우기 때문에 막연히 갔다가 '오늘은 피곤하니 나중에 다시 생각합시다'라든가 '그럼 일단 가능한 것들을 확인해서 나중에 다시 알려 주세요'라고 일단락된다면 설득에 실패한 것이다.

설득의 달인들은 이런 감각이 동물처럼 발달해 있다는 것이 차이다. 천부적으로 타고 나지 않았다면 전략을 세워 실행하면 된다. 'A를 먼저 제시하고 그것이 안될 경우 B와 C에서 고르게 한 다음…마지노는 D로 정리하면 어떨까?' 이 정도면 어지간

한 자리에서는 충분할 것이다.

4단계

공감의 키는 질문과 대답이다

앞장 서 진행을 하는 데도 무리가 뒤따른다. 설명이 앞서면 '얘기 잘 들었고 협의는 나중에'라고 허탈케 할 수도 있다. 또 상대의 반응 자체가 시큰둥할 수도 있다. 먼저 6하원칙에 근거한 질문들로 상황을 이해하고 진단한다. '그럼 오늘은 어떻게 하실 생각입니까?', '보고는 어디까지 올라가게 되나요?', '해당 업체에서는 해결이 불가능한 겁니까?' 등.

그리고 나서 다시 질문을 통한 확인과 협의의 절차에 들어가는 것이다. '금주 내로 납품이 되면 되겠습니까?', '다음 주까지는 완료할 수 있을 것 같은데 유관업무 스케줄도 조정이 가능합니까?' 등이다.

두 가지 모두 공통점은 '상대가 답을 할 수 있는' 질문이라는 데 있다. 차이는 전자는 설명의 답이, 후자는 결정과 약속의 답이 나와야 한다는 것. 질문과 대답이 대화의 기본이자 진행의 핵심이어야 한다. 질문과 대답을 통해 상대와의 교감을 이끌어내고 공유하게 하고 합의하는 과정을 통해 설득이 이뤄지는 것이다.

(매일경제, 2012.2.7)

1) 설득력의 요인

동일한 정보라도 어떤 환경에서 어떤 방법으로 누구에게 의해 전달되는가에 따라 설득의 정도가 달라진다.

(1) 정보 발신자의 신뢰도

설득은 정보를 전달하는 사람이 누구냐에 따라 정보의 신뢰성이 달라진다. 일반적으로 정보 발신자의 조직에서의 지위가 높을수록 정보의 신뢰도가 높아진다. 정보발신자의 지위뿐만 아니라 정보발신자의 경력, 학력, 평판 등도 정보의 신뢰성에 지대한 영향을 미친다.

(2) 메시지의 내용

정보를 전달할 때 상대방의 관심을 끌고, 이해를 높이기 위해서는 상대방과의 입장 차이를 부각시켜 설득하는 것보다는 상대방과 공통점을 부각시켜 설득하면 더욱 효과적이다.

예를 들어 비즈니스 협상에서 협상 상대방은 명분과 명예를 소중하게 생각하는데 지나치게 이익만을 부각시키는 내용으로 접근하면 협상 상대방을 설득하기보다는 협상 상대방에게 오히려 불쾌감을 줄 수 있다. 협상에서 상대방의 설득을 효율적으로 하려면 무엇보다 상대방의 입장(you-attitude)에서 생각해 보고 설득하는 자세가 필요하다.

(3) 설득의 방법

동일한 내용이라도 어떤 방식으로 하느냐에 따라 설득의 정도는 달라진다. 특히 정보 전달자가 확신을 갖고 자신감 있게 정보를 전달하는가의 여부는 설득력에 지대한 영향을 미친다. 또한 협상자가 시간에 쫓겨 말을 너무 빨리하거나 핵심만 너무 간단하게 설명하면 발표자의 의도가 제대로 전달되지 않는다. 또한 발표자의 목소리톤이 설교조이면 상대방이 신뢰하지 않는다(임향옥, 2008).

또한 설명의 방법에 있어서도 숫자를 설명할 때 말로만 나열하는 것보다 도표나 그림으로 보여주면 훨씬 설득력이 높아진다. 특히 선택하는 용어나 표현방법에 따라 효과가 달라진다. 예를 들어 1인당 국민소득의 증가분을 표현할 때 증가가 클 때와 작을 때는 표현방식을 다르게 해야 한다. 증가 금액이 작을 때는 백분율로 표현하는 것이 증가가 더 크게 느껴지게 한다.

우리나라의 제1차 경제개발 5개년 계획 중에 1인당 국민소득은 83달러에서 125달러로 증가했다. 이를 증가 금액으로 표현하면 42달러에 불과하지만, 백분율로 표현하면 42% 증가로 표현되어 증가율이 더 크게 느껴진다. 또한 금액이 2~3억일 때는 수억으로 표현하고 8~9억일 때는 그대로 표현하는 것이 금액의 크기를 더 크게 느껴지게 한다. 그리고 동일한 금액이라도 백만원보다는 1백만원이 더 자료의 신뢰성과 정확도를 향상시켜 준다(김병윤, 2006).

토론 = 상대방을 설득하는 것 = 상대방의 마음을 움직이게 하는 것

협상에세이

"설득하기 전에 상대 이해를"

대개의 사람들은 가정에서나 학교에서 자신의 주장을 펼치는 토론법을 배우지 않았다. 그저 부모님 말에 복종하고, 열심히 암기하는 것이 미덕인줄 알고 자랐다. 따라선 의견을 조리있게 잘 표현하기는 고사하고 남의 말조차 제대로 못듣는다. '토론실 닷컴'의 박종우씨가 말하는 올바른 토론을 위한 제안을 살펴본다.

합리적 설득 중요 = 토론은 생각이 다른 상대방을 논리적으로 설득하는 행위다. 참여자는 자신의 주장을 최대한 합리적이고 정당하게 전달하도록 노력해야 한다. 합당한 근거도 없이 주장만 일방적으로 제시하거나, 비논리적이고 감정적으로 상대를 비판하는 토론은 아예 하지 않는 편이 낫다.

바람직한 토론을 하기 위해서는 자기 입장과 태도가 올바른가 반성할 필요가 있다. 미처 발견치 못한 관점과 태도를 간파할 수 있어야 토론에 의미가 있다.

자기 의견 정리해야 = 참여자는 사전에 언론보도 등 자료를 충분히 수집하고, 의견이나 주장을 잘 정리해 두어야 한다. 반박하기 위해 메모하는 습관도 중요하다. 같은 말은 두어번 반복하지 않는다. 인터넷 등 온라인 토론에서는 상대의 글을 읽고 이해하는 것이 우선이다.

발제와 사회 중요 = 효과적인 토론 진행을 위해서는 발제자를 정하면 좋다. 발제자는 전체 대의나 줄거리를 요약해 논제를 띄운다. 논제는 가능한 한 미리 발표해 참여자들이 준비케 하는 것이 활발한 토론을 이끌어낸다.

다음에는 토론을 이끌어갈 사회자(의장)를 정한다. 사회자는 사전에 토론의 논제와 종류, 규칙들을 참여자와 결정하거나 참여자에게 설명해 준다. 쓸데없이 시간 낭비하지 않도록 적절한 질문과 요약으로 참여자의 발언을 정리해야 토론이 주제에서 벗어나지 않는다. 어느 정도 토론이 진행되었다고 생각하면 그때까지 나온 의견이나 제안 등을 종합, 요약해 결론을 맺게 한다. (경향신문, 2003.10.16)

| 표 | SOFTEN 기술

S Smile	웃는 표정을 지어라	미소는 호의적이고 수용적인 자세를 나타내며 비언어수단 중에서 가장 강력한 전달수단이다.
O Open Posture	가슴을 열어라	상대방을 향해 관심을 표명한다. 팔짱을 끼거나 다리를 꼬고 앉지 않는다. 건방지게 보이지 않으면서 적극적으로 경청하는 태도이다.
F Foward Lean	몸을 앞으로 약간 기울여라	이것은 상대방의 말에 집중하고 있다는 것을 보여준다. 그러나 상대방에게 너무 가까이 가지 않도록 주의한다. 대화거리는 팔을 뻗을 수 있는 정도로 여유를 두도록 한다.

T Tone	어조에 조심하라	억양을 통해 상대방의 얘기가 흥미가 있다는 것을 표현하도록 한다. 상대방 목소리의 톤에 맞추는 것도 기술이다.
E Eye Contact	눈을 피하지 말라	'눈은 마음의 창'이다. 눈을 피한다는 것은 곧 '신뢰'가 없다는 것을 의미한다.
N Nod	가끔은 고개를 끄덕여라	상대방의 얘기에 동의한다는 것 또는 이해한다는 것을 의미한다. 그러나 자주 고개를 끄덕이지 않도록 주의한다. 놀리는 표시로 간주한다.

자료 : 박준형(2006)

Check Point bandwagon strategy ⟷ linchpin strategy

협상과정에서 협상자는 협상관계자들에게 자신의 의견을 피력해야 되는데 설득방법과 순서에 있어 밴드웨건 전략(bandwagon strategy)은 협상자가 상대적으로 쉽게 설득할 수 있는 사람부터 설득을 시작해서 가장 설득하기 어려운 사람을 최후에 하는 전략이다.

이에 비해 린치핀 전략(linchpin strategy)은 설득하기는 어렵지만 영향력이 가장 큰 사람부터 만나 설득하는 방법이다. 만약 의사결정이 다수결에 의해 결정된다면 밴드웨건 전략을 사용하는 것이 효과적이고, 의사결정이 영향력이 큰 어느 한 사람에 의해 이루어진다면 린치핀 전략이 효과적이다(Michale Watkins, 2006: 140).

협상에세이

협상의 기술

협상은 크게 국가나 기업 간, 작게는 개인의 일상생활에도 존재한다. 원하는 결과를 얻어 두둑한 이득을 챙길 수 있는 협상이 있는가 하면, 몇 시간에 걸친 릴레이 협상으로 힘만 소진하고 빈손으로 돌아오는 협상도 있다. 한마디로 협상은 밀고 당기는 고도의 심리전인 것이다.

어떻게 준비하고 시작해야 협상 테이블에서 웃을 수 있을까? 상대의 패를 읽을 수 있는 협상의 기술, 내 것으로 만들어 보자.

모든 문제 해결의 관건, 협상에서 비롯된다

작년 미국과의 FTA 협상으로 온 나라가 시끄러웠던 것에 이어 최근 미국 쇠고기 수입에 대해 시민들은 광화문에 모여 연일 촛불 집회를 통해 재협상을 요구하고 있으며, 국민들 모두가 하루빨리 이 문제가 잘 해결되기를 바라고 있다.

얼마 전에는 화물 운송노조가 운송료 인상을 요구하며 파업을 했다가 결국 협상이 타결되어 모두 자신들의 자리로 되돌아갔다. 이처럼 신문이나 뉴스를 보면 단 하루도 협상이라는 단어가 빠지는 날이 없다. 협상이 그만큼 우리 사회에서 중요한 역할을 한다는 뜻이다.

비즈니스에서도 협상은 대단히 중요한 역할을 하는데, 심지어 협상을 '비즈니스의 꽃'이라고 주장하는 경영학자도 있다. 특히 기업 간 거래, 가령 산업재를 사고파는 과정은 반드시 가격 협상을 거쳐 이루어진다. 오죽했으면 국내 모 대기업 임원은 "우리 직원이 협상을 잘해서 자재를 살 때 1%만 싸게 사고, 팔 때 1%만 덜 깎아 줘도 연간 흑자폭이 1,000억 원은 더 늘어날 것이다"라며 협상의 중요성을 강조했겠는가. 그래서 직원들, 특히 영업사원이나 구매담당자의 협상력은 그 기업의 경쟁력을 가늠하는 척도로 작용하고 있다.

협상 테이블에서는 상대방의 의도와 심리를 파악하는 것이 무엇보다 중요하다. 또한 예상 외의 상황에 대한 대안책도 마련해 놓아야 협상에서 주도권을 가질 수 있다.

개인의 일상생활 역시 협상의 연속이다. 집을 사고 파는 것과 중개 수수료 흥정하기, 가전제품 구매하기, 술집에서 술값 깎기, 집 주인에게 집수리 요청하기, 아내하고 용돈 정하기, 여름휴가 때 어디로 여행을 가는지 가족들과 의견 조율하기, 중고 자동차 구매하기, 자녀들과 시험 성적에 따라 용돈 결정하기, 애인과 멜로 영화를 볼 것인지 아니면 프로야구 구경을 갈 것인지 정하기, 친구와 술 한잔 하기 위해 어디서 만날 것인지 등등.

이처럼 협상은 크게는 국가 간의 정치 혹은 통상 문제, 기업 간 거래, 노사 간 문제 등의 갈등을 해결하는 데 대단히 중요한 역할을 하며 가깝게는 개인의 일상생활에도 깊숙이 관여하고 있다. 그렇다면 자신뿐만 아니라 상대방도 만족할 수 있는 협상은 어떻게 해야 하는 것일까?

■ 현재 처한 상황에 따라 협상 전략을 달리 구상하라

협상을 시작하기 전에는 먼저 현재의 협상 상황이 어떠한가를 파악해 봐야 한다.

이때 협상 상황은 크게 두 가지, 상대방과의 관계와 협상의 성과라는 두 가지 측면을 고려해서 파악해야 하며, 상황에 맞는 협상 전략을 구사해야 한다.

상대방과의 관계는 덜 중요하지만 협상의 성과가 중요한 상황에서는 나(win)-상대방(lose)를 추구하는 공격 전략을 사용해야 한다. 여행지에서 여행객을 상대로 바가지를 씌우거나 가격 경쟁력이 중요한 대형 할인마트에서 납품업체를 상대로 납품가격 할인을 요구할 때 사용하는 전략이다.

반대로 상대방과의 관계가 중요하고 협상 성과는 덜 중요한 상황이라면 상대방의 요구를 대부분 수용하는 양보 전략을 사용해야 하는데, 장기적인 거래가 중요하거나 다음 번에 상대방이 양보할 것이라는 믿음을 가지고 있을 때이다. 대형 할인마트나 백화점대기업에 납품하는 업체들이 일반적으로 사용하는 전략이다.

그리고 상대방과의 관계도 별로 중요하지 않고, 협상을 해 봐야 이득 될 것도 없는 상황이라면 상대방을 피하는 회피 전략을 사용하면 된다. 불필요한 상품을 들고 사무실에 찾아오는 영업사원을 대할 때 사용하는 전략이다.

상황에 따른 협상 전략

마지막으로 상대방과의 관계도 중요하고, 협상 성과도 중요한 상황이라면 상대방과 협조해서 문제를 해결하고, 결과적으로 모두 윈-윈(win-win)하는 전략이다. 장기적으로 함께 거래해야 할 비즈니스 파트너에게 사용하는 전략이 여기에 속한다. 이 전략은 상대방을 속이는 거짓말을 하지 않고 나아가 상대방의 문제도 해결해 주려는 의지를 보여야 한다.

■ 권한이 높은 사람과 협상하라

조직 내에서 권한이 높다는 것은 의사결정 권한이 높다는 것을 의미한다. 쉽게 말해 사원보다는 과장, 과장보다는 부장이 의사결정 권한이 높다. 의사결정 권한이 높다는 것은 협상의 관점에서 볼 때 협상하는 상대방에게 양보할 폭도 크다는 것을 뜻한다.

의사결정 권한을 지갑 속에 있는 돈으로 비유해 보자. 사원의 지갑에는 5만 원이 있고, 과장은 10만 원, 부장은 15만 원이 있다고 보면, 사원은 5만 원까지만 지불(양보)할 수 있고, 과장은 10만 원, 부장은 15만 원까지 가능하다. 따라서 조직 내에서 직급이 높으면 높을수록 상대방에게 양보할 수 있는 폭이 더 크다.

매장에서 말단 판매사원이 손님에게 10%까지만 할인할 수 있지만, 매니저는 판매사원보다 더 큰 폭으로 할인을 해 줄 수 있다. 만일 점원이 "손님이 요구하시는 금액만큼은 제 맘대로 할인해 드릴 수는 없습니다."라고 하면 이렇게 말하라.

"매니저나 사장님을 불러 주세요." 아마 대부분 술집에서 이런 말을 해본 적이 있을 것이다. "이봐 ~ 웨이터! 술값이 왜 이렇게 많이 나왔어? 사장 오라고 해." 반대로 상대방이

나의 상사를 찾으면 둘이 못 만나게 이렇게 말해라. "지금 출장 중이라 안 계시는데요."

협상할 때는 가능한 권한이 높은 사람과 만나야 한다. 그래야 원하는 것만큼의 양보를 얻어 낼 수 있다. 우리가 어떤 상점에서 불쾌한 일을 당했을 때 "사장 나오라고 해" 하는 것에도 이런 원칙이 작용하고 있다.

■ 협상 결렬에 대비한 다양한 대안을 준비하라

남녀 사이에서는 반드시 'Only You!'라고 해야 하지만 협상에서 상대방에게 이 말을 하는 것은 금물이며, 지금의 상대방 이외에 다른 대안을 제거한 채 배수진을 치고 협상에 임한다는 것은 자살행위나 다름없다.

협상에서는 상대방과의 협상 결렬되었을 때 취할 수 있는 대안을 BATNA(Best Alternative To Negotiated Agreement)라고 하는데, 대안이 많으면 많을수록 협상력은 강해진다. 그리고 나에게 대안이 많다는 사실을 상대방이 알면 협상력은 더욱더 강해진다.

대기업에서 여러 협력업체로부터 제안을 받는 경우가 많은데, 이는 적당한 업체를 선정하기 위한 이유도 있지만 협상에서 더 좋은 조건을 얻어 내기 위한 이유도 있다.

만일 대안이 없다면 가급적 협상을 시작하지 말고, 대안을 준비한 후에 협상을 시작하는 것이 좋다. 만일 불가피하게 대안이 없는 상황에서 협상을 시작하게 되었다면 나에게 대안이 없다는 사실을 상대방이 절대로 알게 하면 안 되며, 협상 중에도 끊임없이 대안을 만들어야 한다.

그리고 대안이 준비되었다면 상대방에게 다른 대안이 있기 때문에 협상이 결렬될 수 있음을 은근히 흘려라. 대안이 없다면 거짓 대안이라도 만들어서 상대방에게 대안이 있는 것처럼 보여야 한다. 내가 대안을 핑계로 너무 강하게 협상 결렬 가능성을 내비치면 상대방이 포기할 수 있다. 그러므로 대안을 핑계로 협상 결렬을 은근히 내비치되 상대방에게는 진지하고 성실하게 협상을 한다는 인상을 주어야 한다.

상대방과의 협상을 얼마나 성공적으로 이끌어 내느냐 하는 것이 새로운 경쟁력으로 부각되고 있다. 협상력은 개인은 물론 글로벌시대를 사는 기업의 필수 요건이다.

(미디어삼성, 2008.7.4)

2) 프리젠테이션(presentation)

presentation ⟷ reading

협상에서 협상 상대방의 이해를 도와 소기의 목적을 달성하기 위해 프리젠테이션을 하는 경우가 있다. 기본적으로 프리젠테이션과 리딩은 다르다. 프리젠테이션은 단순히 내용을 읽는 것이 아니고, 내용의 핵심을 알기 쉽게 요약 설명하고,

자신의 주장을 논리정연하게 설명하는 것이다.

무엇보다 발표를 시작하면서 제일 중요한 것은 상대방을 포함한 청중의 주의를 집중시켜야 한다. 이를 위해서는 발표 처음부터 청중들이 발표의 가치를 믿을 수 있도록 해야 한다. 청중들은 발표 초기에 자신의 시간과 에너지를 투자해서 적극적으로 들어야 하는지를 결정한다(임향옥, 2008: 132).

이처럼 프리젠테이션은 논리적으로 체계적인 주장을 펼치는 것이다. 이를 위해서 설명자는 본인이 주장하고 싶은 핵심 내용을 자신의 관점이 아닌 상대의 입장에서 상대가 이해하기 쉽게 정리하여 대안에 따라 설명해야 한다.

협상에세이

프리젠테이션을 잘하기 위한 5가지 전략

오늘날, 생활에서 성공하기 위해서는 반드시 능숙한 프리젠테이션 기술을 갖추고 있어야 한다. 청중들은 프리젠테이션의 내용을 중요하게 여기기도 하지만, 발표자의 비언어적 스타일을 그에 못지않게 중요하게 생각한다는 연구 결과는 어쩌면 당연한 것인지 모른다. 활기 없는 프리젠테이션으로 당신의 이력에 먹칠을 하고 있지는 않은지 생각해보라. 상사와 후배들의 이목을 한 눈에 끌 수 있는 프리젠테이션을 하고 싶다면 다음과 같은 방법을 활용하라.

긴장을 풀어라.

프리젠테이션 하는 장소로 들어가기 전에 10분 정도 깊게 심호흡을 하라. 그러면 지나치게 긴장한 마음이 가라앉고 목소리도 차분해진다. 발표를 하러 나갈 때는 자신감 있는 태도로 힘 있게 걸어 나간다. 서서 발표를 할 경우는 양 다리에 똑같이 힘을 주어 균형감 있게 서고, 앉아서 할 때에는 발을 바닥에 붙인다. 어깨는 편안하게 아래쪽으로 내린다. 일반적으로 발표를 할 때 사람들은 너무 긴장한 나머지 어깨를 바짝 추켜올려서 목이 없는 것처럼 보이는 자세를 취하는데, 이런 자세가 되지 않도록 하자. 안절부절 못하는 모습으로 무엇인가를 만지작거리거나 물건을 손에 쥐고 있지 말아야 한다. 파워포인트를 사용하기 때문에 리모컨을 가지고 있다면, 스크린을 넘길 준비가 되어 있지 않은 상태에서 작동하거나 내려놓지 않도록 주의한다.

한 사람 한 사람과 시선을 마주친다.

꼭 그렇게 해야 하는 경우가 아니라면 강단 뒤에 서지 말아야 한다. 강단 뒤에 서 있는 탓에 다리가 보이지 않으면 청중들은 무의식적으로 발표자와의 사이에 장벽이 있다고 생각하게 된다. 그러므로 될 수 있으면 청중들에게 다리가 보이는 자세로 서서 발표하라. 눈으로 발표 장소를 꼭 돌아보라. 그리고 거기에 있는 모든 사람에게 시선을 주라.

한 사람을 바라보고 잠시 시선을 유지하며 생각을 정리하고, 다시 시선을 다른 사람에게 돌린다. 다수의 청중들을 상대로 발표할 경우는 줄 단위로 시선을 마주친다. 한 줄에 앉아 있는 몇 사람의 얼굴에 초점을 맞출 수 없을 때까지 시선을 마주치다가 다음 줄로 시선을 옮기는 식으로, 끝줄까지 간 다음에 다시 첫줄부터 시선을 맞추어 나간다.

이야기로 시작해서 핵심 내용을 말하는 것으로 마무리하라

"이 자리에 참석해 주셔서 감사합니다."라는 인사말은 가능하면 피하라. 너무나 진부하다. 어떤 주제로 발표를 하든, 그와 관련된 이야깃거리가 있게 마련이다. 새로운 상품을 개발할 때 아이디어가 '반짝' 하고 떠오른 순간의 경험을 말해도 좋고, CEO가 임원들에게 했던 재밌는 농담을 들려줘도 좋고, 주제와 관련된 개인적인 이야기라도 좋다. 어떤 내용이든 이야기로 프리젠테이션을 시작하라. 청중들이 활력을 느끼고 강한 인상을 받을 수 있게 빠른 속도로 이야기를 해야 한다. 청중들은 중간 부분의 내용은 거의 기억을 못하고 처음과 마지막에 들은 내용만 기억한다. 사실 알고 보면 처음 3분과 마지막 3분 정도밖에 기억을 못할지도 모른다. 그 시간을 최대한 활용하라.

쉬지 말고 움직여라

활기차고 재빠르게 움직여라. 특히 발표 초반부에는 청중들이 긴장감을 늦추지 않도록 더 많이 돌아다녀라. 그리고 손짓을 활용해 강조하고자 하는 요점을 강조해라. 힘이 넘치는 제스처는 청중들의 관심을 자극하고 시선을 끌어들이는 역할을 한다. 어떤 주제를 다루든 너무 얼버무려서도 안 되고 반대로 너무 극적인 효과를 노려서도 안 된다. 그보다는 적당히 절제되고 사려 깊은 생각을 펼쳐야 한다.

흥미를 잃은 청중의 관심을 되돌려라

발표 도중 다른 곳을 바라보는 청중을 발견하면, 그들을 집중적으로 바라보며 그들이 다시 관심을 갖도록 유도하라.

3가지 금지 사항

- 직업적인 코디미언이 아니라면 농담을 하지 마라-어설픈 농담으로 분위기가 가라앉으면, 다시 분위기를 살리기 힘들다.
- 발표장에 들어설 때 넘어지지 않도록 조심하라-이런 일이 일어나면 청중들은 당신을 어릿광대쯤으로 낮춰보게 될 것이다.
- 특별히 질의응답 시간을 갖기로 미리 계획하지 않았다면 청중의 질문을 받지 마라. 만약 질문에 대해 대답을 하지 못하면, 청중들은 당신의 실력을 의심하게 될 것이다. 아무리 능수능란한 발표 기술로 청중들을 사로잡고 그들에게 많은 지식과 영감을 주었다고 하더라도 질문 시간의 사소한 실수 때문에 큰 낭패를 보게 될 것임을 잊지 말라. (Tonya Reiman, 2007)

협상에세이

"우리는 왜 토론에 서툰가"

나는 평생에 머리에 기름을 바른 적이 딱 두 번 있다. 한번은 장가가는 날이었고, 다음은 미국 병원에서 노사 협의 대표로 간 날이었다. 정장에 넥타이, 그 날은 커피도 못 마시게 했다. 흥분하면 안되니까. 일체의 감정은 집에 두고 냉철한 이성과 논리로 일관해야 한다. '목소리를 높이지 말라, 상대방의 말을 가로막지 말라, 상대의 입장을 이해하도록 잘 들어라, 공감이 가는 부분엔 인정하라, 상대의 권위를 인정하라, 우리 주장에 무리가 있으면 솔직히 사과하라, 피해의식을 버려라, 상대의 의견과 주장을 충분히 듣고 인정한 후 비로소 내 주장을 '조심스레' 펴라, 100% 달성하겠다는 생각은 말라, 손해다 싶은 선에서 절충하라, 절충이 끝나기 전에 먼저 일어서지 말라.' 선배로부터 받은 사전 교육의 내용이었다. 이를 회의에 참석한 모든 위원들이 철저히 지켜 낸다는 게 참으로 인상적이었다.

우린 아직 토론에 미숙하다. 역사적으로 그렇게 해 본 적이 없기 때문이다. 마을엔 위계질서에 따라 어른의 한 마디로 만장일치다. 그게 화합을 중시해 온 우리 문화였다. 이런 풍토에서 민주주의와 함께 들어온 토론문화가 정착되기란 쉽지 않다. 가장 큰 장애물은 뭐니뭐니해도 감정적으로 되는데 있다. 내 주장만 하고 남의 말을 들으려 하지 않는다. 삿대질, 우격다짐 등이다. 우리 국회는 그 전형이다. 토론을 통한 절충이 안 되면 다수결이 민주주의의 기본이다. 그리고 의결된 이상 싫어도 따라야 한다. 이게 잘 안되는 게 우리 사회다. 고맙게도 노무현 대통령이 토론을 통한 의견수렴을 하려 애쓰고 있다. 워낙 권위주의적 정치행태에 염증을 느낀 국민에겐 충격이다. 그렇다면 청와대 참모들이 유념해야 할 일이 있다. 토론에는 '위원 1인 평등의 원칙'이 지켜져야 한다. 참석하는 모든 사람은 지위여하를 불문하고 똑같은 권리와 책임을 갖는다.

그러나 지난번 평검사와의 토론은 좌석배치에서부터 기본을 벗어났다. 뒷줄에 말없이 앉은 검사들, 다리 펼 테이블, 팔걸이도 없는 의자에 혼자 앉은 여성 장관, 이것을 생중계하겠다는 발상, 끝난 후 누가 득을 봤느냐하는 등 씁스레한 기분을 지울 수 없었다.

토론이란 나와는 다른 의견이 있다는 걸 인정하는 자리다. 한데도 우린 나와 의견이 다르면 마치 인간적 공격을 받는 것처럼 흥분한다. 배신감까지 든다. 물론 토론 외적인 문제로 시비를 걸거나 상대의 감정을 일부러 자극하는 것은 비열한 짓이다. 제한된 시간에 자기주장만 장황하게 펴는 것도 폭력이다. 토론의 목적은 절충과 타협을 위해서다. 거기엔 완승도 완패도 없다. 때론 자기주장을 철회하고 상대를 받아들임으로써 더 존경을 받는다. 그게 진정한 승자다. 어떤 경우에도 나만 옳다는 주장은 독선이다. 여기엔 이념, 종교, 가치관에 이르기까지 예외가 없다. 다르다는 걸 존중하고 이룰 수 있는 모자이크 사회가 되어야 한다. (이시형 동아일보, 2003. 4. 3)

| 표 | 프리젠테이션의 4단계

- 해결해야 할 문제점(issue)을 명확히 한다.
- 문제점을 해결하기 위한 대안(alternatives)을 준비한다.
- 각각의 대안에 관해서 장점과 단점을 분석하고 설명.
- 가장 좋은 안을 결론으로 하여 그 이유를 설명.

자료: 이승영(1999)

Check Point RFI

협상자는 동태적인 협상과정에서 협상 상대방으로부터 전혀 예상치 못한 질문과 제안을 받는 경우가 있다. 이처럼 협상자가 즉답을 할 수 없는 경우 유능한 협상자는 협상 상대방으로부터 곤란한 질문과 제안을 받으면 즉답을 피하는 대신에 상대방의 질문에 질문으로서 답하여 상대방의 질문 의도를 좀더 명확히 하고 상대방이 재차 설명하는 동안 대책을 강구하는 전략을 사용한다.

이러한 전략을 RFI(Request for Information)이라고 한다. 협상자가 협상과정에서 협상상대방으로부터 갑자기 곤란한 질문을 받았을 때 RFI를 적극 활용하면 위기를 모면할 수 있다.

Check Point The Attention Curve

일반적으로 청중들은 처음에는 발표를 열심히 들으려고 하나, 발표가 중간정도 지나면 청중중의 10-20%정도만 발표를 듣는다(임향옥, 2008: 132). 나머지는 착석은 하고 있으나 영혼과 육체가 분리되는 경우가 많다. 그러다가 발표가 끝날 무렵에 다시 집중하는 경향을 보인다.

청중들을 처음부터 끝가지 발표에 집중시키려면 어떻게 해야 하나?

무엇보다 발표 초기에 청중들을 사로 잡아야 한다. 청중들 스스로 집중하고 들을 가치가 있음을 느끼게 해주어야 한다. 또한 집중이 흐트러질 중간 중간에 발표 내용을 요약해 주고 잠정결론을 내려 집중을 지속시켜야 한다.

Check Point decision tree method

협상은 창과 방패처럼 협상자들간에 공격과 수비가 수시로 발생한다. 변화무쌍한 협상에서 협상자가 당황하지 않고, 상대의 요구에 능동적이고 탄력적으로 대응하려면 협상 전에 미리 협상 상대방이 요구할 수 있는 시나리오를 마련하여 나무가 가지를 치듯 다양하게 준비해야 한다.

이처럼 협상 상대방의 요구에 다양하게 대응하는 전략을 의사결정가지모형(decision tree method)이라고 한다. 협상자가 이러한 의사결정가지모형을 협상 전에 치밀하게 마련해 두고 있으면 협상중에 협상 상대방으로부터 자신의 약점을 공격 받았을 때 오히려 역공으로 협상력을 높일 수 있다. 또한 협상이 난관에 봉착 했을 때 신속하게 대안을 제시하여 협상 상대방으로부터 신뢰를 받을 수 있다.

Check Point reflective listening

일본사람들처럼 상대방의 말을 자세히 경청하고, 그에 따라 자신의 의견을 내보이는 반응문화(reactive cultures), 청취문화(listening cultures)에서는 행동이나 논의를 상대방보다 먼저 하지 않는다.

대답을 할 때에도 자신의 의견을 즉각 강하게 표현하지 않고, 상대방의 견해를 정확히 알기 위해 추가 질문을 한다. 명확하고 논리적인 자기 주장은 긴 묵상 후에 전개된다(최윤희, 1998). 또한 이들은 상대방이 말을 끝마치면 잠시 침묵으로 상대방의 말에 존경심을 표한다[35).]

협상과정에서 협상자가 협상 상대방의 의견을 적극적으로 경청하면 놓칠뻔한 사안도 발견하고, 상대방에게 열심히 경청하고 있다는 느낌을 주어 우호적인 분위기를 만들 수 있다. 또한 열심히 경청한 것을 확인하기 위해 협상 상대방의

35) R.D. Lewis, When Cultures Collide, Nicholas Brealey Publishing, 1996, p.12.

의견을 요약하거나 질문으로 확인하여 상대방이 말하고자 하는 것을 이해하였다는 것을 보여 주면 더욱 효과적이다(임향옥, 2008).

특히 협상이 갈등으로 결렬될 위기에 있을 때는 협상 상대방의 말을 그냥 들어주는 것이 아니라 상대로 하여금 감정을 완전히 폭발시켜서 그 감정을 완전히 소진할 수 있도록 들어주어야 한다.

협상자는 듣고 있는 동안 경청하고 있고 잘 이해하고 있음을 보여주어야 한다. 이러한 적극적인 듣기(reflective listening, active listening)는 협상 상대의 갈등을 상당부분 해소시켜 줄 수 있다. 또한 자기주장(assertion)을 하는 시의적절한 시점은 협상자가 적극적 듣기를 해주어 상대방이 감정의 에너지를 소진하고 에너지의 재충전을 위해 휴식하고 있는 동안에 하면 효과적이다(이선우, 2004).

협상이 진전되지 않고, 정체되면 협상자들은 이미 합의된 내용도 취소하거나 새로운 문제점을 제기하는 경향이 있다. 이러한 문제를 해결하려면 협상자는 협상을 시작한 후 합의한 내용을 자주 요약하여 상대방에게 협상의 여지를 주어야 한다(Thomas C. Keiser, 2000).

| 표 | 적극적인 청취를 위한 Do와 Don't

Do	Don't
상대방의 말에 부연한다 "지난밤에 무서워 혼났습니다" → "저런! 지난밤에 무서우셨군요" "나는 부서 분위기와 상사가 마음에 들지 않아요!" → "어이구, 일하기 싫으시겠는데요!"	방해한다
적극적인 태도를 취한다 SOFTEN 기술	딴청을 핀다
적절하고 관계있는 질문을 한다	주제를 도중에 바꾼다
대화의 흐름을 지속시키기 위해 비슷한 사례나 비유를 든다	다른 사람의 말을 마무리한다

자료: 박준형(2006)

Check Point John Wayne Style

초등학교 시절 토요일, 일요일 밤은 기다려지는 시네마 천국이었다. TV에서 매주 토요일과 일요일 밤에 외국 영화를 방영해 주었기 때문이다. 그 때 자주 방영해 주었던 영화는 미국의 서부영화였다.

그리고 서부영화의 주인공 중에 가장 대표적인 인물이 존웨인이다. 존웨인의 총쏘는 솜씨는 일품이었다. 그런데 미국인들의 협상스타일을 존웨인 스타일이라고 한다. 미국인들의 협상스타일은 "일단 총을 쏜 다음에 질문은 나중에 하는 스타일이라고 한다[36]. 즉, 미국인들은 자신의 입장을 처음부터 명확하고 강하게 표출한다.

|표| 경청은 훌륭한 설득 수단

- 경청은 상대방으로부터 많은 정보를 들을 수 있다.
- 변호하지 않고 경청하는 것은 상대의 분노를 진정시키는데 도움이 된다.
- 경청하는 동안에는 양보하지 않아도 된다.

자료: Thomas C. Keiser(2000)

|표| 반응기술

인지적 반응 (acknowledgement response)	내가 상대방의 말을 듣고 있음을 알려주는 것
내용 반응 (reflecting content)	상대방이 하는 말을 확인해 가는 과정
감정 반응 (reflecting feelings)	상대방이 어떤 감정에서 말하고 있음을 파악하는 것
의미 반응 (reflecting contexts)	상대방이 어떤 내용과 어떤 감정에서 말하고 있는가를 정리해서 말하는 것
요약 정리 (summarizing)	전체적인 요약 정리

자료: 이선우(2004)

---

36) J. L., Graham, "Negotiation abroad Don't Shoot from the Hips", Harvard Business Review, 1983. p.165.

협상에세이

아이와 이야기를 할 때 가장 중요한 것은…

코칭대화 듣기 기초 스킬

코칭의 가장 기본은 잘 들어주는 것이다. 듣는 데도 분명 기술이 필요하다. 아이를 키우면서 부모가 옳은 것을 아무리 말해도 효과가 없을 때가 있다. 이럴 때 부모인 당신은 절망감에 빠질 것이다. 하지만 한발만 물러서서 생각해 본다면 당신은 아이 스스로 문제 해결에 몰두할 수 있도록 도와줄 수 있다.

그러기 위해서는 기꺼이 아이의 말을 존중하며 들어주어야 한다. 그러면 놀랍게도 아이에게도 높은 식견이 있으며, 자신의 견해가 있다는 사실을 발견하게 될 것이다.

온몸으로 듣기

아이의 말을 아무리 '듣고 있는 척' 해도 아이는 엄마의 사소한 표정이나 행동에서 이미 엄마가 자신의 이야기를 듣고 있지 않다는 것을 알아차린다. 아이의 눈은 생각보다 예리하고 마음은 민감하다는 사실을 잊지 마라. 아이한테 '엄마는 네 이야기를 듣고 있어.' 하고 생각하게 만드는 것이 중요하다.

아이의 눈을 보아라

다른 사람들과 이야기할 때 상대가 자신의 눈을 보지 않으면 기분이 나쁘다는 사람들이 의외로 많다. 눈은 마음의 창이다. 학부모를 2인 1조로 나누어 '상대의 눈을 보지 않고 이야기를 듣는' 실습을 한 적이 있다. 상대의 눈을 보고 이야기를 하는 그룹과 보지 않고 이야기를 하는 그룹이었는데, 상대의 눈을 보지 않는 그룹에 속한 참가자들은 '이야기를 끌어가기 힘들다.'라는 반응을 보였다. 그런데 그 그룹에 있던 한 엄마가 갑자기 울기 시작하는 것이 아닌가. 세 명의 자녀를 둔 젊은 엄마로 "아이들한테 매일 눈도 마주치지 않고 얘기했는데 아이들이 얼마나 슬펐을지 깨달았어야."라는 것이었다. 혹시 여러분도 아이들을 대할 때 이 엄마처럼 하고 있지 않은지 자신을 되돌아보자.

아이의 말에 고개를 끄덕이거나 맞장구를 쳐라

아이가 이야기를 하는 중간 중간 고개를 끄덕이거나 맞장구를 쳐주면 아이한테 '너의 이야기를 똑바로 듣고 있어.'라는 느낌을 전해줄 수 있다. 맞장구 예로는 '뭐?' '응, 응' '그래서?' '그렇구나' '그런데?' 등이 있다. 이런 맞장구 없이 얘기를 듣고 있으면, 그 얘기를 아무리 열심히 듣고 있어도 상대는 자신의 얘기를 듣고 있는지 어떤지 알 수 없는 기분에 사로잡힌다.

자신의 자세나 몸짓을 의식하라

아이와 이야기를 할 때 자신의 몸이 아이를 보고 있는지 잘 살펴보자. 특히 눈높이를 맞추는 것이 중요하다. 턱을 괴거나 팔짱을 끼는 행위는 아이에게 압박감을 주므로 피하자. 자신도 모르게 나오는 버릇도 아이에게 안 좋은 감정을 유발시킬 수 있으므로 조심하는 것이 좋다.

말 반복하기

때로는 엄마가 아이의 말꼬리를 반복하기만 해도 아이가 속마음을 쉽게 털어놓는 효과를 볼 수 있다. 언젠가 초등학생 학부모들을 대상으로 한 클래스에서 이 효과를 설명하기 위해 '듣는 사람'과 '말하는 사람' 2인 1조로 나누어 아래와 같은 방식으로 '말 반복하기' 실습을 한 적이 있다.

A : 나 어제 〈스타워즈〉 보러 갔었어!

B : 그랬구나!

A : 근데, 사람이 엄청 많더라구. 내 친구는 전날 밤새 줄 서 있었대!

B : 밤을 샜다고?

실습이 끝나고 수강자들에게 소감을 물었더니, '듣는 사람' 그룹은 "남의 말을 단순히 반복하는 게 어렵다." "왠지 오버하는 것 같아서 창피했다."는 의견이 많았다. 반면 '말하는 사람' 그룹은 "내가 말하는 것을 잘 듣고 있다는 느낌이 들었다." "상대방이 내 말을 반복하고 있다는 것을 느끼지 못했다."라는 상반된 견해를 밝혔다. 말 반복하기는 아주 단순해 보이지만, 말하는 사람에게 '당신의 말을 잘 듣고 있다.'라는 것을 전달하는 힘이 있으므로 매우 효과적이다.

시간 벌기

시간이 없을 때 억지로 아이의 이야기를 듣고 있으면, 엄마의 태도에서 아이는 이미 '엄마가 내 얘기를 듣고 있지 않구나.' 하는 것을 느낀다. 이럴 때는 "지금은 시간이 없으니까 다음에 이야기하면 안 될까?"라고 묻거나 "5분 안에 할 수 있다면 들어줄게" 하는 게 효과적이다. 엄마의 이런 작은 센스 하나가 내 소중한 아이의 마음을 다치지 않게 한다는 사실을 기억하자. 아이가 마음을 닫기는 쉽지만 닫힌 마음을 풀게 하려면 의외로 어려울 수도 있다. (채널예스, 2012.5.4)

Check Point discharged effect

협상자가 협상에서 소기의 목적을 달성하려면 어떠한 경우에도 협상과정에서 평상심을 잃지 말아야 한다. 징기스칸은 화가 난 상태에서는 중요한 결정을 하지 않았다.

가스제거이론(discharged effect)은 협상과정에서 협상자의 감정이 고조되었을 때 감정(emotion)을 가라앉히는 것이다. 대화과정에서 당사자 사이에 감정이 고조되어 있으면 효율적인 커뮤니케이션을 할 수 없다. 감정이 고조되어 있으면 정확한 정보가 협상 상대방에게 전달되지 않는다. 협상자는 감정을 표출해서는 안된다(이승영, 1999). 협상자는 자신의 감정을 계획적으로 노출하여 협상을 유리하게 끌고갈 의도가 아니다면, 협상과정에서 감정(가스)을 제거하고 평상심을 유지하면서 협상을 해야 한다.

사람들은 격론에 휘말리면 쟁점을 명확히 인지하지 못하고, 상대방을 논리적으로 설득하기 보다는 자기의견만 관철시키려는 경향이 있다(Warren H. Schmidt, 2000). 극한 감정의 상황에서는 침착하게 문제의 핵심에 초점을 두고 감정은 자제해야 한다(임향옥, 2008). 이렇게 감정이 고조되었을 때에는 잠시 휴식을 요구하여 시간을 갖고 감정을 누그러뜨리는 것이 필요하다.

┃표┃ 시선 맞추기에 대한 문화적 차이

보는 방법	지 역
매우 직선적으로 쳐다본다	중동, 남미, 프랑스, 이탈리아
보통 쳐다보듯이 한다	미국, 북유럽, 캐나다
직접 눈 마주치기를 회피한다	아시아, 인도, 아프리카 일부

자료: 박준형(2006)

협상에세이

"욱하는 성격 다스리는 비법"

평소 '욱'하는 성격을 가진 직장인 김주민(여31)씨는 부장한테 잔소리를 들을 때 자주 화를 낸다. 문제가 해결되기는커녕 상황을 더 악화시키기만 한다. '화 참는 법'을 인터넷에서 찾았더니 명상을 하거나 취미생활을 하면 괜찮아진단다. 상사에게 깨지고 있는데 두 눈 감고 명상을 하란 말인가. 사소한 일에도 발끈하는 이진혁(38)씨. '분노 삭히는 법'을 친구에게 물었더니 긍정적인 사고를 하란다. 장기적으로 볼 때야 도움이 되겠지만 당장 머리에서 '김'이 나는데 '그럴 수도 있으니 긍정적으로 받아들이자'라고 어떻게 생각하겠나.

화를 내면 두통, 어지럼, 두근거림 등의 증상이 오면서 고혈압, 당뇨, 심장병 등의 성인병에 걸리기 쉽다는 것이 지금까지의 연구 결과다. 상담이나 약물, 침 등을통해 분노 조절을 치료할 수 있겠지만 번거롭고 돈이 든다. 명상, 취미생활, 운동, 친한 친구나 동료에게 속마음 이야기하기 등의 방법은 멀게만 느껴진다. 많은 이들은 화가 날 때 당장 대처할 수 있는 방법을 원한다. 전세일 포천중문의과대 강남차병원 스트레스 클리닉 원장과 김종우 경희대동서신의학병원 화병스트레스클리닉 교수 두 전문가에게 대처법을 들어봤다.

◇ 10초 센 뒤 뒷감당 생각하라 = 화는 우리에게 없어선 안될 중요한 감정이다. 적당한 화는 몸의 긴장도를 높여 건강한 삶을 영위할 수 있게 한다. 다만 지나치면 병이 될 수 있기 때문에 어떻게 다스리느냐를 알아야 한다. '욱'하는 시기를 반사기라고 한다. 화가 치밀어 오를 때는 천성적 경험을 바탕에 둔 자율신경이 반사적으로 반응하기 때문에 당장 이를 제지할 방법은 없다. 다만 숫자 열을 세면 반사반응을 억제하는 시간을 끌면서 신경을 안정시킬 수 있다. 다음은 급성기다. 이성과 감성이 교차하는 시기로 화를 억누르거나 표출하거나 둘 중 하나로 진입하는 단계다.

이때 나 자신에게 '뒷감당할 계획이나 자신이 있으면 화를 내라'고 주문한다. 화를 낸 뒤 지금 상황을 수습할 수 있다면 주저하지 말고 당당히 화를 내라. 단 후회는 없어야 한다. '화 내고 속 편한 사람'은 극히 드물기 때문이다. 뒷감당할 자신이 없어 화를 삭힐 땐 잠시 화를 주머니에 넣어두고 자리를 옮겨 '으악~' 소리를 지른다. 흥분된 상태에서 쌓인 것을 밖으로 배출하면 진정 상태로 돌아온다. 영화에 나오는 것처럼 무작정 뛴 다음 자리에 털썩 주저앉는 것도 괜찮은 방법이다. 이 역시 교감과 부교감신경이 함께 작용해 심신이 안정된다.

◇ 화 날땐 대화 금지 = 갈등이 생기면 대화를 시도해야 한다. 하지만 '울화통이 터질' 땐 대화를 중지해야 한다. 한 템포 쉬어가는 것으로 "생각을 정리할 시간이 필요하니 다음에 다시 이야기하자"고 논쟁을 연기하는 것이 바람직하다. 자기보다 윗사람과 다툼이 생겼다면 "시간을 좀 달라"고 양해를 구한다. 그렇지 않으면 서로간에 '막말'이 오가서 돌아올 수 없는 루비콘강을 건너게 된다. 마음을 가라앉힌 뒤 '진짜 화가 난 이유' '앞으로 어떻게 바뀌면 좋을까' '내가 할 수 있는 일이 무엇일까' '할 수 없는 일이 무엇일까'의 질문을 스스로에게 던진다. 그런 다음 'I AM WORTH

IT'이라는 구조로 현재 상황을 냉정하게 평가하자.

'I(Important): 그것이 나에게 정말 중요한가'를 생각한 뒤 '아니오'라고 생각되면 여기서 중단하면 된다. 중요하지도 않은 일에 에너지를 낭비할 필요가 없는 것이다. '예'라면 다음단계인 'A(Appropriate): 내 기분과 생각이 현재 상황에서 적절한가?'를 따진다. 다시 '예'라면 'M(Modfiable): 이 상황을 긍정적인 방향으로 바꿀 수 있을까?'를 생각하고 여기에서도 '예'라면 'W(Worth it?): 그런 행동을 취하는 것이 가치있는 것일까?'를 자신에게 묻는다. 마지막으로 '예'가 나오면 화를 내고 뒷수습을 하거나 문제 해결을 위해 적극적인 행동에 나서야 한다. 물론 질문 도중에 '아니오'가 나오면 거기서 중단해도 늦지 않다. 단계를 거치며 냉정함을 되찾을 수 있다.

◇ 명상으로 화 다스려 = 두 전문가는 위와 같은 방법으로 화를 조절한 뒤 명상을 하면 어느 정도 심신을 안정시킬 수 있다고 말한다. 명상은 제자리에서 분노 조절을 할 수 있는 가장 간단한 방법 중 하나이기 때문이다. 김 교수가 조언한 명상호흡법을 소개한다. 먼저 가부좌 자세를 취하고 방석을 엉덩이 끝부분에 받쳐서 앉으면 준비자세가 완료된다. 허리는 곧게 세우고 턱은 바닥과 평행을 유지한다. 눈은 1m 아래를 본다. 코로 복식호흡을 시작한다.

복식호흡이 잘 안된다면 숨을 내쉬면서 배를 약간 접어 넣는다는 생각을 갖고 실시한다. 배를 손으로 가볍게 눌러주며 숨을 쉴 때마다 숫자를 센다. 이렇게 10번을 하고 나서 다시 처음부터 같은 명상을 시작한다. 잡생각이 명상을 방해하면 '잡념이 있구나' 하고 흘려보낸 뒤 다시 호흡을 센다. 일반적으로 한 호흡에 10초 이상 소요된다. 대략 50번 정도의 숫자 셈 작업을 하면 10분이 걸린다. 명상을 마친 뒤 정리된 마음으로 일상에 복귀하자. (중앙일보, 2009.12.2)

6. 협상과 최종합의

1) 합의의 본질

미국에서는 합의의 논리와 형식 그리고 정당성이 강조되고 있다. 이에 반해 전통문화권에서는 합의에 있어 논리와 형식보다는 가족 또는 정치적인 관계에 의해 합의가 이루어지는 경우가 많다.

합의 내용에 있어서도 북미인들은 합의에 예측가능한 많은 내용을 담고자 한다. 이에 비해 중국인들은 일반원칙만을 합의에 넣는 것을 선호한다(Cellich I

Jain, 2005). 특히 미국인과 일본인이 협상할 경우에는 미국인은 모든 것을 합의문에 명시하려고 하고, 일본인은 이를 상당히 불편하고 어색하게 받아 들일 것이다(임향옥, 2008: 40).

2) 신의성실의 원칙

협상에서 합의단계는 협상 당사자들간에 신의성실의 원칙에 입각하여 진실되고 신중하게 해야 한다. 무엇보다 합의단계는 상호간에 논의된 의제들을 열린 자세와 상호 양보를 주고 받는 호혜주의에 따라 최종적으로 조정하여 결론을 도출하는 단계이다.

3) 합리성과 투명성의 원칙

협상 당사자들간에 합의된 내용들이 구속력을 가지려면 합의된 내용들을 단계별로 문서화해서 협상 상대방의 확인을 받아 두는 것이 필요하다.

| 표 | 각 협상단계에서의 주요 협상기술

기술 / 협상 상황	분석 능력	의사소통	상대방에 대한 인식	전 략	설득적
사전 단계	○	○			
실행 단계	○	○	○	○	
협 상				○	○
진보된 협상	○	○	○	○	
협 정					○

자료: 장대환(1998)

Check Point Minutes of Meeting

협상과정에서 작성된 회의록(MM: Minutes of Meeting)에는 협상 당사자들간에 합의된 내용뿐만 아니라 협상과정에서 어느 한쪽이 제안해서 논의되었던 내용들도 작성을 해두면 추후에 협상이 교착 상태에 빠졌을 때 활용될 수 있다.

Check Point　금반언의 원칙

협상에서 협상 당사자들간에 한 번 합의한 사안은 일반적으로 다시 번복하지 않은 것이 관례이다. 이러한 원칙을 금반언의 원칙(禁返言의 原則)이라고 하지 않는다.

| 표 | 협상중에 협상자에게 요구되는 능력

- 커뮤니케이션 능력: 정보전달의 정확성, 명쾌함, 명료함
  (얼마나 알기 쉽게 표현할 수 있는가)
- 프리젠테이션 능력: 제안 내용의 논리적 전개, 요령있는 설명
- 설득력: 상대를 납득시키는 추진력
- 통찰력: 상대의 말과 말 이외의 표현에서 그 의도를 읽어낸다
- 행동력: 단계별 협상 후 나타난 결과를 하나하나 쌓아 가면서 다음 단계로 나아가는 힘
- 인내력: 목적 달성을 향한 열의를 지속하는 힘

자료: Yutaka Shatari(2001).

Check Point　협상과 결과의 유형

협상의 결과는 다음과 같이 네 가지로 구분할 수 있다.

첫째, 항복

일방적 승리로 어느 일방이 상대방으로부터 많은 양보를 받아내어 이익을 많이 얻는 협상결과를 말한다.

둘째, 타협

당초 협상 목표의 중간 수준에서 합의를 하는 협상

셋째, 통합적 합의

협상당사자 모두에게 이익이 되는 협상결과를 도출하는 것

넷째, 협상결렬

협상을 포기하는 것[37]

---

37) D Pruitt, Negotiating Behavior, New York, Academic Press, 1981, p.63.

7. 협상결과의 보고와 최종승인

협상의 끝은 또 다른 비즈니스의 시작으로 볼 수 있다. 협상이 결렬되거나, 타결되든 간에 협상팀은 협상이 끝난 후에도 보고나 사후관리를 위해서 일정기간 유지되어야 한다.

특히 협상이 타결 된 경우에는 추후 협상을 위해 협상 팀이 상당기간 유지되어 협상의 경험과 협상 노하우가 다시 활용될 수 있는 토대가 마련되어야 한다.

협상이 마무리 되면 협상자들은 본국으로 돌아가 최종 승인을 받아야 되는데, 이러한 최종 승인과정은 협상과정 만큼이나 복잡하고, 난항을 겪는 경우가 자주 발생한다.

협상자들이 협상을 성공적으로 마무리 하려면 협상 상대방 국가의 협상결과의 사후 승인과정에 대해 명확히 이해하고 다각적인 방안을 마련해야 한다.

협상자들은 협상 상대방 국가에서 협상결과의 승인에 영향을 줄 수 있는 구성원들이 누구인지, 또한 그러한 구성원들은 어떤 영향을 끼치고 있는지에 대한 면밀한 분석이 필요하다(James K. Sebenius, 2004).

협상결과의 승인에 영향을 미치는 구성원들은 각 나라와 사안에 따라 상이하다. 유럽의 경우 EU의 승인을 받아야 하는 경우가 많고, 독일의 경우 노동조합의 지지를 확보해야 된다. 미국의 경우 중요한 비즈니스 협상의 경우 이사회의 승인뿐만 아니라 법무부, 증권거래위원회, 연방통상위원회 등의 허가를 받아야 된다(Cellich I Jain, 2006).

국가 차원에서는 의회가 승인을 한 다음에 대통령이 최종 승인해야 하는 경우가 있고, 노조의 경우에는 노조 대표들이 합의를 한 다음 노조들의 투표로 수용여부가 결정되기도 한다. 협상자들은 서로 대립을 하기보다는 파이를 키워서 서로가 더 많은 것을 얻어 갈수록 있도록 협상을 하는 것이 바람직하다(임향옥, 2008).

이명박 스웨덴 프레드리크 레인필트 총리(협상타결)

한 · 미FTA 타결 후 절차

협상타결	4월 2일까지
↓	
각국 보고 및 검토 절차	
↓	
정식 서명 협정체결	6월 30일까지, 양국 정상이 서명
↓	
국회에 비준동의안 제출	9월 정기국회
↓	
국회 검토	통일외교통상위원회
↓	
국회 비준	본회의(재적 과반 참석, 참석 과반 찬성)
↓	
관련법 개정 등 후속조치	
↓	
절차완료 통지 상호 교환	
↓	
정식 발효	통지 교환 뒤 30일(관례상)

8. 협상과 언론

국내외 언론이 특정 협상을 주목하게 되면 협상의 성격이 달라질 수 있다. 협상자 중에는 언론에 짧지만 의미있는 말을 잘하는 sound bite의 귀재들이 있다. 이처럼 협상자가 언론플레이를 잘하면 협상에서 더 많은 양보를 얻어낼 수가 있다(임향옥, 2008).

최근 들어 많은 국민들이나 국내외 이해관계자들은 투명한 국제협상을 원한다. 특히 다자간 국제협상은 수 많은 이해관계자들의 이해관계가 얽히고 설켜 있다.

이러한 이해관계자들의 관심을 충족시키기 위해 국제통상협상 관련 기조 연설은 해당국가 TV의 프라임 타임에 방영하는 것이 좋다. 특히 국제협상에서 각국 협상대표단의 노력은 국민들에게 알려지기 전에 정당화되어야 하고, 협상결과는 대중의 지지를 받아야 된다. 이러한 이유 때문에 국제협상에서 언론은 중요한 역할을 한다(장대환, 1998: 319-320). 특히 언론은 통상협상과 관련한 여론을 형성하여 다자간 협상의 명칭과 협상과정 및 협상타결에까지 협상 단계별로 영향을 주고 있다.

WTO 각료회의에서는 새로운 다자간 무역협상을 명명하면서 선진국들은 뉴라운드, 밀레니엄라운드를 주장하고, 탄자니아, 홍콩 등의 개도국들은 개발라운드를 주장하고, 개최국인 카타르는 도하라운드를 주장하는 등 회원국간 논란이 일자 마이크 무어 WTO 사무총장은 뉴라운드를 도하개발아젠다로 제안하였다(강영문, 2009).

통상 전문가들의
한 · 미 FTA 협상 결과 평가

A+		0
A	●●	2
A-	●●●●●●●●●	9
B+	●●●●●●●	7
B	●●●●	4
B-	●	1
C+	●●●	3
C		0
C-	●●	2
D	●	1
F	●	1
계		30명

전문가 30명 설문조사 결과.

이러한 과정에 세계의 많은 언론들의 여론이 영향을 미쳤다. 또한 협상은 끝이 나도 유사한 협상들이 있기 때문에 상당한 여파가 있을 수 있다. 예를 들어 한·미 FTA 협상은 종결 후 한·EU FTA에 영향을 주었다. 그 이유는 한국이 미국에 양보한 만큼 EU도 한국에 그 정도 수준을 요구할 수 있기 때문이다. 이런 과정에 언론이 영향을 주고 있다(임향옥, 2008). 이처럼 언론은 협상의 명칭부터 협상타결 후까지 지대한 영향을 미친다.

협상에세이

"'쌀 협상' 입지만 좁히는 농민시위"

오는 9일 국회의 한·칠레 자유무역협정(FTA)비준 동의안 상정을 앞두고 전국농민회총연맹(전농)은 10만여명이 참여하는 대규모 반대 집회를 열 예정이라고 밝히고 있다. 전농은 시민·사회단체 등과 연계해 쌀 시장 개방 반대 투쟁도 오는 9월까지 펼쳐나갈 계획이다. 그러나 이 같은 대규모 가두 투쟁은 쌀 관세화 유예 협상에서 정부의 입지를 좁히고 국제사회에서 우리의 신용도를 낮추는 등 문제를 야기할 수 있다.

쌀 관세화를 유예받기 위한 협상에는 몇 가지 규칙이 있다. 우루과이라운드(UR) 협상에서 우리나라는 10년간 쌀을 관세화 품목에서 제외하는 대신 관세화 유예를 연장하기 위해서는 쌀 수출국들과 양자협상으로 개방 폭을 정하도록 했다.

현재 국내소비량의 4%로 돼 있는 최소수입물량(MMA)도 쌀 수출국들이 수락할 수 있는 수준으로 추가 양보해야 한다고 명시하고 있다.

미국을 비롯한 쌀 수출국들은 쌀 관세화로 얻는 이익보다 MMA를 늘리는 것이 유리해야 관세화 유예에 합의할 것이다. 우리의 협상 입지가 원천적으로 제한된 상태에서 관세화는 결코 받아들일 수 없다는 대규모 시위는 쌀 수출국들의 입지만 넓힐 뿐이다. 이들은 우리 협상대표들이 무슨 수를 써서라도 관세화만은 피하려 할 것이라고 판단하고, 내심 생각했던 것보다 훨씬 높은 수준의 추가 양보를 우리로부터 받아내려 들 것이다. 농민단체의 대규모 시위가 그 의도와는 달리 우리의 협상전략이나 목표를 상대방에게 훤히 드러내 보이는 결과를 초래한다.

또 쌀 개방 반대를 위한 대규모 시위는 국내적으로도 정당성이 희박하다. 우리 국민은 쌀 개방 문제가 얼마나 심각하고 중대한 일인지 깊이 인식하고 있다. 협상 당국자들도 이미 수년 전부터 이 문제를 놓고 골치를 앓고 있으며, 현재 진행 중인 도하개발어젠다(DDA) 협상에 있어서도 농업에 관한 한 1백48개 세계무역기구(WTO)

회원국 중 가장 강경한 농업시장 보호 입장을 고수하면서 다른 나라들과 연대하려 하고 있다. 농민단체가 해야 할 일은 집단 시위로 쌀의 중요성을 알리는 것이 아니라 우리에게 유리한 결과를 가져올 수 있도록 협상전략을 세우고 전술을 다듬는 데 머리를 맞대는 것이다.

쌀 개방 반대시위를 한·칠레 FTA 비준 문제를 다룰 국회 앞에서 하겠다는 것도 농민단체의 순수성에 의문을 불러올 수 있다. 한·칠레 FTA 비준 문제에 대해서는 이미 수많은 찬반 논의가 있었으며, 다양한 의견이 충분히 표명됐다. 이제 국회가정해진 절차에 따라 결정을 내릴 시기다. 더욱이 쌀은 한·칠레 FTA에 따른 시장개방 대상에서 아예 제외되어 있다.

국내에서 벌어지고 있는 일들이 세계에 속속히 알려지는 지구촌 시대에 실제 의도와는 달리 국익에 손해를 가져오거나 우리의 신용도를 훼손하는 일들이 발생하지 않도록 농민단체의 열린 냉철함이 절실히 요청된다. (중앙일보, 2004.2.6)

정직한 의견 불일치는 좋은 전진의 신호이다

- Mohandas K. Gandhi -

CHAPTER 08

국제협상 입문

1. 국제협상이란

국제협상 = 정책의 조정을 통해 다수의 개인이나 조직의 행동을 서로 일치시키는 것(R. Keohane)

국제협상은 각기 다른 비즈니스 환경에서 일하던 협상 당사자들간의 문화적 차이로 국내협상에 비해 어려움이 많다. 다른 문화에 속해있는 상대방과 협상을 할 때는 사회적 상호작용(social interaction), 경제적 이해(economic in terests), 법률적 요구사항 및 정치적 현실과 관련해서 서로 다른 가정과 접근방식이 있다(Claude Cellich, 2006).

국제협상은 이문화간(異文化間) 협상이다. 국제협상은 국내협상과 달리 문화적, 제도적으로 다른 배경을 갖고 있는 이해당사자들간의 다문화적 협상이다. 국제협상은 국내협상에 비해 더욱 복잡하고 다양한 문화적, 제도적, 정치적 변수들이 영향을 미친다.

| 그림 | 국제협상 과정에 영향을 미치는 문화요인

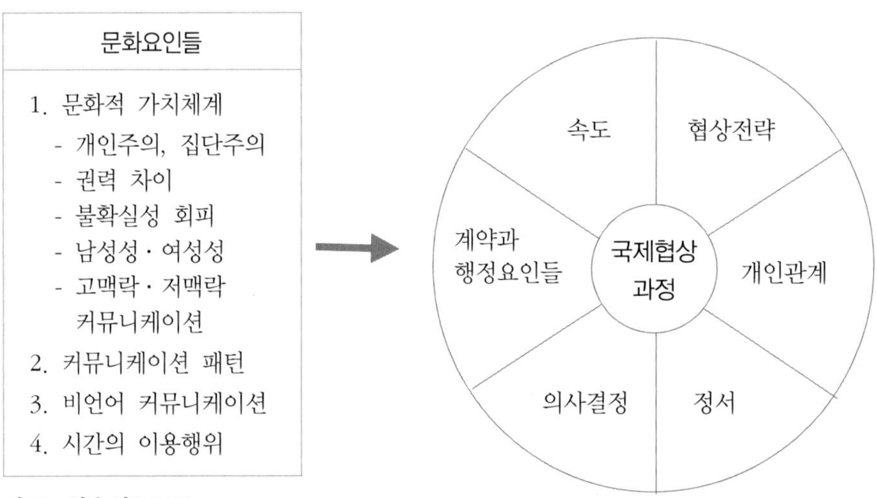

자료: 최윤희(1998)

2. 국제협상의 연구 방향

국제협상은 연구관점에 따라 협상 프로세스를 중심으로 제도적 관점에서 이해하기도 하고, 이문화 관리 측면에서 다문화적 소통의 관점으로 접근하기도 한다.

3. 국제협상의 특징

국제협상은 본질적으로 문화적, 제도적 차이가 큰 협상당사자들이 상호간의 문화적 차이를 이해하고, 좁혀 가면서 이해관계를 조정해 가는 과정이다 특히 다자간 국제협상은 문화적 차이가 큰 협상자들이 국내협상에 비해 이질적인 환경에서 장기간 협상에 임하게 된다. UR협상의 경우 협상기간이 1987년부터 1994년까지 7년 이상 걸렸다. 또한 국제협상은 해외 협상 파트너와의 협상뿐만 아니라, 국내의 이해당사자들과의 협상도 성공리에 마무리해야 된다.

4. 국제협상과 갈등관리

세계화 시대 국가 간, 해외 기업간의 관계는 더욱 밀접해지고 있다. 이처럼 해외 파트너와의 교류가 증가되면서 갈등 또한 증폭되고 있고, 이러한 국제적인 갈등의 해결방안으로 국제협상이 활용되고 있다.

특히 국제비즈니스에서 문화적 차이는 오해를 가져와 문화적 배경이 다른 사람들 사이에 갈등을 불러 일으킨다(최윤희, 1999). 국제협상은 국제거래로 인해 발생한 현실적인 갈등뿐만 아니라, 잠재적 갈등까지도 수면위로 끌어내어 갈등을 해결하여 국제거래를 더욱 활성화시키고 견고하게 할 수 있다.

5. 국제협상과 무역

국제간의 상거래인 무역은 한 나라의 경제주체인 정부, 기업, 소비자 모두에게 지대한 영향을 미친다. 기업간의 무역은 개별 기업의 이익뿐만 아니라 무역수지, 물가, 소비자 후생 수준 등 국가경제에 영향을 미치고 있다.

이처럼 국가경제에 큰 영향을 주고 있는 무역의 성패는 국제협상에 달려 있다고 해도 과언이 아니다. 협상자가 국제협상을 통해 무역계약을 어떻게 하느냐에 따라 무역의 결과는 달라진다.

6. 국제협상의 환경

1) 법과 정치의 다원주의

국제협상에 임하는 협상자는 협상파트너 국가의 법을 고려해야 한다. 특히 협상에서 합의에 이르기 전에 상대방 나라의 관련법을 정확하게 이해하고 있어야 한다. 그렇지 않으면 최종합의문의 내용중에 일부가 상대방 국가의 관련법의 금지로 무효화될 수도 있다[38].

또한 국제협상의 최종합의가 상대방 국가의 법적용에는 아무런 문제가 발생하지 않으나 상대방 국가의 국내 정치적인 이유로 실행이 곤란해 지는 경우도 발생한다.

따라서 국제협상에서 상대방 국가의 정치적 환경에 대한 다각적인 고려는 협상이 본격적으로 추진되기 전에 선행되어야 한다. 특히 국내 정치적 환경이 불안정한 국가는 비즈니스 성공 가능성이 높은 국가라고 할지라도 협상의 결과를 장담할 수 없다(Claude Cellich, 2006).

2) 정권의 변화와 관료주의

세계의 많은 나라들은 각기 다른 정부 형태를 갖고 있고, 정권의 지속성 여부도 매우 상이하다. 특히 정치적으로 불안한 제 3세계의 국가들은 정권이 자주 교체되는 국가들이 많다

이처럼 정권이 자주 교체되는 국가들과의 협상은 합의된 사항의 이행여부가 불투명하다. 특히 최종합의 사항의 이행시점에 전 정권과 영속성이 없는 새로운 정권이 출현하면 기존에 체결된 협상의 합의는 의미가 없어지는 경우가 발생할 수 있다. 또한 협상 상대국의 행정시스템이 비효율적인 관료주의가 강한 국가인 경우 협상의 이행과정에서 많은 불합리성이 나타날 수 있다.

---

38) Arrind V. Phatak and Mohammed M. Habib, "The Dynamics of International Business Negotiations" BusinessHorizons, May-June 1996, pp.30-38.

| 표 | 국가별 상관습의 차이와 유의점

국 가	유 의 사 항
인 도	· 남자와 인사시 악수를 하며, 여자에게는 합장을 하면서 허리를 숙임. · 힌두교도는 소를 신성시하여 먹지 않음 · 음식을 전할 때 오른손 사용
캐나다	· 공원에서 술을 먹지 않음 · 흰 백합은 장례용 꽃임.
중남미국가	· 대부분 스페인어 사용 · 시간관념이 비교적 느슨함 · 이야기할 때 격식을 차리지 않고 가까이서 건드리기도 하며, 친한 경우 포옹함
동유럽국가	· 레이디 퍼스트가 적용됨 · 매춘부이외에는 여성이 술을 따르지 않음

자료 : 조석홍(2007).

7. 다자간 국제협상

1) 다자간 협상이란

국제협상은 협상 상대방이 몇인가 즉, 쌍무협상인가, 다자간 협상인가에 따라 상당히 다른 양상을 보인다(임향옥, 2008). 일반적으로 국제협상은 쌍무협상(bilateral negotiation)이 많다. 한·미 FTA 협상, 한·칠레 FTA 협상, 한·싱가포르 FTA 협상 등은 대표적인 쌍무 국제협상이다. 이에 비해 다자간 협상(multilateral negotiation)은 협상 당사자의 수가 셋 이상인 경우를 의미한다.

2) 다자간 협상의 특징

(1) 변화무쌍한 연합의 변신

다자간의 무역협상은 많은 국가들이 참여하고, 다양한 의제를 다루며, 장기간에 걸쳐 진행된다. 이러한 이유로 인해 다자간의 협상은 각 협상그룹 상호간에 복잡한 연합메커니즘을 갖고 있다(장대환, 1998: 308, 356).

다자간 협상에서 참가자들간의 연대관계는 사안별로 자주 변한다. 특히 다자간 협상은 협상의제에 따라 협상 당사자들간의 연합형성이 수시로 변한다. 예를 들어 UR 협상에서 선진국의 반덤핑관세 남발을 억제하기 위한 UR 반덤핑 관세협상에서는 한국과 태국이 선진국을 상대로 연합형태를 이루었으나, 농산물 협상에서는 대표적인 농산물 수출국인 태국은 농산물 시장의 대폭 확대를 주장하는 협상팀과 연합을 하였고, 한국은 농산물 수입시장 개방 확대를 반대하는 협상팀과 연합하였다.

(2) 다참가자 협상(Multi-Party Games)

일반적으로 다자간 협상은 양자간의 쌍무협상보다 다수의 이해당사자들이 협상의 단계별로 참여하여 자신들의 입장을 관철시키기 위한 다양한 협상전략을 펼친다. 특히 다자간 무역협상이나 UN과 같은 다자간 정치협상의 참가자는 수백명에 이른다.

협상자는 협상관련자가 많아지고, 쟁점이 복잡해지더라도 협상관련자들이 누구인가, 특히 영향력있는 협상관련자들이 누구이며, 주요한 의제에 대한 의사결정은 어떤 방식으로 이루어지는지 정확히 분석해야 한다[39].

협상자는 다양한 협상의제와 쟁점의 협상을 순차적으로 진행하는 것이 유리한지, 동시에 진행하는 것이 유리한지 판단하고, 협상을 순차적으로 진행할 때에는 영향력이 큰 사람을 가장 먼저 만나 협상을 하는 것이 유리하다. 영향력이 큰 사람과 협상을 유리하게 끝내면 다른 사람들과의 협상은 쉽게 진행할 수 있다[40].

협상의 참가자들은 협상을 성공적으로 이끌기도 하고, 실패로 이끌기도 한다. 일반적으로 협상에 참가자가 많으면 많을수록 합의에 도달하기가 어려워진다. 특정 사안의 경우 일부 참가자들은 합의에 전혀 공헌도 하지 못하면서 협상의제와는 상관없는 불필요한 문제를 발생시키기도 한다(장대환, 1998: 312).

(3) 장기간의 협상

다자간 협상은 협상의제가 복잡하고 다양하며 협상 참가자가 많기 때문에 동일한 협상의제를 놓고도 다수의 이해당사자들간에 반복적인 협상이 이루어진다. 또한 다수의 협상의제들이 상호연관된 경우가 많아 유사한 협상의제를 가지고 반복적으로 협상을 하는 경우도 발생할 수 있다.

---

39) Michale Watkins, Shaping the game, Harvard Business School Press. 2006, p.43.
40) Ibid., 2006, p.76.

(4) 다단계 협상

다자간 협상은 다수의 참가자가 많은 의제를 장기간에 걸쳐 단계별로 공식적 절차와 비공식적인 막후교섭에 의해 논의하고 협의해 간다. 이러한 다자간 협상은 일반적으로 협상참가자들이 협상의제를 제안하고 논의를 거쳐 선정하는 사전협상단계와 협상테이블에서 협상의제를 본격적으로 논의하고 합의하는 본협상단계, 본협상이 마무리 된 후 본국의 이해당사자 및 국회의 동의를 받는 사후협상단계, 협상의 결과를 실행에 옮기는 실행단계 등의 다단계로 진행된다.

UN은 지난 40년간 정교한 협상구조를 개발하여 구축하여 왔다. 총회에서는 기본적인 절차를 결정하고, 기조 발언을 하며 최종 협의프로그램에서 최종 동의만을 하고 있다.

실질적인 협상은 각종 위원회, 실무자그룹 등에서 처리한다. 만약 모든 의제들이 총회에서 위원회에 위임되지 않는다면 모든 회의 참석자들은 협상기간내내 총회에 있어야 하기 때문에 비효율적이다(장대환, 1998: 316).

(5) 다의제 협상

다자간 협상은 협상기간 중에 많은 만남과 논의가 벌어지지만, 결국 협상테이블에서 공식적으로 논의되고, 합의되는 것은 다자간 협상 전에 협상의제로 공식적으로 선정된 협상의제에 국한된다.

따라서 다자간 협상에서 의제선정은 본협상이 시작되기 전에 수년에 걸쳐 물밑작업이 시작되고, 당사자들간에 밀고 당기는 사전협상이 수차례 이루어진다.

실제로 GATT의 제8차 다자간 무역협상인 UR의 경우 의제선정을 위한 사전협상은 1982년에 시작되어 1986년에 격론 끝에 협상의제를 최종 결론지었다. 이처럼 다자간 협상은 이해관계가 복잡한 다수의 협상 참가자들이 다수의 의제를 다루므로 협상의제의 선정을 둘러싼 논쟁이 길어진다.

따라서 협상자는 협상의제를 선정하는 사전협상에서 협상의제로 선정될 수 있는 선정 가능성이 있는 협상의제의 우선순위를 정해야 한다.

또한 협상을 효율적이고 자신에게 유리하게 끌고 가려면 수 많은 쟁점을 묶거나 또는 한 가지 쟁점을 분리하는 기획력과 순발력이 있어야 한다[41]. 다자간

41) Michale Watkins, Shaping the game, Harvard Business School Press, 2006, p.72.

협상은 일반적으로 다수의 의제를 협상과정에서 논의하게 된다. 협상 당사자들은 다양한 의제를 협상기간 중에 동시에 처리한다. 협상자들은 다양한 협상의제 중에서 자신이 협상 상대방에게 양보할 수 있는 의제와 협상 상대방으로부터 양보를 얻을 수 있는 의제를 구분하고, 협상과정에서 이러한 의제들을 상호 양보하고, 양보받는 의제의 교환을 조율한다.

이처럼 다의제 교환협상은 의제가 다종다양하여 협상자들간에 상호 양보를 통한 협력이 증대될 수 있는 가능성이 크다. 특히 모든 협상 참가자들이 만족할 만한 결과를 도출하기 위해 협상자들은 협상과정에서 협상의제를 탄력적으로 첨삭하여 협상을 플러스섬 협상으로 가져갈 수 있다.

(6) 협상타결의 불투명

다자간 협상에 참가하는 협상자들의 협상에 참가하는 목적, 협상의제에 대한 견해 등이 다양하다. 예를 들어 협상에 적극적으로 참여하는 협상자도 있고, 대내외 여론 때문에 마지못해 협상에 소극적으로 참가하는 협상자들도 있다.

또한 협상의제에 대한 협상자들의 태도도 다양하게 나타날 수 있다. 다자가간 협상은 이처럼 협상자들의 협상 참여목적과 협상의제에 대한 태도가 다양하여 협상의제에 대한 일괄타결이 아닌 부분타결로 결론나는 경우도 많다.

다자간 협상에서는 각 협상당사자들을 공통이익을 가진 그룹으로 세분화해야 된다. 그리고 이를 통해 공동의 이해관계를 결집하여 협상을 해야 된다(장대환, 1998: 316).

| 표 | 국가별 상담관습

국 가	상담 방법
호 주	· 상담을 시작하기 전에 간단한 대화로 친밀감을 형성하는 것이 좋다. · 말수가 적은 호주인은 간결을 미덕으로 여기므로, 본론에서 벗어난 얘기는 피하며 모호하게 대답하지 않도록 한다.
브라질	· 브라질 사람들은 개인적인 유대를 통해 비즈니스를 수행하며, 유대관계가 장기간 지속되기를 원한다. 강한 유대관계를 형성하기 위해서는 시간과 돈을 지속적으로 투자할 필요가 있다. · 브라질 상담자는 자신과 거래했던 사람을 귀중히 여기므로 협상팀을 교체하게 되면 전체적인 계약을 파기할 수도 있다.

국 가	상담 방법
스페인	· 말이 많고 허풍이 세다. · 행동이 느려, 계속 확인이 필요하다.
러시아	· 성급한 태도를 버리고 여유있는 자세로 임한다. · 러시아인들은 타협을 싫어하며, 오래 머물러 앉아서 상대편으로부터 더 많은 양보를 얻어낸다. · 초기 협상에서 제시된 마지막 제의가 절대로 마지막이 아니다. 좀더 기다리다 보면 더 좋은 제의가 들어올 것이다. · 보드카를 한두 번 같이 마신 뒤에야 흉금을 털어 놓는다. · 식사 때 연장자가 먼저 시작해야 아랫사람들이 뒤따르는 경로사상이 강하다.
인 도	· 인도인은 말이 많을 뿐만 아니라 말의 속도가 매우 빠르므로, 그들의 말을 이해하기 위해서는 집중해서 들어야 한다. · 인도인은 말주변이 뛰어나므로 합리적인 설명, 문서화된 자료 등을 제시해 설득하는 것이 효과적이다. · 안 되는 일에 대해서는 확실히 'No'라고 말하지 않는다. · 계약은 반드시 문서로 서명을 받아놓는 것이 좋다. 문서화되지 않는 것은 효력이 없는 것으로 간주해 지키지 않아도 크게 미안해하지 않는 풍조가 있다. 또한 계약파기가 빈번히 일어나므로 계약을 끝낸 이후에도 안심해서는 안된다.
사우디 아라비아	· 전통적인 유목민의 특성에 따라 단순하고 의심이 많으나 한번 신뢰가 형성되면 쉽게 무너지지 않는 반면, 한번 신뢰를 상실하면 회복하기가 어렵다. · 상담에 들어가기 전에 차를 마시며 가벼운 대화로써 서로를 이해하는 시간이 필요하다. · 라마단 기간 중에는, 해가 떠 있는 시간에는 금식을 하고 행동을 삼가므로 중요한 상담은 피하는 것이 좋다. 부득이 상담을 해야 할 경우는 저녁시간을 택하는 것이 좋다.
이집트	· 남을 쉽게 믿지 않는 국민성을 가지고 있으나 일단 신뢰관계가 형성되면 그 다음부터는 매사가 쉽게 이루어진다. · 상담 진행속도는 느린 편이므로 인내가 필요하다. · 이집트인들은 상대방을 잘 알고 좋아하기 전까지는 비즈니스를 고려하지 않는다. 따라서 협상을 위해서는 사교적인 측면이 비즈니스만큼 중요하다.

국 가	상담 방법
	· 이집트인이 "Yes"라고 말하는 것은 항상 "Possibly" 라는 것을 의미한다. 그러므로 이것으로 상담이 끝났다고 단정하면 안된다. · 모든 것은 신에게 달려 있다는 '인샬라'의 풍습이 내재돼 있어 매사에 느긋하며, 의사결정에 상당한 시일이 걸린다.
이란	· 이란인과의 대화시 좋은 인상을 주기 위해서는 참을성 있게 상대방의 말을 경청하고 적당히 응대할 수 있는 대화능력이 필요하다. · 가격 협상시 할인 요구를 당연시하므로 할인 폭을 고려해야 한다.

자료: 박준형(2006)

중국민의 협상기술

- 聲東擊西戰略: 현재의 문제가 중요한 事案이 아님에도 중요한 것처럼 僞裝시키는 것
- 沈黙戰略: 沈黙으로 상대방에게 焦燥와 不安感을 주어 協商決裂의 危機感을 주는 것
- 限期戰略: 協商의 대부분이 最終期限 滿了 直前에 締結되는 壓迫感을 이용하려는 것
- 先苦後樂戰略: 가격인하 要求時 購入量은 늘리면서 品質, 納期 등을 嚴格히 하는 것
- 承諾爭取戰略: 상대방이 願하는 일부분을 承諾하면서 본래 願하는 것을 얻으려는 것
- 强穩戰略: 協商 전반부에는 强硬派로 主導權을 잡고 후반에는 穩健派를 이용하는 것
- 疲勞戰術: 主題反復 등으로 상대방을 지치게 하여 김을 빼 수고 協商力을 약화시키는 것
- 休會戰略: 尖銳한 문제 進行中에 상부지시나 전문가와의 諮問을 이유로 休會하는 것
- 感化戰略: 협상의 상대방이 감정을 지닌 인간임을 강조, 호소하는 식으로 이끄는 것
- 改良戰略: 부드러운 말, 共感帶形成, 중요하지 않은 것 讓步로 협조적으로 이끄는 것
- 對峙戰略: 어려운 조건을 意圖的으로 제시하여 威脅的인 雰圍氣로 이끌려고 하는 것
- 造混戰略: 協商秩序에 混亂을 惹起시켜서 상대방이 緊張과 當惑感을 갖게 하려는 것
- 出基不意戰略: 協商時 方法, 要求條件 등의 急激한 變更으로 屈伏, 混亂을 주려는 것
- 車輪戰略: 一方的인 협상대표의 持續的 변경으로 混亂을 惹起시켜 壓迫을 주려는 것
- 兵臨城不戰略: 협상의 早期妥結이 불가능한 경우 强硬한 태도로 讓步를 받으려는 것
- 以弱爲强戰略: 상대방에 대한 禮意와 謙遜한 태도로 好意的 反應을 얻으려고 하는 것
- 恭維戰略: 協商者와의 因緣 및 關係增進을 내세워 友好的으로 協商力을 키우려는 것
- 停會戰略: 休會나 停會를 통해 고집센 協商者와의 不必要한 協商對峙를 막으려는 것
- 利虛戰略: 體面을 重視하는 協商 相對方의 虛榮心을 이용하여 協商力을 키우려는 것

자료 : 李翔圭(1990)

협상에세이

국가별 비즈니스 문화

일본-▲일본인은 냉정성을 중시한다. 일본인이 존경하는 대표적인 인격은 '냉정성'을 갖춘 사람이다 ▲일본인은 대부분 소식(小食)을 하는 경향이 있다 ▲일본인은 술을 조금 마시고, 대체로 자기 양껏 마시는 경향이 있다. 따라서 술을 더 권해서 거절당하더라도 기분 나쁘게 생각할 필요는 없다 ▲짝으로 된 것이 행운을 준다고 여기므로 선물은 짝으로 된 세트를 주는 것이 좋다 ▲2차 대전에 관한 화제는 피하는 것이 좋다 ▲흰 종이 포장: 죽음의 색깔 ▲칼: 자살을 상징 ▲여우를 묘사한 선물: 풍부함을 의미 ▲오소리를 묘사한 선물: 교활함을 의미 ▲외국인을 자기 집안으로 초대하는 일은 매우 드물다.

홍콩-▲괘종시계는 죽음을 상징한다 하여 시계 선물은 하지 않는다. (괘종시계란 단어에 장례식이란 뜻이 내포되어 있기 때문) ▲선물을 포장을 할 때 청색과 백색은 중국문화에서는 장례식의 색깔로 되어 있으므로 사용하지 않는 것이 좋다 ▲한 가지 선물보다 두 가지 선물이 좋다. (두 가지는 행운을 가져온다 생각)

중국-▲중국에서는 대개 선물을 받기 전에 세 번 정도 거절하는 것이 예의이다 ▲축의금은 짝수로, 부의금은 홀수 금액으로 한다 ▲비상구를 태평문(太平門), 자동차를 기차(汽車), 기차를 화차(火車)라고 하며 글자도 간자체가 많이 쓰인다 ▲박쥐는 행운을 전해주는 동물로 여기며, 학이나 거북이 등은 사람을 바보로 취급하는 말로 여긴다 ▲한국과 일본과는 달리 중국인들은 술자리에서 노래를 부르거나 술에 취해서 떠들지 않는다 ▲중국인들은 자기가 사용하던 젓가락으로 음식을 집어 주는 습관이 있다 ▲중국어는 한자가 어렵다는 말보다는 의미가 있어서 흥미롭다는 말을 듣기 좋아 한다 ▲중국 사람들은 붉은색을 선호한다.

태국-▲태국은 불교국으로 불상, 승려를 신성시하며, 왕가에 대한 존경심을 가지고 있다. 따라서 승려들의 몸이나 불상에 손을 대서는 안 되며, 이들을 욕되게 하는 언행은 용납되지 않는다 ▲머리를 신성시하므로 남의 머리를 만지지 않도록 한다. 어린이가 귀엽다고 머리를 쓰다듬어서는 안 된다 ▲태국에서는 이름을 부르는 것이 정식이어서 이름 앞에 'Mr'나 'Miss'를 붙여 부른다 ▲인사는 두 손을 턱 근처에서 배려하듯 모아서 하며 '와이(Wai)'라고 말한다 ▲왕 및 왕족에 대한 언급을 함부로 하지 말아야 한다. 왕 및 왕족의 사진을 한 손가락으로 가리키지 말아야 한다.

말레이시아-▲국교인 이슬람교를 종교로 갖고 있는 사람들은 돼지고기를 먹지 않으며 개(犬)도 깨끗하지 못한 동물로 여겨 가까이 하지 않는다. 또한 왼손을 부정한 손으로 여기므로 식사를 하거나 악수를 하거나 물건을 건넬 때는 오른손을 사용 한다 ▲태국과 마찬가지로 사람의 머리를 만져서는 안 된다 ▲말레이시아에서 개는 부정함을 뜻하기 때문에 어린아이에게 주는 장난감 강아지나 개 그림이 들어간 선물 등은 모욕적인 행위로 받아들여진다.

베트남-▲대화를 하다가 베트남 사람과 본인 사이에 침묵이 오랫동안 흐를 경우에 언짢게 생각할 필요는 없다. 왜냐하면 베트남 사람은 이러한 침묵을 일종의 상대방과 대화를 즐기고 있다는 것을 표현하는 한 방법으로 사용하기 때문이다 ▲손가락질 하거나, 손가락을 튕겨 소리를 내는 행위 그리고 휘파람을 부는 행위를 베트남 사람들은 예의가 없는 행위라고 간주한다 ▲베트남인들은 애국심이 강한 편이라 자국에 대한 나쁜 이야기는 안 하는 편이 좋음 ▲포교에 대한 자유가 없어 종교 이야기는 피하는 것이 좋다.

카자흐스탄▲실내인 경우 문턱을 가운데 두고 악수하는 것은 피해야 한다 ▲여자와는 악수를 하며 인사하지 않는다 ▲본인보다 연장자를 부를 때는 이름과 오체스트바(이름 뒤에 붙이는 아버지 이름)를 같이 부르는 것이 예의이다.

아랍 (중동)-▲ 개가 그려진 민화를 권하거나 선물해서는 안 된다 ▲구두 밑창을 보이면 불쾌함의 표현▲손수건 : 이별을 의미▲말없이 손을 잡는 것은 우정과 존경을 표현하는 것이다 ▲ 무슬림은 이슬람교 율법에 따라 와인을 마시지 않는다. 1999년 10월 이란 대통령이 프랑스를 국빈 방문하려던 때의 일이다. 이란 대통령은 이슬람 율법에 따라서 와인을 마실 수 없을 뿐만 아니라 와인이 나오는 자리에 참석할 수도 없다고 주장했다. 프랑스측은 와인이 없는 만찬은 상상할 수 없다고 반박해 결국 만찬은 취소됐다 ▲근본주의 무슬림들은 오직 알라(Allah)의 이름으로 거룩하게 잡은 고기만 먹기도 한다 ▲무슬림은 초청을 여러 차례 거절 한다 ▲무슬림은 돼지고기를 먹지 않는다 ▲남자는 여자가 혼자 있는 집을 방문할 수 없다 ▲남자는 여인들이 뒷방에 있는 것, 가족의 다른 남자들과 함께 앉지 않는 것, 손님을 안방으로 모시는 것에 대하여 이상하게 여겨서는 안 된다. ▲남자는 여자를 빤히 쳐다 보아서는 안 된다 ▲ 남자는 여자가 먼저 악수를 청해 손을 내밀기 전에는 여자와 악수해서는 안 된다 ▲사람의 왼손은 부정한 손으로 무슬림은 왼손으로 선물 혹은 음식물을 주거나 받아서는 안 된다 ▲어른 앞에서는 다리를 꼬며 앉을 수 없다 ▲바닥에 앉을 때는 발바닥이 다른 사람을 향하지 않아야 한다 ▲코란에 대하여 항상 예를 표해야 하며 코란을 바닥에 버려둔다든지, 다른 책의 밑에 두어서는 안 된다. 무슬림은 코란에 대하여 항상 경건한 마음을 갖고 대해야 하며, 옷감으로 감싸 보관해야 한다. 그리고 코란을 열기 전 반듯이 종교적인 예로 손을 씻어야 한다 ▲다른 사람의 집, 물건들에 대하여 감탄하지 말며, 그 자녀들에 대해서도 감탄해서는 안 된다. 어떤 문화 속에서는 이러한 것을 악한 영의 욕심과 동일시하고 있다.

▲예의는 국가마다 차이가 있다. 그러나 국제적으로 통용되는 공통된 예의가 있으므로 이는 반드시 숙지하여 몸에 배도록 하여야 국제사회에서 교양 있는 사람으로서 대우를 받게 될 것이다.

영국 ▲영국, 브리튼, 대영제국의 세 가지 이름의 차이를 잘 구별하여 사용토록 한다. 잉글랜드, 웨일즈, 스코틀랜드의 셋을 합친 것이 Great Britain이며, 여기에 북아일랜드를 더한 것이 대영제국(The United Kingdom)이다. 우리가 보통 사용하는 '영국'이란 말은 잉글랜드만을 지칭하므로 다른 지역 사람들은 기분 나빠 할 수도 있다. 형용사도 잉글랜드 지역에 국한되는 것이 아닌 이상 'English'보다는 'British'를 쓰는 것이 좋다 ▲식탁에서는 여왕폐하에 대한 건배가 끝나기 전에는 담배를 피우지 않는다 ▲흰 백합꽃은 죽음을 상징하므로 선물하지 않는다 ▲군주제도에 대한 비평, 정치, 종교에 대한 화제는 피하고, 상대방의 직업을 묻는 것은 삼가도록 한다 ▲승리를 나타내는 V사인은 반드시 손바닥이 상대방을 향하도록 하여야 한다. (윈스턴 처칠의 승리의 사인) 그 반대로 손등이 상대방에게 보이면 상스러운 욕이 된다.

미국 -▲모든 국제회의에서 먼저 주제, 목적을 말하고 부연 설명을 나중에 하는 것이 일반화되어 있다 ▲많은 인종과 민족이 모여 사는 나라이므로 인종문제에 관한 화제는 피하도록 한다.▲흡연제한규칙 및 식사, 음주 매너 등을 잘 지키도록 한다 ▲대부분의 공중 화장실은 동전을 넣어야 문이 열려 사용할 수 있으며, 사용 시에는 우리나라와는 달리 화장실 입구에 줄을 서서 칸이 빌 때마다 차례로 이용 한다 ▲노상에서 서로 근접했을 때 상대방을 계속 쳐다보지 않도록 한다 ▲동성끼리 팔짱을 끼고 다니면 동성연애자로 오해를 받으므로 유의하도록 한다 ▲하와이 지역의 해안가나 공원에서는 절대 금주이다 ▲결혼을 하였는가 등 개인 신상에 관한 질문은 피한다.(서구인에게 공통되는 사항) ▲초대받아서 함께 식사를 할 때 초청한 분이 식사를 더 권유하면 비록 배가 부르더라도 조금 더 먹는 것이 공손함의 표시지만 서양에서는 "No, thanks"라고 사양하는 것이 매너이다. 한국의 공손은 상대방의 체면을 올려주는 언어적 행위로 겸양의 의미가 강한 반면, 서양식 매너는 때와 장소와 상황(T.P.O : Time, Place, Occasion)에 맞는 행동으로 적절성을 강조 한다 ▲엄지손가락 세우기 : 권력, 우월, 지배, 최고를 의미 (영국, 호주, 뉴질랜드에서는 자동차 세우기이며 엄지손가락을 빠르게 왼쪽으로 하면 조용히, 그리스에서는 저리가, 꺼져, 코끝에 엄지손가락을 대면 유럽에서는 비웃기)

프랑스-▲프랑스어를 서투르게 구사하는 것을 프랑스어에 대한 모욕으로 생각하기 때문에 서툰 프랑스어를 할 바에는 차라리 영어를 사용하는 것이 좋다 ▲선물로는 책, 레코드, 판화 등 지적감각이나 심미안이 깃든 것이 좋다. (와인이나 꽃을 선물하는 것은 교제를 희망한다는 뜻이므로 오해를 살 수 있다)▲프랑스인들에게 와인을 선물하는 것은 한국인에게 소주를 선물하는 것과 다를 바가 없다 ▲당신을 사랑한다는 구애의 뜻을 내포하고 있는 빨간 장미는 불필요한 오해를 살 수 있다 ▲개인적인 질문, 정치, 돈에 관한 화제는 피하도록 한다.▲모든 문제에 대해 토론과 논쟁하기를 좋아 한다 ▲O.K.사인이 '가치없다'는 뜻으로 통용되므로 유의하도록 한다. 한국인이 즐겨 사용하는 엄지손가락과 검지손가락을 동그랗게 만드는 OK사인은 일본과 한국에서는 돈을 의미하고, 독일과 브라질에서는 외설적인 표현이며, 지중해에서는 동성연애 (OK 사인을 코끝에 대고 하면)를 의미한다 ▲아주 친한 사이가 아니면 집으로 초대하지 않는다.

독일-▲독일인은 생활규율을 엄격히 지키고, 책임소재를 분명히 한다. 매사가 과학적이며 격식과 진지함을 중시한다. 경미한 교통사고라도 책임소재를 분명히 따지기 때문에 미안하다("I am sorry")는 말을 하는 것은 잘못을 시인하는 것이 되므로 유의해야 한다 ▲여성에 대한 예의가 각별하다 ▲독일에서는 손님이 5분 늦게 도착해 관광버스를 놓치거나 호텔이나 단체 여행 시 예약 후 취소를 제때 하지 않으면 예약금을 찾지 못하는 것을 당연하게 받아들인다. (ICCOS, 2012)

▌표▐ 한·미 자동차협상의 추이

	주 요 내 용
93년 6월	미 빅3 클린턴 대통령에게 한국 자동차시장 개방노력 촉구
92년 10월	한·미 무역실무회의에서 자동차시장 개방문제 공식 제기
94년 1월	미국 무역대표부, 자동차시장 개방요구 입장시사
94년 3월	한·미 통상현안 관련 실무회의, 관세인하, 유통업체 제한조치 해제 등 시장 개방요구
94년 4월	미국 무역대표부, 한·미간 자동차 교역 불균형 시정 촉구 한·미 무역실무회의, 자동차시장 개방문제 중점 협의 한·미 통상장관 회담에서 거론
94년 5월	미국정부, 자동차시장 개방문제에 대한 강력한 의사 전달
94년 6월	미국 빅3 대표단 방한, 자동차시장 개방요구(연간 5만대 이상 수입요구)
94년 7월	USTR, 우리측 개선안에 대한 공식입장 전달
94년 8월	미 상무장관, 미국산 자동차를 정부구매 대상에 포함시킬 것을 강조
94년 10월	한·미 무역실무위원회 개최(관세인하, 자동차관련 세제 개편, 형식승인 제도 철폐 등을 요구) 미국, 수퍼 301조 지정발표시 한국의 자동차시장을 '관심관행' 지정

	미국의 대규모 민·관합통상사절단 방문, 자동차시장 개방압력 강화
95년 4월	한·미 무역실무위원회, 한국의 자동차 수입장벽 완화문제 협의
95년 7월	한·미 자동차실무협의 개최(한국)
95년 8월	AAMA, 우선협상대상국관행 지정을 위한 의견서를 USTR에 제출
95년 9월	한·미 자동차실무협의 개최(미국)
95년 9월	한·미 자동차협상 타결 및 양해록 작성
96년 12월	AAMA, 97 무역장벽보고서에 대한 의견서 제출 시 한국의 자동차시장 개방문제 언급
97년 3월	USTR 무역장벽보고서에서 한국의 자동차시장 개방문제 재언급
97년 6월	AAMA, 제10차 한·미 재계회의에서 한국 자동차시장에 대한 자동차업계 입장표명
97년 7월	AAMA, 우선협상대상국관행 지정을 위한 의견서를 USTR에 제출
97년 8월	한·미 자동차실무협의 개최(한국)
97년 9월	한·미 자동차실무협의 개최(미국)
97년 10월	미국, 한국 자동차산업에 대해 수퍼 30-1조에 따른 우선협상대상국으로 지정
98년 4월	미국무역장벽보고서에서 한국 자동차시장의 폐쇄성에 관하여 지적

자료: 정상국(1999).

협상에세이

"한 · EU FTA협상"

어묵전쟁도 있었다
한국산 연육' 관세철폐 협상
발트 3국 반대로 한 때 진통

자동차가 전부는 아니었다. '어묵 전쟁'도 있었다. 15일 협정문 가서명이 이뤄진 한국과 유럽연합(EU) 간 자유무역협정(FTA) 협상 과정에서 유럽 측이 가장 민감하게 생각한 것은 자동차로 알려져 있다. 유럽 자동차업계는 지금도 협상 결과에 불만을 표시하며 비준반대 움직임을 보이고 있다.

하지만 18일 협상에 정통한 양측 소식통에 따르면 어묵과 게맛살 등의 원료가 되는 '연육(surimi)'을 놓고도 자동차에 못지않은 줄다리기가 있었다.

라트비아·에스토니아·리투아니아 등 발트해 3국이 지난 7월 사실상의 협상 타결 직전까지 한국산 연육에 대한 관세철폐에 반대 입장을 고수했다는 것.

세계적인 금융위기로 국가부도 위기까지 몰렸던 라트비아의 반발이 거셌다고 한다. 수산물 가공산업이 차지하는 막대한 비중 때문이다. 라트비아는 2007년 기준으로 국내총생산(GDP)의 약 7%를 식음료산업에 의존하고 있다. 식음료산업 중 10%가 수산물 가공 분야다. 라트비아 연육 수출 물량의 3분의 2가 EU 회원국을 행선지로 하고 있어 한·EU FTA에 따른 영향을 크게 받을 수밖에 없다.

이런 상황에서 현재 20%에 달하는 한국산 연육에 대한 관세가 없어지면 시장을 잠식당할 것을 우려했을 것이란 게 협상 관계자들의 설명이다. 우리 협상단은 현재 수출물량에 대해서는 모두 관세를 없애고 이를 초과하는 물량에 대해서는 원재료의 생산지에 따라 관세를 매기도록 양보함으로써 협상타결을 이끌어냈다고 한다. 우리나라의 한 협상 관계자는 "대중의 관심은 온통 자동차에 쏠렸지만 한국산 연육에 대한 시장개방을 놓고도 막판까지 줄다리기가 있었다."며 "회원국이 27개국이나 되기 때문에 EU 집행위도 이해를 조정하는 데 어려움을 겪었다"고 말했다.

(경향신문, 2009.10.12)

8. 국제협상의 유형

협상의 다양한 유형은 고정된 것이 아니고, 시간의 경과에 따라 다양하게 나타남

국제협상은 협상의 목적, 협상에 임하는 협상자의 자세, 협상의 진행방향에 따라 협상유형이 다양하게 나타난다. 특히 다자간의 국제협상은 다수의 협상자들이 오랜기간 동안 논의를 하는 가운데 협상 환경이 급변하기도 하고, 협상자들의 심리상태도 협상동안 변할 수 있다. 특히 협상과정에서 협상력의 변화에 따라 협상유형은 동태적으로 변할 수 있다.

▮그림▮ 국제기업협상 체계

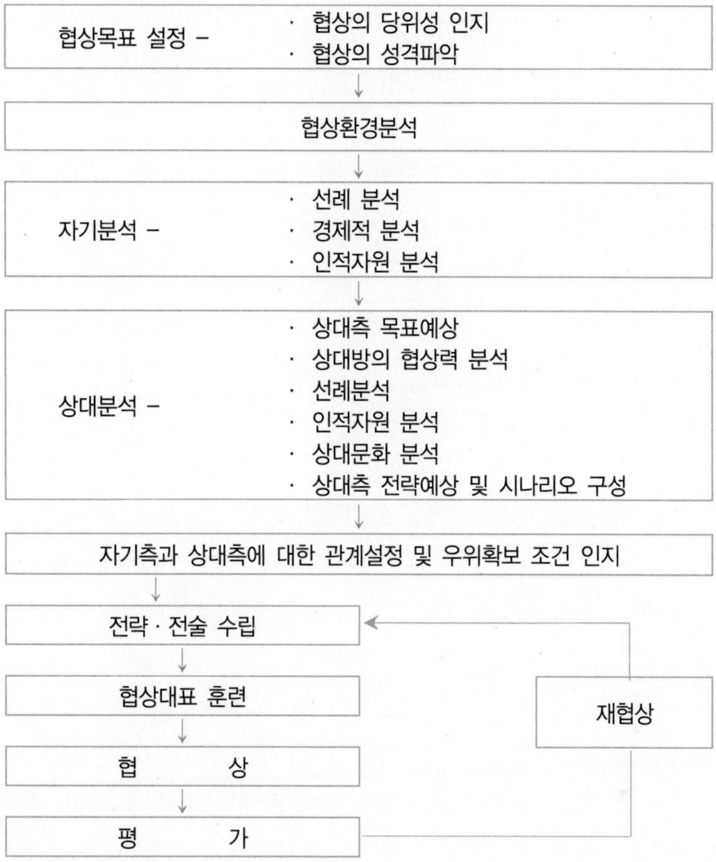

자료: 장대환(1998)

1) 내외부 협상

(1) 내부협상

내부협상 = 협상대표단과 국내협상 모체의 협상 + 협상 대표단 내부 협상

국제협상은 본격적으로 해외 협상 상대방과의 본협상 이전에 협상의제의 직접 이해당사자인 국내 협상모체와의 내부협상을 잘 마무리해야 한다. 협상모체란 협상의 결과에 따라 직접적이고 지대한 영향을 받는 국내 이해집단을 의미한다.

예를 들어 한국과 중국이 농산물 협상을 할 때 농산물시장 개방에 따른 직접 이해당사자는 국내 농민들과 농민 단체이다. 즉, 한중농산물 협상에서 협상모체는 국내 농민들과 농민단체이다. 일반적으로 많은 사람들이 국제협상은 외부협상으로만 간주하는데 오히려 내부협상이 더 어렵고, 협상결과에 더 많은 영향을 미치는 경우가 많다.

협상목표를 설정할 때에 협상에 참여하거나 협상으로 인해 영향을 받게 되는 모든 사람들이 참여하는 것이 바람직하다. 내부합의가 이루어지지 않은 가운데 상대방에게 통일되지 않은 여러 가지 목표가 전달되면 협상에서 결코 성공할 수 없을 뿐만 아니라 조직의 신뢰도도 치명적인 타격을 입게 된다(김병윤, 2007).

일반적으로 다자간의 협상의제는 국내의 많은 이해당사자들의 이익과 직간접적인 연관을 갖고 있는 경우가 많다. 따라서 협상대표단은 다양한 이해 당사자들의 입장을 대변해 줄 수 있는 정부 부처의 관계자들로 구성되는 경우가 많다. 다자간 협상에 참가하는 정부는 협상 상대방과의 국제협상뿐만 아니라 국내에서 이해 관계자들을 설득하고 합의하는 국내 협상도 성공적으로 수행해야 한다.

국제협상에서 내부협상은 국제협상에 임할 협상대표단과 실질적인 이해 당사자인 국내 협상모체간의 내부협상의 전 과정을 의미한다. 이러한 내부협상 과정에는 협상모체가 자신들의 입장과 견해를 협상대표단에게 밝히고, 자신들의 협상에 관한 권리를 협상대표단에게 위임한다. 또한 협상모체는 협상대표단으로부터 협상의 과정과 협상결과에 대한 협의와 보고절차를 정한다. 이러한 내부협상은 해외 협상자와의 외부협상 못지않게 첨예한 이해관계의 대립과 갈등으로 합의가 쉽게 이루어지지 않은 경우가 많이 발생한다. 이런 이유로 내부협상은 다양한 갈등관리와 의사결정 과정을 갖고 있다.

내부협상은 협상사안의 중요성, 긴급성 등에 따라 협상대표단과 협상모체간의 의견조율을 통한 만장일치에서 부터 정부의 직권에 의한 결정까지 다양한 형태로 운영되고 있다.

내부협상이 원만히 합의되지 않은 경우 협상대표는 외부협상에서 많은 제한을 받게 된다. 내부협상이 결렬되고 국내 이해당사자들의 반대가 심한 경우 협상대표들은 외부 협상과정에서 국내 이해당사자들의 반대를 감안하여 유보조항과 같은 예외조항을 넣어 조건부 합의를 도출하여 협상의 시너지 효과를 반감할 수도 있다. 따라서 국제협상의 시너지 효과를 극대화려면 외부협상에 앞서 내부협상을 원만히 마무리해야 한다.

우리나라가 OECD에 가입하는 과정에서도 우리 협상대표단이 OECD와 외부협상을 진행하기 전에 내부협상이 있었고, 외부협상 타결 이후에도 내부협상에서 자유화 및 취소조항을 둘러싼 내부협상이 진행되었다.

|표| OECD의 자유화 유보 및 취소 조항

- 회원국은 자국의 경제 상황에 따라 모든 자유화 조치를 취하지 않아도 된다.(제7조 a항)
- 회원국은 자국의 경제상황상 자유화가 어려운 항목은 OECD측과 협의하여 유보할 수 있다.(제2조 b항)
- 실행중인 자유화조치로 자국 경제 및 금융상 큰 혼란이 발생한 경우 자유화 조치를 취소할 수 있다.(제7조 b항)
- 자국의 국제수지가 극도로 악화되는 경우 이미 실행했거나, 실행중인 자유화 조치를 정지시킬 수 있다.(제7조 c항)

자료: OECD

한미FTA 협상 타결 후 협상대표와 대통령

또한 내부협상에서 정부 각 부처간 및 협상대표단의 구성원들간의 의견조율도 중요하다. 예를 들어 농산물협상을 하게 되면 정부 부처중에서 농정을 담당하는 부처는 농산물 시장의 개방에 따른 피해를 주장하는 농민의 입장을 대변하고, 경제부처는 물가안정을 감안하여 농산물 수입을 찬성하는 입장을 표명하면서 내부협상이 갈등양상을 보일 수 있다.

이처럼 정부 부처간의 입장차이가 좁혀지지 않은 가운데 각 부처에서 협상자를 선발하여 외부협상에 임하게 되면 외부협상 과정에서도 내부 구성원간에 충돌하게 되고 결국 협상력을 저하시키는 요인으로 작용한다.

다자간 협상의 경우 다양한 의제와 장기간의 소요로 인해 협상팀원간의 구성이 다양해지는데 효율적인 협상을 위해서는 협상팀원간의 조화와 존중이 필요하다.

(2) 외부협상

국제협상에서 외부협상은 해외협상 상대방과의 본협상을 의미한다. 외부협상은 문화적 배경이 다른 협상자들간에 개방적인 마음으로 상대방의 문화와 제도 등에 대한 이해와 존중이 필요하다.

협상자가 상대방의 문화에 대해 아는 것은 협상을 타결시키는 관점들을 효과적으로 커뮤니케이션하고 이해하며 계획하고 결정하는데 도움이 된다(Cellich I Jain, 2006).

| 표 | 연성협상과 경성협상의 비교

연성협상 (soft negotiation)	경성협상 (hard negotiation)
* 당사자들은 친구다.	* 당사자들은 적이다.
* 목적은 합의를 하는 것이다.	* 목적은 승자가 되는 것이다.
* 관계를 돈독히 하기 위해서 양보한다.	* 관계를 유지하기 위한 조건으로 양보를 요구한다.
* 사람과 주제 모두에게 유순하다.	* 사람과 주제 모두에게 완강하다.
* 상대를 믿는다.	* 상대를 불신한다.
* 자신의 입장을 쉽게 바꾼다.	* 자신의 입장을 고수한다.
* 제안을 한다.	* 위협을 가한다.
* 최저선을 공개한다.	* 최저선에 대해서 오해를 유도한다.
* 합의를 위해 일방적으로 양보한다.	* 합의의 대가를 일방적으로 요구한다.
* 당사자 모두가 만족할 대안을 탐색한다.	* 자신이 만족할 대안만을 고안한다.
* 합의를 주장한다.	* 자신의 입장만 주장한다.
* 경합을 피하려고 한다.	* 경합에서 승리하려고 한다.
* 압력에 굴복한다.	* 압력을 가한다.

자료: 임길진(2001).

2) 협상이익의 분배

비즈니스 협상에는 이익 배분과 관련하여 두 가지 종류의 협상이 있다. 첫 번째는 피자 굽기(pizza-cooking)로 마치 피자를 구워 서로 큰 조각을 나누어 먹듯이 협상 당사자들간에 서로 협력하여 협상의 성과를 높이는 협상이다. 두 번째는 피자 갈라먹기(pizza-cutting)로 이 협상방법은 협상 상대를 후려쳐야만 자신에게 돌아오는 이익이 크다고 생각하는 협상방법이다(안세영, 2006).

(1) 제로섬 협상

제로섬 협상은 협상이 한 쪽에게는 이익을 가져다주고 다른 쪽은 손실이 발생하는 경우로 분배적 교섭(distributive bargaining)이라고 한다. 이러한 분배적 교섭은 일방승리, 일방패배의 win-lose negotiation으로서 협상결과가 어느 일방이 이익을 보면 다른 상대방이 손해를 보는 협상유형이다(김성호, 2011). 이러한 윈-루즈 협상에서는 협상이 타결되기 어렵다(Claude Cellich, 2006).

이처럼 제로섬 협상은 협상에서 승자와 패자가 명확히 양분된다. 즉, 제로섬 협상에서 협상자는 자신의 이익을 극대화하기 위해 협상 상대방의 이익이나 입장은 전혀 고려하지 않고 오로지 자신의 이익과 입장만을 염두에 두고 협상을 한다.

이러한 협상방식으로 인해 제로섬 협상은 일방이 협상에서 이익을 얻으면 협상 상대방은 반드시 손해를 볼 수밖에 없다. 따라서 제로섬 협상은 협상이 결렬되기 쉽고, 협상이 타결된다고 하더라도 상호 불신이 팽배하여 장기적인 관계가 불가능하다.

┃표┃ 협상력이 강한 협상자가 취할 전략

- 비즈니스의 전망을 상세히 설명
- 질문을 통해 협상 상대방의 실질 이해가 무엇인지 파악
- 협상 상대방의 이해를 충족시키기 위해 제안을 수정

자료: Cellich I Jain(2006).

(2) 플러스섬 협상(positive-sum 협상)

협상자들은 서로 대립하기 보다는 파이를 키워서 서로가 더 많은 것을 얻어갈수록 있도록 협상을 하는 것이 바람직하다(임향옥, 2008). 협상에서 한 쪽의 이득이 상대의 이득에도 긍정적인 영향을 끼치는 방식으로 양측의 협상목적이 상호 의존적이다면 그 협상은 상호 윈-윈하는 결론을 도출할 수 있다. 이러한

협상은 비제로게임(non-zero-sum game) 또는 통합적 교섭(integrative bargaining)라 불린다. 통합적 교섭은 협상당사자들이 상호간에 적대적이거나 방어적이 아닌 친화적 관계를 유지하려는 win-win negotiation이다(김성호, 2011). 협상자 모두 협상을 윈-윈 상황에서 바라본다면 합의는 수월해 진다(Claude Cellich, 2006).

협상을 통해 어느 한편이 더 많은 이익을 얻을 수는 있어도 스포츠 경기나 전쟁과는 달리 협상에서는 완전한 승자도 패자도 없다고 하여 positive-sum 협상이라고도 한다(최윤희, 1999).

플러스섬 협상은 협상에서 모두가 만족한 결과를 얻을 수 있도록 상호 노력을 한다. 특히 협상자 모두 협상을 통해 우호적인 관계의 정립을 원한다. 협상자들은 협상에서 자신의 이익과 입장만을 내세우지 않고, 협상 상대방 의 이익과 입장을 배려하고, 상호간의 입장을 조화롭게 조율해야 한다. 이를 위해 협상자들은 협상 상대방의 입장을 정확히 이해한 뒤에 상호간에 이익을 향유할 수 있는 제안을 주고 받는다.

Check Point Lose-Lose Negotiation

Lose-Lose 협상은 Win-Win 협상의 반대되는 개념으로 협상에 참가하는 양측이 협상과정에서 보다 창의적이고 생산적인 대안을 제안하고 수용할 수 있음에도 불구하고 양측이 이를 실행하지 않고 협상이 결렬된 경우이다(임향옥, 2008).

3) 협상스타일

협상자가 협상의제를 분석할 때는 협상자의 심리상태에 따라 다양한 형태가 나타난다. 일반적으로 사람이 정보를 수집하여 가공하고 분석할 경우에는 심리학적으로 네가지 기능(지각, 직관, 사고, 느낌)에 의존한다. 이러한 기능을 심적 에너지(psychic energy)라고 부른다. 이 에너지는 협상을 할 때 네가지 유형(사실적, 직관적, 분석적, 규범적)으로 나타나고(장대환, 1998:44), 협상의제의 분석기준도 이러한 심적기준에 따라 달라진다.

| 표 | 협상의 다양한 유형

1. 적극적 협상 진취적으로 설명하고 명확히 정의하고, 공격하고, 도전하는 행동지향적이다.
2. 반응적 협상 상대의 생각을 믿고, 다른 사람의 감정에 의존하는 응답적인 행동을 한다.
3. 후퇴적 협상 이해대립을 회피하고 마이동풍격으로 말하는 회피적인 행동을 취한다.
4. 소극적 협상 관조자로서 관찰하고 개입하지 않으며, 질문에 응답하지 않고 소극적인 행동을 보인다.

자료: 장대환(1998)

(1) 적극적 협상(moving against)

협상주체가 상대방에게 적극적인 행동(설명, 솔선수범, 호소, 압력 등)을 함으로써 상대방의 관심을 높이는 협상을 말한다(장대환, 1998:45).

협상자가 협상을 어떻게 해서든지 타결시키려는 강한 의지가 있어, 협상이 난관에 봉착했을 때 협상의제를 탄력적으로 해석하여 능동적이고, 적극적으로 대안을 찾아 협상 상대방을 설득하여 협상을 이끌고 간다.

(2) 소극적 협상(not moving)

소극적 협상(not moving)은 협상자가 관조자로서 협상과정에 소극적으로 임하는 협상유형이다(김성호, 2011). 협상자가 협상에 참여는 하나, 협상의 주체로서 적극적이고, 능동적으로 협상을 리드하는 것이 아니고, 협상의 분위기를 깨지는 않으나 협상의 주체가 아닌 제 3자처럼 방관하는 협상이다. 이러한 소극적인 협상은 협상을 통해 현재의 문제를 개선하는 것보다 현재의 상태를 유지하는 것이 더 유리하다고 생각할 때 자주 취하는 협상유형이다.

(3) 긍정적 협상

긍정적 협상은 협상과정에서 협상자가 협상 상대방이 제안하는 내용을 항상 열린 마음을 갖고 긍정적으로 받아들이고 협상의 상황들을 부정적 시각이 아닌 긍정적 시각으로 받아 들여 협상에서 협상 상대방의 의견을 존중하고 자신의 의견과 조화를 찾아간다. 긍정적 협상은 협상자가 협상과정에서 이성과 합리적 사고에 의존하여 협상자간의 상호관계를 유지 발전시키려고 노력한다.

(4) 보수적 협상

보수적 협상은 협상자가 협상자체와 협상 상대방에 대해 비판적이고, 부정적인 시각을 갖고 협상에 임한다. 따라서 협상자는 협상 상대방의 제안에 대해 즉답을 피하고 침묵으로 일관하거나, 협상 상대방의 양보만을 얻으려고 한다. 보수적 협상은 협상자가 합리적이고 이성적 사고보다는 단순히 느낌(감)에 의존하여 협상에 임한다.

(5) 반응적 협상(moving with)

협상상대방의 설명을 먼저 듣고 이에 대해 동의나 비판을 하는 협상유형이다.

(6) 후퇴적 협상(moving away)

협상상대방과 협상과정에서 정면충돌을 피하기 위해 질문에 무응답하거나 침묵으로 임하는 협상유형이다(김성호, 2011).

▌표▐ 입장을 고수하는 협상과 원칙에 의한 협상의 비교

입장을 고수하는 협상	원칙에 의한 협상
• 당사자들은 친구나 적이다.	• 당자자들은 문제를 풀려는 자들이다.
• 목적은 합의하거나 승리이다.	• 목적은 효율적이며, 우호적으로 현명한 합의를 이루는 것이다.
• 관계유지와 양보를 연결시킨다.	• 문제와 사람(관계)을 분리시킨다.
• 사람과 문제 양자에 똑같이 유순하거나 완강하다.	• 사람에게는 유순하고 협상문제에는 완강하다.
• 상대를 단적으로 불신하거나 믿는다.	• 신뢰와는 관계없이 협상을 진행한다.
• 입장을 고수하거나 변동시킨다.	• 입장보다는 이해관계에 초점을 맞춘다.

입장을 고수하는 협상	원칙에 의한 협상
• 제안을 하거나 위협을 한다.	• 이해관계를 분석한다.
• 최저선을 협상에 이용한다.	• 최저선을 되도록 가지지 않는다.
• 일방적으로 얻거나 잃거나 한다.	• 상호이익을 얻는 대안들을 개발한다.
• 의지의 경쟁이 주요관심사다.	• 의지와는 별개의 기준들에 의한 합의를 유도한다.
• 압력에 굴복하거나 압력을 행사한다.	• 이성에 따르고 합리적인 논의를 하며 압력이 아닌 원칙에 따른다.
• 합의를 고집하거나 입장을 내세운다.	• 객관적인 기준을 쓰도록 한다.

자료: 임길진(2001).

4) 협상자의 심리와 협상유형

(1) 사실적(factual) 협상

기본가정: 스스로 사실을 말함

협상에서 사실적 유형을 보이는 협상자는 일반적으로 냉정하고, 침착하고, 인내심이 있고, 현재 지향적이고, 정확하다. 또한 모든 사실을 문서화하려고 한다. 협상자는 오감(듣기, 보기, 냄새, 감지, 맛)과 같은 지각을 통해 실제문제를 정확하고, 객관적으로 인식하려고 한다(장대환, 1998:80, 49-50). 사실적 협상은 협상자가 오감의 감각기능에 의해 느낀 사실에 의존하여 협상을 객관적이고 정확하게 문서화하려고 한다.

(2) 직관적(intuitive) 협상

기본가정: 상상력이 협상의 문제를 풀 수 있다

직관은 어떤 상황을 파악하는데 사실보다는 상상력에 의존하는 것을 말한다. 직관적 협상자는 미래를 예측하고 상황을 분석할 때 상상력을 동원한다. 이러한 유형의 협상자는 카리스마가 있고, 상상력이 풍부하여 전체 상황을 동시에 볼 수 있어 한 이슈에서 다른 이슈로 빨리 넘어가 협상의 진행속도가 빠르다(장대환, 1998: 80, 47-50).

직관적 협상은 사실보다는 인간의 심리에 의존하는 협상이다. 따라서 협상이 협상자의 상상, 감정, 추측 등에 의존하여 구체적이고 사실적인 논리전개가 곤란할 수 있으나, 협상자의 풍부한 상상력과 창의적인 대안 제시로 협상이 탄력적으로 운영될 수 있다.

(3) 분석적(analytical) 협상

기본가정: 논리적인 것이 올바른 협상결론에 이른다

분석적 협상자는 이지적이고 논리를 중요시 한다. 따라서 협상과정에서 인과관계를 체계적으로 분석하여 논리적으로 협상을 진행한다(장대환, 1998:47- 50).

협상자는 자신의 주장에 객관적 기준, 공공성, 정당성이 나타나도록 합리적인 논리를 개발해야 한다. 무엇보다 논리를 위한 논리가 아니고, 합리적인 논리를 개발해야 한다(최윤희, 1999).

이러한 분석적 협상을 하는 협상자는 논리정연한 주장으로 협상 상대방을 설득하려고 한다. 그런데 협상이 논리싸움으로 변질될 경우 협상의 핵심 논의는 희석되고 협상이 격렬될 수 있다.

| 표 | 협상자의 심리와 협상 유형

심적기능	협상유형
지 각	사실적
직 관	직관적
사 고	분석적
느 낌	규범적

자료: 장대환(1998)

Check Point not aggressive but assertive

협상에서 협상자가 자신의 논리를 전개하는데 있어 어떠한 경우에도 공격적이어서는 안된다. 영어 표현으로 assertive는 자기주장적인 뜻이나 상대방의 행위에 대한 비난을 자제하는 의미이고, aggressive는 공격적인 뜻으로 적대적인 의미이다(최윤희, 1999). 협상과정에서 논리전개가 격화되어 협상자가 aggressive한 표현을 하게 되면 협상 상대방은 마음의 문을 닫고 방어적으로 된다.

(4) 규범적(normative) 협상

기본가정: 협상은 교섭하는 것이다

규범적 협상자는 흥정을 좋아하고, 타협적인 사람이다. 협상자는 협상과정에서 대안을 능동적으로 제안하며 원활한 교섭을 위해 보상과 동기진작 등도 다양하게 제안한다(장대환, 1998:47-50). 규범적 협상을 하는 협상자는 협상의제보다는 협상 상대방과의 교섭에 더 의미를 두고 협상을 진행한다.

(5) 관계지향 협상과 성과지향 협상

인간관계를 중시하는 협상과 합리성 및 효율성을 중시하는 협상은 협상 방법이 상이하다(최윤희, 1999). 일반적으로 미국의 협상자들은 단기적인 거래에 더 관심을 갖고 계약에 서명을 하는 것이 협상의 주요 목적이 될 수 있다. 이에 비해 일반적으로 일본의 협상자들은 단기적으로 거래를 성립시키는 것이 협상의 목적이 아니라 관계를 지속 유지시키는 것이 협상의 목적인 경우가 많다(Cellich I Jain, 2006).

관계지향형 협상은 협상자들이 대안 제시와 양보 협상전략을 취하는데 비해 성과지향형 협상은 협상 상대방을 설득하고, 협상 상대방에게 양보를 요구하는 협상을 한다.

▌표▐ 단기지향 사회와 장기지향 사회간의 주요 차이점

단기지향 사회	장기지향 사회
· 비용에 구애됨 없는 사회 및 지위 의무의 존중	· 사회 및 지위 의무의 제한적 존중
· 과소비가 되더라도 '이웃에 지지 않아야 한다'는 사회적 압력	· 절약, 자원을 아낌

단기지향 사회	장기지향 사회
· 낮은 저축률, 투자할 돈이 적음	· 높은 저축률, 투자할 돈이 많음
· 빠른 결과를 기대함	· 느린 결과에 대한 참을성
· '체면'에 대한 관심	· 목적을 위해 자신을 기꺼이 희생
· 절대적 진리, 소유에 대한 관심	· 절대적 미덕, 존중에 대한 관심

자료 : Hofstede(1991).

| 표 | 23개 국에 대한 장기지향 지수(LTO)

점수 순위	국가/지역	LTO점수
1	중국	118
2	홍콩	96
3	대만	87
4	일본	80
5	한국	75
6	브라질	65
7	인도	61
8	태국	56
9	싱가포르	48
10	네덜란드	44
11	방글라데시	40
12	스웨덴	33
13	폴란드	32
14	독일	31
15	오스트레일리아	31
16	뉴질랜드	30
17	미국	29
18	영국	25
19	짐바브웨	25
20	캐나다	23
21	필리핀	19
22	나이지리아	16
23	파키스탄	00

자료 : Hofstede(1991).

Check Point　투영스타일(shadow style) 협상방식

협상에서 협상자가 협상 상대방이 주로 사용하는 협상유형을 정확하게 파악하고, 그 협상 유형에 반대되는 협상 유형을 사용하면 협상 상대방은 곤경에 처하게 된다. 이러한 협상방식을 투영스타일(shadow style)이라고 한다(장대환, 1998:49).

투영스타일(shadow style)은 협상자가 협상 상대방의 협상스타일에 정반대되는 협상 스타일로 협상을 하여 협상 상대방의 약점을 파고드는 협상전략이다. 예를 들어 협상 상대방이 직관적 협상을 하면 자신은 사실적 협상을 하여 협상 상대방의 약점을 집중 공략하여 협상을 자신의 페이스로 이끌고 간다.

또한 협상자는 이러한 투영스타일 협상 방식을 활용하여 협상할 때 본인은 어떤 스타일의 협상 방법을 사용하는가를 체크하여 자신의 협상 스타일의 문제점을 파악하고 시정할 수 있다(장대환, 1998:49).

협상에세이

까칠한 협상 상대, 어떻게 협상할까?

모든 비즈니스는 협상의 연속이다. 구매, 영업뿐 아니라 부서 간이나 상하 관계의 커뮤니케이션에서도 협상은 꼭 필요하다. 대부분의 사람은 협상을 타고난 커뮤니케이션 기술이나 임기응변 정도로만 생각한다. 하지만 협상에도 과학적 원리가 있고 학습을 통해 협상력을 키울 수 있다.

'협상의 고수' 되려면 상대방 '마음의 문' 부터 열어라

"계약서 쓰자" vs. "지켜 보고", "주식 사달라" vs. "너무 비싸"

뒤늦은 통신 시장 진출로 '만년 2위'를 벗어나지 못하고 있는 국내 통신 업체 킹텔(King Tel). 이 회사의 경영진은 '1위 등극'을 위한 비장의 카드로 WCDMA(3세대 이동통신)를 꺼내 들었다. 통신시장이 음성통화에서 영상통화 중심의 WCDMA 시대로 변하고 있다는 사실에 주목한 것.

하지만 불운하게도 킹텔은 경쟁사를 압도할 만한 WCDMA 기술이 없었다. 그래서 외국 기업과 합작을 통해 WCDMA 시장을 공략하기로 결정, 일본의 최대 통신사인 드래곤텔(Dragon Tel)과 접촉을 시도했다. 드래곤텔은 세계 최초로 WCDMA를 기반으로 한 3세대 통신서비스를 제공한 회사. 킹텔의 입장에서는 최고의 파트너였다.

하지만 제휴란 게 말처럼 쉬운가? 제휴 조건, 제휴 이후의 사업 추진 등에서 양측의

입장 차는 너무나 컸다. 제휴 협상은 난항에 난항을 거듭했고 그 사이 1위 업체와의 격차는 오히려 벌어지고 있었다.

결국 CEO는 비장의 카드를 꺼내 들었다. '협상계 초절정 고수'로 통하는 안고수씨를 전무로 전격 영입, 드래곤텔과의 협상을 맡겼다. 안 전무가 파악한 현재의 협상 상황은 다음과 같다.

상황 1. 협상에 소극적인 상대를 만났을 때

협력할 사업의 범위를 결정하는 게 문제였다. 킹텔은 '제휴 사업 분야를 WCDMA를 포함한 10개로 결정하고 이를 계약서에 적어놓자'고 주장했다. 장기적으로 다양한 분야에서 드래곤텔의 기술 노하우를 전수받겠다는게 킹텔의 의도였다.

하지만 드래곤텔은 생각이 달랐다. 우선 WCDMA 분야부터 제휴를 시작한 뒤 앞으로 추이를 봐가며 공동 사업 범위를 정하자고 맞섰다. 킹텔에 대한 확신이 없었던 드래곤텔은 사업이 지지부진할 경우 중간에라도 제휴를 끊고 싶었던 것이다. 킹텔측은 기회가 있을 때마다 "상대에 대한 믿음 없이 어떻게 파트너가 되겠느냐"고 주장했지만 킹텔의 말은 독백에 가까웠다.

상황 2. 똑같은 상황에 대해 '동상이몽'일 때

또 다른 이슈는 '돈'이었다. 성공적인 전략적 제휴를 위해선 일정 수준의 자본 제휴가 필요했다. 킹텔 주식의 10%를 드래곤텔이 매입하기로 합의는 했는데, 얼마에 사느냐가 문제였다.

킹텔은 현재 주가보다 20% 높은 프리미엄을 요구했다. "누구나 인정하듯, 지금 주식시장은 바닥 중의 바닥이며 내년 이맘때쯤이면 주가는 30% 이상 올라 있을 것"이란 게 킹텔의 주장이었다.

하지만 드래곤텔의 반응은 차가웠다. 드래곤텔측은 두툼한 자료와 함께 "우리 회사 재무팀이 분석한 결과, 1년 후 킹텔의 주가는 오히려 지금보다 10% 이상 떨어져 있을 것"이란 내용의 문서를 보내왔다. 돈과 직결된 내용인 만큼, 프리미엄 비율에 대한 양측의 입장은 평행선을 달렸다.

지금까지의 상황을 보고받은 안 전무는 회사 내 정예 멤버로 구성된 협상팀을 새롭게 꾸렸다. 그리고 협상팀을 상대로 협상의 기본 원리부터 하나하나씩 가르쳐 나갔다. 그렇게 준비하길 몇 달. 드디어 결전의 날이 밝았다. 킹텔과 드래곤텔이 협상 테이블에 마주했다.

평행선을 달리던 킹텔과 드래곤텔의 협상은 어떻게 될 것인가? 또 킹텔의 안고수 전무가 준비한 비장의 협상 전략은 무엇일까? 두 회사의 협상 현장으로 가보자.

해법1 인간적 공감대 '라포르(rapport)'를 형성하라

협상대표가 골프광이란 정보를 입수하여 골프 이야기로 대화 시작해 친밀감 형성

침묵과 긴장이 흐르는 협상 테이블. 안고수 전무가 먼저 드래곤텔의 협상대표인 나카무라 이사를 향해 입을 열었다.

그런데 누구도 생각지 못한 주제로 이야기를 시작하는 안 전무. "이사님, 지난주 타이거 우즈 경기 보셨나요? 골프를 어떻게 하면 그렇게 예술적으로 할 수 있을까요? 특히 마지막 홀의 퍼팅은 제가 본 퍼팅 중에 최고의 장면이었습니다." 이렇게 시작된 골프 얘기는 무려 15분 동안이나 계속됐다.

안 전무는 협상 관련 정보를 모으면서 나카무라 이사가 '골프광'이라는 사실을 파악했다. 그리고 대화의 첫 주제를 의도적으로 골프로 시작했다. 안 전무의 이런 행위를 협상학에선 '라포르(rapport) 형성'이라 부른다. 라포르는 인간관계에서의 '공감대' 혹은 '감성적 유대'라는 의미로, 언어 심리학에서 많이 쓰이는 용어다. 본격적인 대화 이전에 상대방의 마음을 여는 효과가 있다.

사례를 보자. 에콰도르와 페루는 50년 이상 지긋지긋한 영토 분쟁에 시달렸다. 이 분쟁을 지난 1998년에 타결시킨 주인공은 에콰도르의 마후아드 대통령. 그가 페루의 후지모리 대통령을 만나 협상장에서 처음 건넨 말은 영토와 관련된 얘기가 아니었다. 대통령이라는 자리가 얼마나 힘들고 외로운 자리인지 솔직한 대화를 나누며 라포르를 형성했다. 그리고 상대 후지모리 대통령의 말을 충분히 듣고, 공감하며 상대를 이해하고 있음을 보여줬다. 이를 토대로 영토 분쟁을 '싸움'이 아닌 '공통의 이익을 찾는 과정'이라고 생각하게 만들었고, 결국 협상을 성공시켰다.

해법2 상대가 얻을 이득부터 설명하라

"한국을 중국 진출 교두보로 삼으면…" 심드렁하던 상대방 관심 이끌어 내

일단 분위기까지는 잘 만들었다. 그런데 아무리 제휴의 필요성과 성공 가능성을 설명해도 드래곤텔측은 반응이 없다. 결국 안 전무가 회심의 카드를 빼 들었다. 바로 '중국 진출'. 심드렁한 표정으로 안 전무의 말을 듣던 나카무라 이사의 눈이 중국 얘기가 나오자마자 반짝이기 시작한다.

"한국 시장은 일본 기업이 중국으로 진출하기 위해선 반드시 거쳐 가야 할 테스트 마켓입니다. 아시다시피 일본 할인점인 '이빠이싸다 마트'도 한국 할인점과 제휴한 이후에 중국으로 진출했지 않습니까? 드래곤텔도 이번 제휴만 성공 한다면 중국 시장 진출이 쉬워질 것입니다."

협상 성공을 위해선 이처럼 '나'가 아닌 '상대방'이 얻을 이익을 알려줘야 한다. 이 세상에 '나에게 이득이 되는 일'을 거부할 사람은 없기 때문이다.

세종대학교와 미국 시라큐즈 대학의 협상 일화를 보자. 지난 2000년, 세종대는 미국 시라큐즈 대학과 함께 조인트 MBA 과정을 만들겠다는 계획을 세웠다. 문제는 시라큐

즈 대학의 무관심. 이에 세종대 경영대 학장이 직접 미국으로 날아가 담판을 벌였다.

"한국과 일본, 중국의 공통점을 아십니까? 이들 동아시아 국가의 공통점은 자녀 교육을 위해서라면 집에 있는 논밭이라도 팔 정도로 교육열이 높다는 것입니다. 이번 협력을 통해 동아시아 시장에 대한 경험을 쌓으면 이후에 중국 진출이 쉬워질 겁니다."

이 제안은 시라큐즈 학장의 마음을 움직였다. 결국 한국 최초로 외국 대학과 협력한 조인트 MBA 과정이 개설됐다.

해법3 창의적 상황조건 (creative contingency) 제안

"주가 하락 땐 프리미엄 돌려줄 것" 주가 프리미엄 20% 요구 관철시켜

협상에서 돈과 관련된 문제는 항상 어렵다. 현재 주가보다 20% 높은 프리미엄을 요구하는 킹텔과 프리미엄은 지급할 수 없다고 맞서는 드래곤텔. 골똘히 생각하던 안 전무는 이렇게 제안을 했다.

"제휴 이후 주가 변동을 고려하여, 2주간 평균 주가의 20%를 프리미엄으로 주시면 어떨까요? 저희는 앞으로 1년 후 주가가 현재보다는 최소 20% 이상 오를 것이라 확신하고 있습니다."

순간 나카무라 이사의 얼굴이 붉게 물들고 있다. 열 받았다는 얘기.

"무슨 말도 안 되는…. 제가 보낸 자료 못 보셨나요? 우리 재무팀 분석 결과, 1년 후 주가는 오히려 떨어질 것으로 예상…."

순간 안 전무가 나카무라 이사의 말을 자른다.

"물론 그 보고서는 꼼꼼히 검토했습니다. 충분히 그렇게 생각하실 수 있죠. 그래서 추가 제안을 합니다. 만약 드래곤텔의 예상대로 주가가 1년 후 오히려 떨어진다면 그때는 저희가 이번에 지급받은 프리미엄 20% 전액을 돌려 드리겠습니다. 그쪽은 떨어질 것이라 확신하고 저희는 오를 것이라 확신하고 있으니 합리적인 방안이 아닌가요?"

나카무라 이사는 무릎을 탁 쳤다.

"말 되네요. 사실 우리 드래곤텔의 가장 큰 걱정은 1년 후 주가가 떨어졌을 때 이사진들이 1년 전에 왜 그렇게 비싼 가격에 지분을 인수했느냐고 힐책할까 봐 두려운 것입니다. 안 전무님 말대로 주가 하락 시 돈을 돌려받을 수만 있다면 이사진을 설득할 수 있을 것 같습니다."

이런 제안을 협상학에서는 '창의적 상황 조건(creative contingency)'이라 부른다. 협상을 하다 보면 나와 상대가 미래를 다르게 예상하고 이로 인해 갈등이 발생할 때가 있다. 이때 싸우는 사람들은 협상의 고수가 아니다. 양측의 서로 다른 예상을 인정하고 거기에 따라 베팅을 하면 문제는 쉽게 풀린다.

예를 들어보자. 당신은 땅을 매매하려 한다. 당신은 이 지역 인근에 지하철 역이

5년 내에 들어설 것이라 확신한다. 그래서 현재 가치로는 3억원이지만 5억원을 받아야 한다고 생각한다. 하지만 사려는 사람의 생각은 다르다. 지하철이 들어올 가능성은 전혀 없다는 게 상대의 확신이다. 이때 협상을 못하는 사람들은 3억원과 5억원의 중간선인 4억원에 대충 합의한다. 하지만 협상 고수는 다르다. '현재 가격인 3억원으로 거래하되, 5년 내 지하철 역이 개통되면 2억원을 매수인이 추가로 지불한다'는 조항을 넣는다.

해법4 권한위임 전술을 활용하라

협상 결과 우리 쪽의 수확이 커도 상대방이 이겼다는 느낌 들게 해야

이제 협상은 막바지로 접어들고 있다. 협력 사업의 범위를 결정하는 일만 남았다. 한참을 고민하던 나카무라 이사가 입을 연다.

"안 전무님, 제휴 사업 분야를 10개로 확정하는 것은 정말 곤란합니다. 저희가 8개까지는 받아들이겠습니다. 더 이상은 힘듭니다."

'으잉? 웬 횡재냐!' 나카무라 이사의 제안에 안 전무는 속으로 쾌재를 불렀다. 겉으로는 10개의 협력 사업을 주장했지만, 내심 5개까지만 협력 사업을 확정해도 성공이라고 생각하고 있었기 때문이다.

"8개 분야요? 좋습니다! 감사합니다"라는 말이 목 끝까지 차올랐다. 하지만 안 전무는 참고 참고 또 참으며 입을 천천히 열었다.

"그래요? 협력사업은 정말 중요한 문제이기 때문에 실무책임자인 제가 함부로 결정할 사항이 아닙니다. 실례가 안 된다면 저희 사장님께 전화 한 통만 드리고 협상을 재개해도 될까요? 사장님 허락이 필요합니다."

30분 후 안 전무는 환한 표정으로 다시 협상장에 들어섰다.

"축하합니다. 나카무라 이사님! 사장님이 고심 끝에 허락해 주셨습니다. 이사님, 사장님 설득한다고 고생한 저한테도 꼭 밥 한번 사셔야 합니다."

나카무라 이사도 환한 웃음으로 화답했다. "네, 일본 오시면 제가 꼭 맛있는 스시집에서 한번 모실게요!" 협상 종료를 알리는 한마디였다. 이런 안 전무의 협상기법을 협상학에선 '권한 위임 전술'이라 부른다. 일반적인 권한 위임은 권한을 위에서 아래로 떨어뜨리는 것이다. 하지만 협상에선 다르다. 실제로는 내가 모든 것을 결정할 권한이 있는데 '없는 척'하는 것을 권한 위임 전술이라 부른다. 그렇다면 왜 안 전무는 나카무라의 제안을 쉽게 받아들이지 않고 사장님께 허락을 받아야 하는 '척'을 했을까? 이는 상대의 만족도를 높이기 위해서다. 안 전무가 나카무라의 제안을 1초의 고민도 없이 덜컥 받아들였다고 가정해 보자. 나카무라 이사는 어떤 기분이 들까? '아 ~ 내가 너무 약하게 불렀나? 8개가 아닌 5개만 받아들이겠다고 좀 세게 나갈 걸 그랬나?' 아마도 나카무라의 머릿속에 온갖 상념이 들고, 협상을 타결시키고도 왠지 찜찜한 기분을

갖게 됐을 것이다. 좋은 협상가란 이런 사람이다. 협상이 끝나고 상대가 집으로 돌아갈 때 '내가 이번 협상에서 이겼다. 또는 적어도 비겼다' 라는 만족감을 갖게 만들어 주는 사람. (조선일보, 2009.4.3)

Check Point 知者不言 言者不知

知者不言 言者不知는 도를 깨달은 사람은 지식을 자랑하지 않으며, 지식을 자랑하는 사람은 도에 다다를 수 없다는 의미이다(노자). 우리말에도 빈수레가 요란하다는 말이 있듯이 말이 많으면 실수하게 되어 있고, 경망스럽게 보일 수 있다.

특히 협상의 주도권을 잡으려는 급한 마음에 협상과정에서 지나치게 말이 많거나 지식을 내세우면 신뢰를 떨어뜨릴 수 있다. 따라서 가능하면 협상에서는 자신의 의견을 간단 명료하게 전달해야 한다(김병윤, 2006).

협상에세이

"한국이 국제협상 고수의 반열 오르기까지"

통상교섭본부 두 과장을 통해 본 협상력의 진화

≪3월 말 서울 종로구 세종로 정부중앙청사 별관. 오전 9시에 시작된 한국과 유럽연합(EU)의 자유무역협정(FTA) 원산지 분과 협상은 밤 12시를 넘겨 계속됐다. 기계, 전기전자 분야에서 어느 정도 국내산 부품을 써야 '메이드 인 코리아'로 인정해 줄지를 놓고 지루한 논쟁이 이어졌다. '이제 슬슬 끝낼 때가 됐는데….' 김희상 외교통상부 통상교섭본부 FTA 협상총괄과장(39)은 상대방이 서서히 지쳐가는 모습에 그동안 갈고닦았던 협상 스킬을 구사할 시기가 다가왔음을 느꼈다. 그는 내키지 않는 표정을 지으며 슬그머니 미리 준비한 양보안을 제시했다. 그러자 상대방은 오히려 요구 수준을 높였다.≫

1993년 UR협상 "영어 못해 입열기 겁나"

2009년 FTA협상 "풀었다 죄었다… 능수능란"

김 과장은 이때다 싶어 지체 없이 책상을 치며 일어났다. "이럴 거면 더 협상하지 맙시다!" 상대방을 강하게 밀어붙이는 일종의 벼랑 끝 전술이었다. 잘 풀리면 다행이지만 잘못되면 협상 자체가 깨질 수도 있는 상황. 의연한 겉모습과는 달리 가슴은 심하게 떨렸다. 1년 넘게 계속된 협상에서 한 번도 냉정을 잃지 않던 그가 흥분하자 상대방은 당황하며 "시간을 달라"고 한발 물러섰다. 김 과장은 가슴을 쓸어내렸다. 상대는 10분 후 다가와 "당신이 말한 대로 해보겠다"며 사실상 손을 들었다. 그날 협상을 마치고 귀가한 김 과장은 잠자리에 누워 혼잣말을 했다. '이제 나도 협상가 흉내는 낼 수 있게 됐구나….'

굵직한 대외 협상이 있을 때마다 한국 정부의 협상력은 어김없이 도마에 올랐다. 부실한 현장조사로 논리 싸움에서 뒤져 막대한 손실을 입었던 한일 어업협정협상,이면합의 논란 속에 굴욕적인 결과를 감수했던 한중 마늘협상 등은 아마추어 수준의 협상력을 그대로 드러냈다는 비판을 받았다. 하지만 최근 한-EU FTA 타결 과정에서 보여준 정부의 협상능력은 '분명 한 단계 업그레이드됐다'는 게 전문가들의 평가다.

'협상의 바보'가 '협상의 우등생'으로 변신하기까지 어떤 일이 있었을까. 통상교섭본부에서 협상의 고수(高手)로 성장한 김 과장과 홍영기 북미유럽연합통상과장(43)을 통해 한국 협상능력의 진화 과정을 살펴봤다.

○ 'UR협상' 거치며 중요성 깨달아

홍 과장은 1991년 외무부 통상1과에서, 김 과장은 1993년 통상기구과에서 각각 공직생활을 시작했다. 당시 외무부에서 통상 협상을 담당하는 인력은 둘을 포함해 25명 남짓에 불과했다. 1993년 타결된 우루과이라운드(UR) 협상을 벌일 때는 전담 인력이 부족해 각 과에서 긴급 차출한 직원들이 협상에 나섰다. 협상을 한 번도 해본 적이 없는 문외한들이 협상 테이블에 앉은 적도 있었다. 홍 과장은 "협상장에서 영어 실력이 부족해 말을 제대로 못하는 사람이 있을 정도였다"고 돌이켰다.

시행착오를 겪으면서 역량 부족을 절감한 두 과장은 영국으로 유학을 떠났다. 홍 과장은 런던대에서 국제관계사와 개발경제학을 공부했고, 김 과장은 옥스퍼드대와 에든버러대에서 각각 외교관 과정과 법학을 공부했다. 김 과장은 "대학에서 경제학을 전공했기 때문에 국제법과 통상법을 알아야 유능한 협상가가 될 수 있다고 생각했다"고 설명했다.

정부도 UR 협상을 치르면서 대외 교역협상의 중요성을 깨닫게 됐다. 1994년 상공자원부를 통상산업부로 개편했고 1998년에는 통상협상을 전담하는 통상교섭본부를 만들었다.

○ 협상의 바보엔 미래가 없다

각 부처의 통상 기능을 모은 통상교섭본부가 출범하고 전문 인력이 배출되면서 한국의 협상 실력도 서서히 올라가기 시작했다. 한국개발연구원(KDI)은 2003년 갈등조정협상센터를 만들어 정부의 협상 인력을 본격적으로 양성했다. 안덕근 서울대 국제대학원 교수는 "2000년대 들어서는 협상단의 전문성이 현저하게 떨어지거나 의사소통 문제로 어려움을 겪는 일은 없어졌다"며 "통상에 관심이 있는 공무원들이 유학을 다녀와 현장에 배치된 것도 큰 도움이 됐다"고 말했다.

하지만 국내에서 통상협상을 보는 눈은 여전히 차가웠다. 2000년 한중 마늘협상에서 중국산 마늘에 대한 긴급수입제한조치(세이프가드)를 2002년 말에 끝내기로 한 사실이 뒤늦게 밝혀지면서 정부의 통상정책에 대한 농민들의 불신이 커졌다.

1999년부터 농업협상을 담당했던 김 과장은 2004년 세계무역기구(WTO)의 쌀 협상에 참여했다. 그는 "농민단체에 설명하러 가면 '외교통상부 공무원은 싫다'는 말을 대놓고 하는 바람에 마음고생이 심했다"고 털어놓았다. 스트레스를 받고 무리한 탓에 2006년에는 건강이 악화돼 병원에 입원하기도 했다.

정부가 한-칠레 FTA 협상을 1999년 말 시작한 뒤 타결까지 3년이나 끌었던 데는 협상 실력을 의심하는 시선을 의식한 측면도 있다. 최초의 FTA여서 혼선도 적지 않았지만 발효 이후 5년 만에 양국 교역량이 4.5배 증가하는 등 소기의 성과를 거뒀다는 평가다. 김 과장은 "다자간 협상은 처지가 비슷한 국가가 여럿 있어 서로 논리를 보완하면 되지만 양자간 협상인 FTA는 우리 스스로 해결하는 수밖에 없다"며 "다양한 국가를 상대로 FTA 협상을 벌이면서 협상기술도 좋아졌다"고 말했다.

○ "한국 협상팀은 끈질기고 터프하다"

한미 FTA와 한-EU FTA 협상을 거치면서 한국 협상팀은 대외적으로 '끈질기고 터프하다'는 인식을 확산시켰다. 김 과장은 "하나라도 더 받아내려고 죽기 살기로 협상을 하는 이미지라고 하더라"고 소개했다. 실제 EU 협상단은 한국의 협상력에 혀를 내둘렀다는 후문이다. 1990년대 협상 테이블에서 '하수(下手)' 취급을 받았던 한국의 협상팀이 세계무대에서 인정을 받기 시작한 것이다.

여기에는 동시다발로 진행되는 FTA 협상이 큰 힘이 됐다. 현재 한국은 걸프협력회의(GCC)와 캐나다, 멕시코, 일본, 호주, 뉴질랜드, 페루 등과 동시에 협상을 벌이고 있다. 각각의 협상팀은 개별 협상 과정에서 부실했던 점과 효과가 있었던 협상기법 등의 노하우를 서로 공유한다. 현장에서 부딪치면서 배우는 경험들이 어느 협상 교과서에서도 나오지 않는 생생한 가르침이 되는 것이다.

하지만 높아진 대외 협상력과 달리 아직 갈 길이 먼 대내 협상력은 문제로 지적되고 있다. 치열한 공방전 끝에 2007년 4월 한미 FTA 협상이 타결됐지만 이후 국내에서 미국산 쇠고기 수입 반대 집회가 열리는 등 논란은 계속됐다. 지난해 쇠고기 추가협상에도 관여한 홍 과장은 "쇠고기 수입 반대 집회에 모인 사람들을 보면서 국민과의 소통, 국민을 향한 진솔한 설득이 얼마나 중요한지 절감했다"고 말했다.

한-EU FTA 협상에서 원산지 부문을 맡았다가 막판에 협상을 총괄한 김 과장은 "농업 부문을 지금까지 10년 동안 담당했지만 잘했다는 말을 들은 적이 한 번도 없다"며 "그래도 늘 협상에서 최선을 다했고 이번에는 어디에 내놓아도 큰 흠이 없는 결과를 이끌어 냈다는 데 만족한다"고 말했다.

■ 전문가들이 매긴 한국 성적표

대외 협상력 84점… 대내 협상력 60점

국내의 대표적인 협상 전문가 4명은 통상 분야의 대외 협상력 점수를 10점 만점으로 매길 경우 1999년 평균 6점에서 최근에는 평균 8.4점으로 높아졌다고 평가했다.

전문가들은 통상교섭본부의 협상능력이 올라간 원인으로 인력이 확충되고 전문성이 축적됐다는 점을 꼽았다. 안덕근 서울대 국제대학원 교수는 "최근 유럽연합(EU)과의 자유무역협정(FTA) 협상에서 EU 측이 한국 협상팀이 준비한 자료를 보고 깜짝 놀랐다는 말을 들었다"며 "이제 몰라서 당하는 일은 없는 것 같다"고 설명했다. 김종범 한국개발연구원(KDI) 국제정책대학원 교수는 "지금 협상 실무자들은 대부분 외국에서 학위를 받은 전문가들이며 국내, 외국 변호사 자격증을 가진 사람도 상당수"라고 말했다.

하지만 같은 기간 대내 협상력에 대한 평가는 평균 6.8점에서 6점으로 오히려 떨어졌다. 전문가 4명 중 2명은 크게 떨어졌다고 평가했으며 나머지 2명은 소폭 올랐다고 답했다.

곽노성 동국대 국제통상학과 교수는 "민주화가 진전되고 모든 사람이 자기 의견을 말하게 되면서 대내 갈등 조정이 점점 힘들어지고 있다"고 분석했다. 최철규 IGM협상스쿨 부원장은 "협상 내용을 홍보하고 이해당사자를 설득하는 노력을 체계적으로 해야 한다"고 말했다.

이와 함께 전문가들은 통상교섭본부를 제외한 타(他) 부처의 협상 능력이 상대적으로 떨어지는 점과 협상학에 대한 이해가 선진국에 비해 미진한 점을 앞으로 개선해야 할 과제로 꼽았다. (동아일보, 2009.7.18)

훌륭한 팀은 사람과 비교할 수 없다

- Tom Peters -

CHAPTER 09

국제협상자의 자질과 국제협상팀

1. 국제협상자의 자질

1) 국제협상자는 타고나는 것이 아니고, 양성되는 것

유능한 협상자는 천부적인 재질을 타고 나는 것이 아니고, 협상을 체계적으로 학습하고, 연습함으로써 협상능력을 향상시킬 수 있다. 이는 미국의 대학원 MBA 과정에서 협상교육 및 훈련의 실효성을 통해 확인되었다(장대환, 1998: 3). 능력이 뛰어난 협상자는 고통스러운 훈련과 많은 경험을 통해 자신의 협상능력을 발전시킨다(Claude, Cellich, 2006).

표 국제협상가에게 필요한 자질

- 인간성: 상호이해라는 바탕 위에 성립하는 신뢰관계가 협상의 토대
- 적극성: 어려운 일에도 과감하게 임하는 적극성
- 판단력: 적합하고 신속한 판단을 할 수 있는 능력
- 대응력: 상황의 변화에 유연하게 대응하는 능력
- 긍정적 사고: 실패한 경험도 다음 기회에 살릴 수 있는 능력
- 리더십: 사람을 움직이는 리더로서의 자질

자료: Yutaka Shatari(2001)

2) 자신이 잘하는 협상유형의 파악

특히 협상의 유형에 따라 협상자는 자신의 능력을 발휘하기도 하고, 실패하기도 한다. 예를 들어 협상자에 따라 파이 키우기를 잘하는 협상자가 있고, 파이 나누기를 잘하는 협상자가 있다. 또한 거래성립을 잘하는 협상자가 있고, 분쟁해결을 잘하는 협상자가 있다. 그리고 1회성 협상을 잘하는 협상자가 있고, 지속적인 관계를 맺는 협상을 잘하는 협상자가 있다(Michale Watkins, 2006: 234).

한 협상자가 모든 유형의 협상을 다 잘 할 수는 없다. 따라서 협상자는 자신이 잘 할 수 있는 협상유형을 정확히 파악하고 부족한 부분을 보완해야 된다. 또한 조직에서도 협상팀을 새롭게 구성할 때 협상의 유형에 맞게 협상자들을 선발해야 한다.

❙표❙ 서로 다른 협상스타일의 장점과 약점

	강 점	약 점	적합한 상황
회 피 형	· 무관심을 보임 · 우선 위험을 평가함 · 낮은 니즈를 가짐	· 결정은 내릴 수 없음 · 협상을 좋아하지 않음 · 준비에 실패함	· 부당한 거래 자체를 꺼릴 때 · 사안이 중요하지 않아 시장을 시험해 볼 때 · 승산이 없는 상황을 피하고자 할 때
몽상가형	· 관계를 추구함 · 상대에 대해 관심을 표현함 · 친선에 가치를 둠	· 잘되기를 원함 · 쉽게 인정함 · 자신의 비용을 들여서라도 관계를 유지함 · 너무 많은 것을 줌	· 신규시장 진출을 할 때 · 관계 지향적 시장에서 거래를 할 때
입씨름형	· 빠른 결정을 내림 · 거래하는 것을 좋아함 · 강한 태도가 없음 · 거래가 쉬움 · 대안에 대해 열린 마음을 갖고 있음.	· 윈-루즈 지향 · 낮은 결과를 인정 · 빠른 결과에 만족해 함 · 단기적 결과 선호 · 쉽게 포기함	· 협상 자체를 빠져 나오고자 할 때 · 토의를 다시 시작할 때 · 사안들이 중요하지 않을 때 · 빠른 결정을 내려야 할 때
경쟁가형	· 위험을 무릅쓰는 모험가 · 자신의 니즈를 소원함 · 토의를 조절함. · 설득적이고 집요함 · 압박을 즐김	· 상대방에 대한 관심이 없음 · 대개 단기 지향적임 · 포지션 변화를 꺼려함 · 종종 결렬을 이끔	· 빠른 결정을 내려야 할 때 · 경쟁적인 시장일 때 · 비슷한 스타일을 이용할 때
문 제 해 결 형	· 정보를 공유함 · 가치를 창출함 · 윈-윈 방식을 추구함 · 선택안들을 발전시킴 · 경청하는 기술이 있음 · 질의를 많이 함	· 시간이 걸려 결정하는 사람 · 세부 사항을 간과함 · 시간에 있어서 비현실 · 시간을 요함 · 준비를 요함	· 장기간 거래를 할 때 · 비즈니스가 반복될 때 · 복합한 협상일 때 · 중요한 거래일 때

자료: 양유석(2003)

3) 유능한 협상자가 되기 위한 학습기술

협상의 경험(experience)이 많은 사람은 전문성이 높고 유능한 협상자인가? 답은 반드시 그렇지 않다. 협상의 경험은 협상자의 능력중에 중요한 부분이다. 그러나 협상자가 어떤 경험을 했고, 그 경험을 어떻게 활용하는가에 따라 협상경험이 협상자의 능력을 향상시켜 줄 수도 있고, 오히려 약화시킬 수도 있다.

예를 들어 성공한 협상경험은 자칫 협상자에게 자신감을 넘어선 자만감을 주어 다른 협상에서 실수로 인한 실패를 안겨줄 수 있다. 또한 자신이 경험하지 못한 새로운 상황에 직면하면 경험은 무용지물이 되고 만다.

남미국가와 협상한 경험이 많은 협상자가 동남아 국가와 협상을 할 때 동남아 국가에 대한 이해와 학습없이 협상에 임한다면 남미국가와의 협상경험은 동남아 국가와의 협상에 큰 도움이 안될 뿐만 아니라 오히려 부작용을 유발할 수 있다.

이처럼 협상에서 경험은 어떻게 활용하느냐에 따라 협상의 결과가 달라 질수 있다. 따라서 유능한 협상자가 되려면 경험으로부터의 학습(learning from experience)을 통해 자신의 협상경험을 전문지식(expertise)으로 전환해야 된다(안세영, 2006).

협상자는 협상경험을 체계화하는 개념적인 틀을 만들어야 경험을 통해 교훈을 얻을 수 있다. 그러한 틀이 없으면 협상스타일은 개인의 성품에 따라 고착되고, 협상에서 취약함이 개선되지 않는다(Michale Watkins, 2006: 245).

이를 위해서는 협상자는 자신의 협상경험을 체계적이고 구체적으로 개념화하고 특히 실패경험과 성공경험을 명확히 구분해야 된다. 많은 협상자들은 자신의 협상경험을 성공적인 면만 부각시키고, 실패경험은 잘 인정하지 않거나 협상 환경이나 남의 탓으로 돌리는 경우가 많다.

유능한 자신이 경험한 협상의 실체를 분명히 하고 협상자는 협상의 경험으로부터 성공요인과 실패요인, 자책요인과 타책요인을 명확히 구분하여 자신이 경험한 협상으로부터 학습한 내용을 전문지식으로 발전시켜야 한다.

| 그림 | 학습형 협상자와 비학습형 협상자의 차이

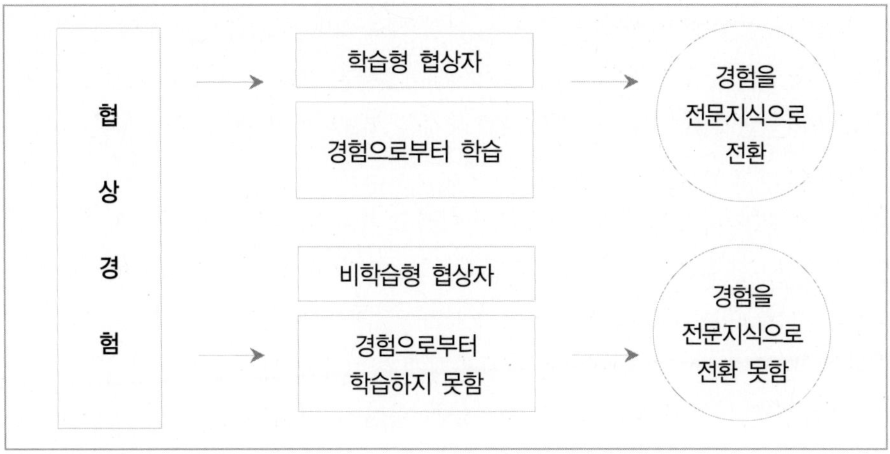

| 표 | 경험과 전문지식의 한계

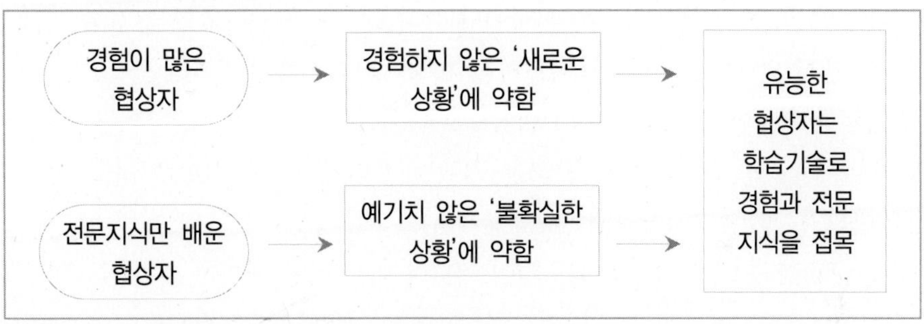

| 표 | 협상 경험과 유능한 협상자 간의 관계

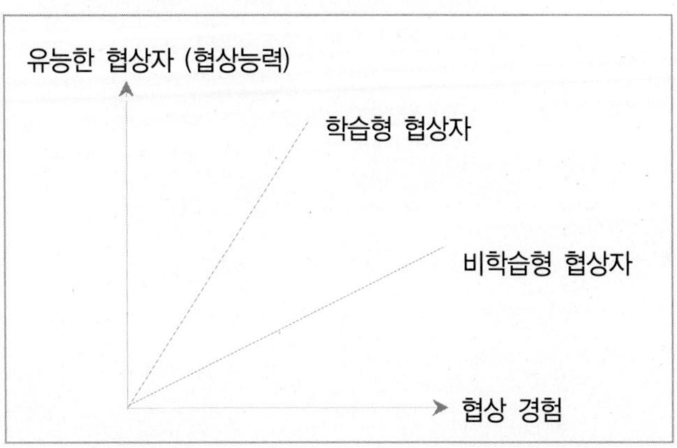

자료: 안세영(2006)

4) 협상에서의 도덕성과 일상의 도덕성의 구분

협상자의 일상생활에서의 도덕성과 협상 테이블에서 도덕성을 동일시해서는 안된다. 협상은 일종의 게임이다. 프로 야구게임에서 투수가 포수와 짜고 타자에게 유인구를 던져 타자를 아웃시켰다고 투수를 부도덕한 사람이라고 말하는 사람은 없다.

설사 투수와 타자가 같은 학교 출신이라고 하더라도 투수는 비난의 대상이 될 수 없다. 정해진 야구경기의 규칙에 의해 양팀이 최선의 전략으로 최고의 경기를 하는 모습은 칭찬의 대상이지 비난의 대상이 되지 않는다.

협상에서도 협상자가 합법적인 테두리내에서 협상을 자신에게 유리하게 이끌고 가기 위해 자신의 감정을 숨기는 행위 등은 비난의 대상이 될 수 없다.

특히 협상자가 본국 정부나 본사를 대표하여 외국에서 국제협상을 하는 경우 비도적 협상 행위가 모국이나 자사(good for your firm, your country)에 이익이 있거나, 비도덕적 행위를 하도록 본국이나 본사로부터 통보를 받았을 경우 협상자는 본인의 의사와 상관없이 비도덕적 협상 행위를 해야 된다.

협상자는 본국이나 본사 조직의 이익을 위하여 본국이나 본사로부터 협상권을 위임받아 협상 상대방과 협상을 하는 것이지 개인자격으로 협상을 하고 있는 것이 아니기 때문이다(Richord Shell, 2006).

협상은 협상 상대방과 대립하는 것이 아니라 협상 사안 때문에 대립하는 것이 때문에 협상자는 협상에서 대립의 대상을 you에서 발표(presentation)나 제안(proposal)으로 해야 된다(임향옥, 2008).

| 표 | 비도덕적 협상행위에 대한 하버드 MBA 학생들의 대답

비도적 행위의 유형	응 답
제 3자를 통한 협상 상대방의 정보 획득	당연히 하겠다
상대에게 본심(bottom line)을 숨김	당연히 하겠다
사실은 급한 상황인데도 전혀 급하지 않은 것처럼 위장	하겠다
제3자에게 돈을 지불하고 상대의 정보 획득	하겠다
상대를 거짓으로 위협함	필요하면 하겠다
의도적으로 상대에게 거짓 정보를 흘림	필요하면 하겠다

자료: Lewickj etc(1999).

2. 협상팀의 구성 요건

결국 협상은 사람이 하는 것으로 협상팀을 어떻게 구성하는가가 협상의 성패를 좌우한다. 협상팀을 어떻게 구성할 것인지, 누가 발언할 건지, 팀원들은 각각 어떤 역할을 할 것인지, 전문가의 도움은 어떻게 받을 것인지 등 체계적인 준비가 필요하다(임향옥, 2008).

국제협상에 임하는 협상팀은 전문지식 뿐만 아니라, 상호 보완적인 능력을 가진 팀원들로 다양하게 구성되어야 한다. 다재다능한 맥가이버가 영화 속에는 존재하지만, 현실적으로 한 사람이 모든 능력을 겸비할 수는 없다. 다양한 의제와 동태적인 협상과정에서 협상자 한 사람이 의제에 관한 전문지식, 내외부 협상자 간의 이해관계 조율, 교섭력을 모두 갖출 수는 없다.

특히 국제협상의 경우 다양한 분야의 협상의제를 다루는 경우가 많아 협상팀의 구성이 무엇보다 중요하다. 국제협상이 성공적으로 이루어지려면 팀원간의 상호 보완적인 협력이 무엇보다 필요하다.

3. 효율적인 국제협상팀의 구성

국제협상팀 = 협상실무팀 + 협상지원팀

1) 협상자의 선발

협상에 참여할 협상대표와 협상 팀원을 선발하는 기준은 문화에 따라 상당한 차이를 보이고 있다. 문화에 따라 협상자를 선발 할 때 성별, 나이, 경험, 전문지식, 연공서열 등의 기준에 대한 중요성과 우선순위가 달라질 수 있다.

예를 들어 아랍문화권에서는 협상자를 선발할 때 나이, 가족관계, 성별, 지위가 다른 요인보다 우선 고려된다. 이에 비해 미국에서는 협상 현안에 대한 전문지식, 협상경험, 지위가 협상자를 선발할 때 우선적으로 감안된다(Cellich I Jain, 2005).

과거에 협상당사자들 사이에 긍정적인 관계를 맺었는가는 미래의 협상에 지대한 영향을 미친다(Claude Cellich, 2006). 이처럼 협상팀이 어떤 사람들로 구성되었는가는 협상의 성패에 지대한 영향을 미친다.

협상자의 선발형태, 협상팀의 구성, 협상팀 내부의 역할배분, 팀원간의 힘의 배분, 협상 당사자에게 요구되는 자질 등은 각 나라의 문화에 따라 다종다양한 형태를 보이고 있다(장대환, 1998: 66).

국제협상은 같은 협상의제를 가지고도 협상팀의 인적구성에 따라 다양한 결과를 초래할 수 있고, 협상팀원의 역량에 따라 동태적인 협상력은 협상과정에서 변동된다.

Check Point **협상팀은 多多益善이 좋은가?**

과거 삼국시대 전쟁을 할 때 대군을 거느리는 장수는 상대적으로 적은 수의 군사로 전쟁을 치루어야 하는 적장에 비해 절대적 우위에 서게 된다. 물론 역사적으로 항상 대군이 승리를 하는 것은 아니지만, 전쟁에서 군사 숫자는 많으면 많을수록 유리한 것만은 역사적 사실이다.

그렇다면 국제협상에서도 협상팀원은 많으면 많을수록 좋은가?

일반적으로 국제협상을 임하는 협상팀원의 숫자가 너무 많으면 신속하게 의견을 조율해서 외부협상을 할 수가 없다. 따라서 국제협상에서 협상팀의 구성은 숫자가 중요한 것이 아니고, 적정규모로 최소화해야 된다.

협상팀을 적정규모로 최소화하려면 협상에 지속적으로 참가하는 협상참가팀과 배후에서 지원하는 지원팀을 체계적으로 조직하고 유기적으로 결합시키는 방안을 마련해야 된다.

4. 국제협상에서 협상대표의 역할

적절한 협상팀의 구성 + 협상대표에게 권한 위임 → 효율적인 협상의 필수요소

국제협상에서 협상대표는 본사나 본국의 입장을 대표하는 역할을 한다. 그런데 이러한 협상대표의 권한과 의무는 정부 및 기업의 협상 운영형태와 협상 사안에 따라 다양하게 나타난다.

국제협상에 협상대표로 참가하는 협상자는 내부조직의 당사자들의 정확한 이해관계를 파악해야 한다. 그렇지 않으면 내부조직내의 여러 가지 이해관계의 차이를 모른 채 협상에서 최종 타협안에 동의하는 실수를 하게 된다[42].

또한 협상대표에게 어느 정도의 권한이 위임되었는가에 따라 협상대표가 협상을 탄력적이고, 일관되게 추진할 수 있는가가 정해진다. 그리고 협상대표에게 권한 위임의 정도는 다양한 분야의 전문가들로 구성된 이질적인 협상팀원간의 잠재된 갈등과 상이한 의견을 조율하는데 지대한 영향을 미친다.

물론 협상 대표자에게 권한이 적게 위임되었을 경우 협상 대표자 본인은 양보를 하고 싶지만, 최종결정권자가 아니라는 핑계로 더 많은 양보를 얻어낼 수도 있다(임향옥, 2008). 따라서 협상대표의 지위와 권한은 협상의제와 협상팀원들의 지위를 감안하여 적절하게 이루어져야 된다.

Check Point **bottom-up 협상전략 ⟷ top-down 협상전략**

비즈니스 협상에서 CEO가 협상에 어느 정도, 어떻게 관여하는 것이 효과적인가? CEO가 협상 전에 협상에 대한 결론을 이미 내고, 협상대표가 협상에 임하게

42) Michale Watkins, Shaping the game, Harvard Business School Press. 2006, p.53.

되면 실무진은 협상에서 운신의 폭이 줄어든다.

또한 CEO가 실무진에게 협상의 전권을 준 경우 실무진은 협상과정을 탄력적으로 운영할 수 있으나, 비즈니스의 큰 그림을 간과할 수 있다. 이처럼 CEO가 협상의 모든 전략을 상명하달식으로 전달하는 top-down 협상전략과 협상의 모든 전략이 실무진으로부터 CEO에게 전달되는 bottom-up 협상전략은 모두 장단점을 갖고 있다.

따라서 가장 이상적인 협상전략은 두 가지 방식의 각각의 장점은 극대화하고, 단점은 최소화하는 이원적(two-track) 협상전략을 사용하는 것이 좋다. 이원적 협상전략은 CEO와 실무진이 각각의 역할을 분담하여 협상을 동시에 진행하는 것이다(안세영, 2006). CEO는 협상의 기본원칙과 같은 큰 그림을 그려주고, 세부적이고, 전문적인 사안은 실무진이 CEO가 그려놓은 협상의 큰 그림에서 추진하면 협상을 탄력적으로 추진하면서도 협상의 기본 목표에 충실할 수 있다.

Check Point walk-away point, reservation price

많은 사람들이 협상은 시작하면 무조건 타결을 해야 되는 것으로 생각한다. 그러나 협상을 진행하면서 드는 추가비용이 협상이 합의에 도달했을 때 얻는 이익보다 적다면 협상을 포기해야 한다[43].

유능한 CEO는 협상실패와 매몰비용(sunk cost)을 수용하는 협상문화를 정착해야 한다. 협상대표가 협상을 중단하는 것이 회사에 이익이 된다는 판단이 서면 그동안 협상과정에 쏟아 부은 비용과 시간은 매몰비용으로 처리하고 협상대표가 협상장을 가벼운 마음으로 걸어 나올 수 있게 해야 한다(hainz, 2005).

협상은 좋은 결과를 얻기 위해서 하는 것이지, 협상을 위한 협상이 되어서는 안된다. 협상자가 협상과정에서 협상 상대방의 입장과 다양한 정보 등을 종합한 결과 협상을 진행하는 것보다는 협상을 중단하는 것이 국익이나, 회사의 이익에 부합된다고 판단될 때에는 미련없이 협상장을 박차고 나올 수 있는 권한이 협상대표에게 위임되어 있어야 한다.

이처럼 협상대표에게 협상을 중단할 수 있는 권한을 사전적으로 주어 협상대표가 협상을 거시적인 관점에서 탄력적으로 운영할 수 있는 전략을 walk- away

43) Michale Watkins, Shaping the game, Harvard Business School Press. 2006, p.49.

전략이라고 한다. reservation price는 협상 전에 적어도 이 정도는 얻어내야 한다는 마음가짐이다. 따라서 walk-away point는 reservation price이다(임향옥, 2008).

Check Point 하향식 합의 ⟷ 상향식 합의

협상자가 협상 상대방의 의사결정을 미리 예측하고 이러한 협상 상대방의 의사결정과정을 자신에게 유리하게 하려면 협상 상대방의 협상 조직내의 의사결정의 유형을 정확히 파악해야 한다. 즉, 집단의사결정 형태인가, 개인의사결정 형태인가를 파악해야 한다(장대환, 1998: 66).

합의방식은 협상자의 스타일에 따라 두 가지 형태로 구분할 수 있다. 첫째, 기본적인 원칙에 합의를 한 다음에 세부적인 사안에 대해 합의를 이루어 도출한다. 둘째, 각론적이고 세부적인 내용에 하나 하나 합의를 하고 이러한 개별 합의들을 종합적으로 모아 계약을 체결한다(Cellich I Jain, 2005).

Check Point Escalating authority tactics

국제협상에서 협상대표에게 전권을 주면 협상대표는 협상을 탄력적으로 진행할 수 있으나, 협상 상대방으로부터 최종 결정의 압력을 받을 수 있다. 그런데 반대로 협상대표에게 위임된 권한이 제한적이면, 협상대표는 협상 상대방으로부터 양보나 최종결정의 압력을 받을 때 최종결정권이 자신에게 없음을 밝히고, 양보와 최종 결정을 미루면서 본사나 본국으로부터 단계적 승인(Escalating authority tactics)을 얻을 수 있다.

5. 국제협상 팀원의 자격요건

국제협상팀원의 자격 = 기획력, 추진력, 협상력

유능한 협상자는 협상 상대방을 다루는 방법을 알고 있을 뿐만 아니라 이 러한

방법을 협상 상황에 맞추어 적용할 줄도 알아야 한다. 그리고 유능한 협상자는 협상과정에서 협상의 진행속도와 협상방법을 변화시킴으로써 협상의 효율성을 높일 줄 알아야 한다(장대환, 1998:29).

다양한 의제를 장기간에 걸쳐 논의하는 국제협상에서 협상을 종합적이고 끈기 있게 추진하기 위해서는 협상에 임하는 팀원들의 다양한 역량이 시너지효과를 발휘해야 된다.

일반적으로 협상팀에게 필요한 역량은 기획력, 추진력, 교섭력이다. 그런데 이러한 모든 역량을 협상자 한 사람이 다 갖고 있을 수는 없다. 설사 이런 모든 역량을 협상자 한 사람이 고루 갖추고 있다고 하더라도 협상자 한 사람이 협상과정에서 이러한 역량을 시의적절하게 마음껏 발휘할 수는 없다.

따라서 협상팀원들을 구성할 때 협상과정에서 팀원들이 이러한 역량들을 발휘할 수 있게 체계적으로 구성하고, 명확한 역할 분담을 해야 한다.

❙표❙ 유능한 협상자가 갖추어야 할 자질

순위	자 질	평균응답
1	협상계획 수립과 준비 능력	4.8
2	협상 현안에 대한 지식	4.5
3	불확실성과 압력 하에서도 명쾌히 협상할 수 있는 능력	4.5
4	듣는 기술(listening)	4.4
5	판단능력과 지적 능력	4.3
6	설득 능력	4.1
7	인내심	4.0
8	단호한 의사결정 능력	3.9
9	상대의 존경과 신뢰를 얻을 수 있는 능력	3.8
10	감정 통제 능력	3.8
11	상대의 감정을 꿰뚫어보는 능력	3.8
12	협상팀 통솔 능력	3.6
13	개방적 성격	3.5
14	승부 근성	3.5

주 : 34개 응답 중 중요한 것만 14개 선정하였으며, 평균 응답은 5점 척도 기준임.
자료 : Raiffa, Howard. The Art and Science of Negotiation, The Belknap Press of Harvard University Press, 2000, p.121.

Check Point **흥분과 협상자**

쉽게 흥분하는 천성을 타고난 사람에게 협상을 맡겨서는 안된다. 협상과정에서 예기치 못한 상황이 벌어졌을 때 자신의 감정을 다스리는 일은 매우 중요하다.

특히 협상 상대방이 심기를 건드리는 말을 했을 때 협상자는 자신을 통제할 줄 알아야 한다. 협상과정에서 자신을 현명하게 통제할 줄 알고 언제나 냉정을 기할 줄 아는 협상자는 가볍고 쉽사리 흥분하는 협상자에 비해 같은 무기를 가지고 싸우는 것이 아니다(프랑스아 드 칼리에르, 2000). 흥분을 가라앉힐 수 있는 협상자가 대포를 가지고 협상에 임한다면 쉽게 흥분하는 협상자는 소총을 가지고 협상에 임하는 것이나 다름없다.

1) 협상 교섭력

교섭력 = 협상 창구역할자 및 중재자

교섭력은 협상자가 자신이 속한 조직과 상대 조직을 오가며 탄력적으로 협상의 타결을 높이는 역량을 의미한다. 교섭력은 맞선을 볼 때 중매장이와 같은 역할을 한다.

협상자가 양쪽을 오가며 이러한 역할을 하려면 무엇보다 협상 상대방으로부터 신뢰를 받을 수 있어야 한다. 이를 위해서 협상자는 상호호혜(mutual benefits)적인 협상대안을 가지고 협상 상대방과 접촉해야 한다.

2) 협상 추진력

추진력 = 협상 실무진에게 필요한 역량

추진력은 어떤 일이 난관에 봉착했을 때 포기하지 않고 행하는 역량이다. 국제협상은 다양한 문화적 배경을 가진 이해당사자들간의 협상으로 국내협상에 비해 상대적으로 협상이 난항을 겪거나 결렬될 가능성이 더 크다.

이처럼 국제협상에서 협상이 난관에 봉착했을 때 협상을 끈기있게 끌고 갈 수 있는 능력이 추진력이다. 국제협상에서 이러한 역량은 협상에 직접 임하는 실무진에게 필요하다. 실무진이 협상을 강력하게 추진하려면 무엇보다 본인이 담당하는 협상 현안에 대한 체계적인 지식과 다양한 전략이 밑받침되어 있어야 한다.

3) 협상 기획력

기획력 = 협상 대표에게 필요한 역량

일반적으로 기획력은 어떠한 사안을 종합적으로 볼 수 있고, 판단할 수 있는 역량을 말한다. 기업체에서 종합기획실의 업무는 회사전체의 큰 그림을 그리는 역할을 한다. 그리고 이러한 기획실의 큰 그림속에 회사의 다양한 부서들이 각자의 그림을 큰 그림 속에 집어 넣는다.

국제협상에서 기획력은 다양한 의제를 장기간에 걸쳐 논의하는 큰 틀을 제공한다. 이러한 기획력은 협상팀원 중에서 협상대표에게 필요한 역량이다. 따라서 협상대표를 선발할 때는 무엇보다 기획력을 우선시해야 한다.

동태적인 협상과정에서 협상대표가 기획력이 부족하여 협상의 전체적인 틀에서 중요한 결정을 내리지 못하고, 미시적이고 지엽적인 특정사안에 매몰되어 큰 그림을 보지 못하고 잘못된 판단을 한다면 협상은 실패하고 만다. 기획력이 뛰어난 협상대표는 협상 전과정에 대한 밑그림을 가지고 협상의 완급 조정을 하고, 시의적절한 제안과 대안의 제시로 협상을 주도적으로 이끌고 간다.

I 표 I 협상력을 향상시킬수 있는 협상기술

- 적절히 자기의 강한 의도를 표현하라
- 강한 의도를 나타내는 중에도 이성을 잃지 말라
- 상대방과의 관계를 손상시키지 않는 범위 내에서 단호히 얘기하라
- 잘 듣게 하기 위해서는 명확하게 얘기하라
- 듣는 것과 질문을 효과적으로 해라

자료: 장대환(1998).

Check Point **학식과 협상자**

협상과정에서 협상자의 풍부한 학식은 대화를 품격있게 장식할 뿐만 아니라 협상을 진행하는데 역사적 배경을 마련해 준다. 이에 비해 학식이 없는 무지한

협상자는 협상과정에서 자기주인의 의도 이외에는 아무것도 협상과정 중에 인용할 수 없어 자신의 주장을 거칠고 무미건조한 형태로밖에 제시할 수 없다(프랑스아 드 칼리에르, 2000).

협상에세이

"국제협상력 갖춘 인재 키우자"

대우자동차의 이어 한보철강의 해외매각이 실패하자 정부 및 경제계 관계자들의 국제협상력 결여와 그 책임론이 도마에 올랐다.

대우자동차나 한보철강 매각 협상에서 채권단이 저지른 최대 실수는 본계약 체결시 계약파기 위약금 등의 구체적 제재조항을 두지 않아 상대방이 계약종료 단계에서 일방적으로 계약을 파기해도 손해배상 청구를 불가능하게 만들었다는 것이다.

대우차 매각이 실패한 중요한 원인 중 하나로 채권단이 포드에만 매달린 미숙한 협상기술을 꼽는 시각도 많다. 채권단이 제너럴모터스(GM)와 현대-다임러크라이슬러 컨소시엄을 2, 3순위 협상 대상자로 정했다면 포드가 쉽사리 포기하지 않았을 수도 있다는 얘기다.

포드의 제안 가격이 공개되도록 한 것도 국제거래의 기본을 모르는 무지의 극치였다. 여기에 2차 협상을 앞두고 정부 부처와 채권단이 선인수 후정산이나 1개월 내 조기매각 등의 확정되지도 않은 방침을 경쟁이나 하듯 멋대로 발설함으로써 협상력을 떨어뜨리는 데 일조했다.

수십억 달러에 이르는 한국의 간판급 기업들을 국제입찰에 내놓으면서 보증금 한 푼 못받고 모든 정보만 송두리째 넘겨준 우리의 협상력이 새삼 참담하게 느껴진다.

미국이나 북유럽 등 인간적인 관계에 얽매이지 않고 철저하게 결과 지향적인 거래에 초점을 맞추는 문화권에 속하는 사람들은 협상을 할 때 추후에 일어날지도 모르는 오해나 문제점들을 사전에 불식하기 위해 문서로 된 합의문에 도달할 때까지 항목 하나하나에 온갖 심혈을 기울인다.

특히 미국인들은 어떤 협상에서 의견대립이나 논쟁이 일어날 때 인간적인 관계에 얽매이지 않고 오로지 계약서에 입각한 법률적 대응으로 일관한다.

따라서 미국 회사들은 협상테이블에 나갈 때 전문변호사를 대동해 계약서 합의문을 하나하나 일일이 검토하며 문제점을 발견할 때마다 전문가에게 자문한다.

이에 반해 화합이나 일치를 중시해 인간적 관계에 초점을 맞추는 한국과 같은 문화권에서는 이런 태도가 상대방을 못미더워하는 행위로 간주되기 쉽다. 따라서 계약조항을 꼼꼼히 챙기기보다는 상대방에 대한 인간관계나 유대에 치중한 나머지 파티나 술자리에 더 신경을 쓴다.

그래서 한국 사람들은 협상테이블에서 전문가를 충분히 활용하지 못하고 협상 배후에서 적당히 자문하거나 계약합의서가 이뤄진 후 뒤늦게 잘못된 점을 발견하고 야단법석을 떠는 일이 비일비재다.

지금까지 추진해온 대우차와 한보철강의 해외매각은 이제 물 건너간 것으로 보인다. 협상 미숙에 따른 책임론을 아무리 따져봤자 소 잃고 외양간 고치는 꼴이다.

우리는 너나할 것 없이 항상 큰일을 당한 뒤 뒷북만 쳐왔다. 더 이상 한국이 세계시장에서 조롱거리로 전락하기 전에 언어 문화적으로 다변화된 유능한 국제협상 능력을 갖춘 인재를 많이 양성하는 것만이 우리의 협상능력 부족을 해소하는 길일 것이다. (동아일보, 2000.10.10)

Check Point　Good cop ⟷ Bad cop

경찰이 피의자를 심문할 때 피의자의 자백을 받으려면 팀워크가 필요하다. 즉, 피의자를 윽박지르는 역할을 하는 경찰과 피의자를 달래주는 역할을 하는 경찰이 필요하다. 협상팀내에서도 이러한 Good cop과 Bad cop의 역할을 하는 협상자가 각각 있어야 된다.

Check Point　stabilizer, destabilizer, mediator

일반적으로 협상대표단의 구성은 타협자(stabilizer)와 비타협자(destabilizer) 그리고 조정자(mediator)로 구성되어야 한다. 협상팀내에서 타협자는 협상실패의 악영향을 우려하여 어떠한 비용을 감수하더라도 합의에 도달하려고 한다.

비타협자는 협상 상대방의 어떠한 조건에도 응하지 않는 비타협적인 자세를 보인다. 조정자는 타협자와 비타협자의 중간에 서서 양자를 조정하는 역할을 하여 좋은 협상결과를 얻으려고 시도한다(장대환, 1998: 321).

미국 비즈니스맨들은 상대방의 협상문화를 이해하려는 노력이 부족하다. 이러한 미국 비즈니스맨들의 협상 태도는 미국이 세계 최고국가라는 자만심의 결과이다. 미국 비즈니스맨들은 자주 세계표준(global standard)이 미국표준(American standard)이라고 생각하고 있다.

표 미국 협상자의 자질평가

평가 항목	평가 학점
개인적 자질, 청렴도	A-
성취동기	B+
협상준비	B-
영어사용 능력(외국인에게 쉬운 어휘 사용)	C
문화(cultural IQ)	D
현지 문화에 순응한 협상 진행 능력	D
외국어(영어 이외) 습득능력	F

자료: Harris & Moran(1999).

6. 국제협상에서 여성의 역할

전통적으로 동양에서 유능한 협상자는 남성들의 전유물이었다. 또한 근대, 현대들어서도 대외협상 대표와 협상팀원들은 대부분 남성들로 구성되어 있다.

그러나 서양에서는 협상대표가 여성인 경우도 많고, 협상팀원들도 유능한 여성들로 많이 구성되어 있다. 미국 USTR의 대표는 카라힐스, 바세프스키와 같이 여성들이 많았고, 북유럽 등의 협상대표들도 여성들이 많다.

또한 최근 들어서는 우리나라를 포함한 동양에서도 국제협상에서 여성의 역할은 증대되고 있다. 이처럼 국제협상에서 여성의 역할이 증대되고 있는 것은 여성들의 타고난 침착함, 꼼꼼함, 섬세함 등이 남성들이 협상과정에서 놓치기 쉬운 부분을 보완할 수 있기 때문이다.

미국의 여성협상대표와 한국의 남성협상 대표

그리고 서양의 협상팀은 의도적으로 여성을 대표로 내세우거나 중요한 협상에 여성을 협상실무자로 투입시키는 경우가 많다. 가장 큰 이유는 동양의 남성들이 체면때문에 여성들과 격론을 벌이는 것을 싫어하고, 더욱이 여성과 다툼을 꺼리기 때문에 양보를 용이하게 받아낼 수 있기 때문이다.

그러나 아랍문화권과 협상을 할 때 협상 팀원중에 여성이 있으면 아랍의 협상 상대방이 상당히 불편해 할 수도 있다(임향옥, 2008).

힐러리 미 국무장관

신라 미실과 선덕여왕

박근혜 대표와
라이스 미 국무장관

김종훈과 캐서린애슈턴

7. 국제협상과 통역

국제협상에서는 통역을 활용하는 것이 좋다. 그런데 가능하다면 통역도 협상분야의 전문통역을 활용해야 한다. 예를 들어 영문학을 전공한 통역이 월스트리트의 금융은어(Jargon)을 정확하게 이해할 수는 없다(장대환, 1998:6).

또한 통역을 고용한다면 어느 측에서 고용할 것인지를 정해야 한다. 통역사가 결정되면 통역사에게 충분한 정보를 제공해야 한다. 예를 들어 비즈니스 협상에서 협상의 목표가 가격인하가 아닌 장기관계의 구축인 경우 협상자는 통역사에게 이러한 정보를 미리주어야 소기의 목적을 달성할 수 있다(임향옥, 2008).

일반적으로 언어는 문화와 관련되어 있기 때문에 한 언어의 의미를 다른 언어에서 정확히 번역하기가 어려운 경우가 많다. 또한 동일한 언어를 사용하는 국가 간의 협상이라도 문화가 다르면 동일언어가 다른 의미로 전달될 수 있으므로 미국, 영국, 말레이시아, 필리핀, 인도와 같은 영어 사용권 국가라 할지라도 통역을 두는 것이 효과적이다(장대환, 1998: 68).

협상과정에서 언어에 능통한 협상자는 순발력이나 주도권에서 협상 상대방에게 뒤지지 않는다. 그러나 협상에서는 아무리 언어에 능통한자라도 전략적으로 통역을 활용하는 것이 좋다.

통역이 협상 상대방의 말을 통역하는 동안 협상자 자신은 답변을 준비하고, 또한 자신의 말을 통역하는 동안 협상 상대방의 표정과 반응을 살필 수 있기 때문이다. 또한 협상자 자신이 협상에 불리한 표현을 했을 경우 통역의 실수로 만회할 수 있다(최윤희, 1999).

협상에세이

대통령 통역의 빛과 그림자

노무현(盧武鉉) 대통령의 영어 통역을 맡고 있는 이성환 외무관은 지난해 12월 엘리자베스 2세 영국 여왕과 함께 영국 왕실의 황금마차를 탔다. 영국 왕실은 1년에 두 차례만 국빈방문 기회를 허락한다. 국빈방문 때만 탑승이 허용되는 황금마차는 세계 각국의 정상들조차 재임 중에 한 번 타볼까 말까 하는 선망의 대상이다.

대통령의 통역은 겉으로 보기엔 이렇듯 화려하지만 이면은 긴장의 연속이다. 주로 외교관들이 맡는 대통령 통역에 대해 외교관 자신들은 "잘해야 본전"이라고도 한다. 잘해도 외교관이고, 못하면 '국가적인 사고'로 이어질 수 있기 때문이다.

▽ 'YS는 못 말려' = 김영삼(金泳三) 전 대통령은 특유의 거침없는 말로 통역들을 가장 곤혹스럽게 했던 대통령으로 꼽힌다.

1993년, 지금은 타계한 프랑수아 미테랑 프랑스 대통령이 국빈 방한했을 때의 일이다. 당시 회담의 주요 의제는 '외규장각 도서반환'이었다. 프랑스 측은 한번도 '반환'이란 표현을 쓰지 않으며 '교환대여'라고 말했는데 YS는 만찬 때 돌연 "오늘 정상회담에서 미테랑 대통령이 외규장각 도서를 반환키로 약속했다"고 폭탄선언을 해버렸다. 통역을 맡은 외무부 심의관은 이 발언을 그대로 전했다가는 외교문제가 생길 것으로 판단하고 "양국 간 기술적인 추가합의를 거친 후 도서가 돌아올 것"이라고 통역했다.

1996년 말 YS가 말레이시아를 방문했을 때의 에피소드. 당시 YS는 공직자 골프금지령을 내린 상태였다. 그런데 말레이시아 국왕과 외무장관이 한국 대사를 가리키며 "골프를 너무 잘 쳐 인기가 최고다"고 칭찬한 것. YS의 표정은 굳어졌고 대사는 안절부절못했다. 그러자 통역이 "국왕이 대사의 골프 실력을 칭찬하는 것을 보면 골프가 외교활동에 많은 도움이 되는 것 같다"고 분위기를 잡았다. YS도 잠시 생각을 하더니 "국왕 각하, 우리 대사를 잘 부탁합니다"라며 얼굴을 폈다.

▽ '밥통과 주통' = 통역들 사이에서 밥통은 '밥을 먹으면서 하는 통역', 주통(走通)은 '조깅하면서 하는 통역'을 말한다. 오찬이나 만찬행사 때 하는 밥통은 가장 어려운 통역으로 꼽힌다. 사전에 의제가 정해져 있는 것이 아니라 음식 얘기를 비롯해 워낙 다양한 주제로 대화가 이루어지기 때문.

노태우(盧泰愚) 대통령 시절 국제축구연맹(FIFA) 회장 부인이 노 대통령의 부인 김옥숙(金玉淑) 여사와 만찬을 할 때였다. 이런저런 얘기를 하다가 장수를 상징하는 학 등이 수놓아진 베갯잇이 화제에 오르는 바람에 어떻게 통역을 해야 할지 몰라 난감했다고 당시 통역을 맡았던 권태면 통일부 외교자문관은 전했다.

▽릴레이 통역 = 2004년 11월 노무현 대통령의 라오스 방문 때였다. 노 대통령이 라오스 총리를 접견할 때는 라오스어를 할 줄 아는 한국인 통역과 한국어를 아는 라오스인 통역이 동원됐다. 그러나 양쪽 다 어휘가 달려 숫제 대화가 통하지 않는 일이 벌어졌다. 결국 양측은 다음 일정인 양국 정상회담 때는 '한국어-영어-라오스어'로 릴레이 통역을 하기도 했다.

▽통역은 그림자 = 대통령 통역의 철칙은 무엇보다 철저하게 그림자로만 존재해야 한다는 점이다. 대화를 나누는 정상들보다 튀어서는 안 된다. 정상들이 언론에 포즈를 취할 때 키가 큰 통역이 일부러 꾸부정하게 구부리는 것은 흔한 일이다.

여성 통역은 미모가 되레 부담이 되는 일도 있다. 노무현 대통령의 통역이었던 여성 공무원은 수려한 외모 때문에 청와대 사진기자들의 불만의 대상이 된 일도 있다. 정상회담에서 두 정상이 눈을 맞추고 있는 사진을 찍으려는데 자꾸만 외국 정상이 여성 통역 쪽으로 눈길을 주는 바람에 '앵글'을 잡기가 어려웠다고 한다.

▼ 대통령 통역 누가 하나

노무현 대통령의 통역 중 영어 일본어 중국어 프랑스어 스페인어 러시아어 아랍어 등 이른바 '7대 언어' 담당자는 외교통상부 직원이다. 단, 지난달 10일 한미정상회담에서 통역을 맡은 이성환 외무관은 대통령비서실 제1부속실 행정관으로 파견돼 있다. 이 외무관은 이태식(李泰植) 외교부 차관의 아들이다.

각각 일어와 중국어를 담당하는 서명진 신희경 외무관은 일본과 중국 정상이 참석한 '동남아국가연합(ASEAN)+3 정상회의' 개최 직전인 2003년 9월 3일 동시에 특채됐다. 7대 언어 이외 국가와의 정상회담 일정이 잡히면 외교부가 평소 확보하고 있는 A급 민간 통역전문가 중에서 적임자를 뽑는다. 대통령 통역인 외교부 직원에 대해서는 별도의 보수가 없다.

민간 통역자에 대해서는 상당한 보수가 지급되는 것으로 알려졌으나 외교부는 구체적인 액수를 밝히지 않았다.

대통령 통역자로 결정되면 보안각서도 쓰는 것으로 알려졌다. 대통령 통역의 자질을 묻는 질문에 "무엇보다 입이 무거워야 한다"고 답한 이성환 외무관은 통역 중 에피소드를 묻자 "말 못한다"며 입을 닫았다.

'頂上대화 조율사' 대통령의 통역들

"박진이, 니 통역 잘하그래이~."

1993년 7월 한국을 방문한 빌 클린턴 미국 대통령과 조깅을 마친 김영삼(金泳三) 대통령은 청와대 녹지원에서 클린턴 대통령에게 선물로 줄 친필 휘호를 써내려간 뒤 이렇게 말했다. 휘호를 본 박진(朴振 · 현 한나라당 국회의원) 당시 해외공보비서관은 당황했다.

'대도무문(大道無門).'

'정도를 걸으면 거리낄 것이 없다'는 이 말을 박 비서관은 먼저 "Righteousness overcomes all obstacles(정의로움은 모든 장애물을 극복한다)"라고 의역했다. 클린턴 대통령은 고개를 갸우뚱했다.

그래서 이번에는 "A high street has no main gate(큰 길에는 문이 없다)"라고 직역했다. 클린턴 대통령은 더욱 난해하다는 표정을 지었다. 그래서 다시 "A freeway has no tollgate(고속도로에는 요금정산소가 없다)"라고 미국식으로 설명했다. 그때서야 클린턴 대통령이 이해된다는 표정을 지으며 박장대소했다.

미국 국무부에서 30년 가까이 역대 미국 대통령, 또 북-미 접촉 시 한국어 통역을 담당했던 김동현(미국명 통 킴·69) 씨가 최근 은퇴하면서 대통령의 통역에 대한 관심을 불러 일으켰다.

대통령의 통역은 '피 말리는' 직업이다. 겉보기엔 화려하지만 말 하나, 토씨 하나 잘못 전달했다간 국가 대사(大事)가 틀어질 수 있다. 때로는 대통령의 잘못까지 잡아주는 '대화 조율사'의 역까지 맡아야 한다.

지난해 7월 제주도에서 열린 노무현(盧武鉉) 대통령과 고이즈미 준이치로(小泉純一郎) 일본 총리의 정상회담. 노 대통령은 정상회담 후 기자회견에서 "다케시마(竹島·독도의 일본명) 문제에 대해 어떻게 생각하느냐"는 일본 기자의 질문에 순간적으로 "다케시마 문제는…" 하고 말을 이어갔다. 그러자 한국 측 통역이 이를 "독도 몬다이와(독도 문제는)…"로 바로잡는 기지를 발휘하기도 했다.

지난해 11월 브라질을 방문한 노 대통령은 루이스 이나시우 룰라 다실바 대통령과 만찬을 함께했다. 이 자리에서 브라질 농산부 장관이 "한국이 개방을 안 하니까 농산물값이 (브라질보다) 10배가량 비싸다"고 수입개방을 요구했고 노 대통령은 "다 제 값을 하는 거겠죠"라고 애매하게 받아넘겼다. 이를 통역이 "외국 농산물은 질이 떨어진다"는 취지로 전달하는 바람에 룰라 대통령이 무슨 소린가 하고 바짝 긴장하는 표정을 지은 적도 있다.

▼ 한때 "일정 취소하고 떠나자" ▼

1982년 전두환(全斗煥) 대통령이 아프리카 가봉을 방문했을 때 발생했던 '국가(國歌) 사건'은 지금도 외교통상부에서 '전설'처럼 회자되고 있다. 전 대통령을 맞는 공항 영접행사에서 가봉 측 군악대가 애국가가 아닌 북한 국가를 연주한 것. 수행원들은 경악했고 전 대통령의 얼굴도 일그러졌다. "당장 방문을 취소하고 떠나자"는 강경론이 득세했다. 결국 이날 만찬에서 가봉 대통령의 사과를 보고 결정하자는 쪽으로 결론이 났다.

그날 만찬장에서 전 대통령과 수행원들은 가봉 대통령의 사과만 기다렸다. 만찬이 시작된 후 가봉의 봉고 대통령은 "매우 심심한 사과를 드리며…"라는 외교적 수사(修辭)의 사과만을 했다. 순간 프랑스어 통역을 맡았던 외무부 직원 박재선(朴宰善·현 외교부 모로코 대사) 씨가 이를 "백배 사죄 드리며…"로 통역했다. 비로소 전 대통령의 안색이 풀렸고 수행원들은 안도의 한숨을 내쉬었다. 물론 프랑스어에 '백배 사죄'라는 표현이 있을 리 없다. (동아일보, 2007.1.20)

협상에세이

"통역의 실수로 받은 백두산 호랑이"

지난 6월 러시아 차관급 일행 訪韓때 "관심있다"가 "기증하겠습니까" 로 전달 러, 호랑이 세마리 우리측에 기증하기로

한반도 백두대간(白頭大幹)을 호령하던 백두산 호랑이 세 마리(수컷 2마리, 암컷 1마리)를 러시아 정부가 우리에게 기증하기로 했다고 환경부가 9일 밝혔다.

백두산 호랑이는 1922년 경주 대덕산에서 수컷 한 마리가 사살됐다는 기록 이후로 한반도 남쪽 지역에서 자취를 감췄고, 러시아 극동 지방 등에만 소수가 야생 서식하고 있다. 현재 국내 백두산 호랑이는 서울대공원에 24마리 등 총 51마리가 인공적인 환경에서 사육되고 있다.

러시아가 이번에 백두산 호랑이를 기증하게 된 배경에는 '통역 실수'가 큰 역할을 한 것으로 알려졌다. 지난 6월 러시아 블라드미르 키릴로프 천연자원감독청장(차관급) 일행이 방한했을 때 국립생물자원관을 방문, 호랑이 등 동물 박제를 봤다. 이때 환경부와 생물자원관 관계자들이 "우리는 백두산 호랑이에 관심이 많다"고 말했는데 통역 과정에서 '러시아가 우리에게 백두산 호랑이를 기증할 의사가 있는지' 묻는 것처럼 전달됐고 키릴로프 청장은 "한국에 (박제가 아닌) 살아있는 호랑이를 기증하면 야생에서 기를 수 있냐"고 되물었다.

정부는 당시 상황을 해프닝으로 넘겼지만, 지난 8월 러시아 이타르타스 통신은 '러시아 정부가 백두산 호랑이를 한국에 기증키로 했다'고 보도했다. 환경부 관계자는 "키릴로프 청장이 푸틴 총리에게 방한 보고를 하며 호랑이 기증을 제안한 것으로 보인다"고 말했다.

환경부는 지난달 30일 한·러 환경협력회의에서 백두산 호랑이 기증을 공식 요청, 러시아의 공식 승낙을 받았다. 환경부 관계자는 "러시아가 내년 한러 수교 20주년 기념 의미를 감안해 이번 결정을 내린 것 같다"고 했다. 환경부는 내년에 러시아에서 호랑이를 받으면, 서울대공원에 있는 백두산 호랑이 20여마리와 교배시켜 근친교배로 인한 유전적 열성화(劣性化)를 막는다는 계획이다. (조선일보, 2009.11.10)

협상에세이

반기문 총장 영어발음 한국인만 창피해 한다

영어교육전문가이자 방송인 이근철이 반기문 UN 사무총장의 영어발음에 대해 언급했다. 지난 28일 방송된 KBS 2TV '이야기쇼 두드림'에서는 이근철이 출연해 '겁먹지 않으면 인생이 즐겁다'라는 주제로 강연을 진행했다.

이날 방송 중 이근철은 영어 관련 이야기를 나누던 중 "반기문 총장의 영어 발음을 지적하는 이들은 한국인들 뿐이다. 외국인들은 오히려 '교양있는 연설이었다', '또박또박 알아듣기 쉬웠다', '문화까지 이해할 수 있었다'라고 극찬을 한다"고 말했다.

이어 그는 "누구도 당신의 발음을 신경쓰지 않는다"며 "왜 영어가 필요한가를 먼저 생각해야 한다. 영어 강박관념을 벗어나는 것이 가장 중요하다"고 밝혔다.

반기문 총장의 이야기를 다룬 '바보처럼 공부하고 천재처럼 꿈꿔라'에서는 충주의 모범학생이었던 어린 반기문 총장의 이야기를 다루고 있다. 어린 반기문이 어떻게 영어에 미쳤는지, 충주 비료공장에 파견 온 미국인 기술자나 선교 활동하러 온 신부들을 좇아다니며 귀찮아할 만큼 영어로 말을 걸고 질문했던 일화를 여럿 소개한다. 그리고 이를 통해 '공부란 인정받기 위해 하는 것이 아니라 온통 마음을 줘버리는 것'이라는 메시지를 전한다. (한국경제, 2012.4.29)

문제는 무능력한 사람이 해결하려고 할 때
더 심각해 보인다
- William Feather -

CHAPTER 10

ADR과 국제협상

1. 국제협상에서 제3자의 역할

국제협상은 쌍무협상이든 다자간 협상이든 당사자들이 협상의 주체가 되어 협상을 진행한다. 그러나 갈등 및 분쟁이 격화되어 협상이 결렬되거나 결렬될 위기에 놓인 경우 제3자가 협상 당사자들 사이에 개입하여 분쟁을 해결하고 협상을 촉진하는 역할을 한다.

협상이 난관에 봉착하면 협상 당사자간에 문제를 해결하려는 마음이 있어도 협상 당사자간의 대화부족으로 실패하는 경우가 많다. 이럴 때는 협상 당사자들 사이에서 대화를 중개, 촉진하는 제3자가 필요하다(이승영, 1999).

협상이 매끄럽게 진행되지 않을 때 협상 당사자들 이외에 협상 당사자 모두 호감을 갖고 있는 제3자를 개입시키면 협상은 진행이 순조로워질 수 있다. 특히 문화적 배경, 제도, 관습이 다른 외국인과 협상할 때는 해당 지역의 변호사 등을 협상초기부터 배석시키면 협상을 좀더 효율적으로 할 수 있다.

2. 제3자를 통한 집단 갈등해결

1) 대인 촉진자방식(interpersonal facilitator approach)

대인 촉진자 방식은 집단간의 갈등이 발생했을 때 중립적인 인물인 촉진자가 두 집단 사이에서 교량역할을 하는 것이다. 중립적인 촉진자가 타협안을 제시하고, 각각의 집단이 상대방의 관점을 이해하도록 두 집단을 중재하는 것이다. 촉진자는 수시로 토의에 직접 참여하여 갈등을 겪고 있는 두 집단의 불일치 영역뿐만 아니라, 일치된 영역도 다각적으로 조사하여 상호간에 일치되지 않은 부분은 감소시키고, 일치된 부분을 부각시켜 갈등을 해소하는 방법이다(Robert R. Blake, 1999).

2) 접점 갈등해결 방식(interface conflict-solving approach)

접점 갈등해결 방식은 분쟁 당사자들이 전체 집단의 구성원으로서 서로를 직접 대면하고, 각 집단이 이상적인 관계를 구축하는 방법에 대한 의견을 모은다. 중립적인 진행자는 두 집단이 단계별 프로그램을 거치도록 도와주고 집단들이 이를 달성하기 위한 단계를 거치도록 지원한다. 중립적인 진행자는 집단간의 토의에 관여하지 않고, 단계별 프로세스의 안내자의 역할을 한다(Jane S, Mouton, 2000).

| 표 | 집단 간 문제해결의 2가지 방식 비교

쟁　점	대인 촉진자 모델	접점 갈등 해결 모델
구성	최고의 지도자가 화합을 이끔.	주요 집단과 참여할 필요가 있는 다른 주요 집단의 대표자.
집단 간 접촉	주로 촉진자와 함께 또는 촉진자를 통해 이루어짐.	전체 회의에서 대변인을 통해 이루어짐.
촉진자 또는 진행자가 대하는 사람들	통상적으로 집단의 리더와 1대1로 접촉.	관련 집단의 구성원 전체
회의	초기 입장의 교환. 촉진자 또는 중재인에 의해 제안과 역제안을 1대1로 공식화.	계획의 통합에 대한 모니터링 및 타당화. 요소별로 이상적 관계와 실제 관계를 모델링.
집단 또는 개인 간의 의사소통	촉진자를 통해 메시지 전달. 입장을 문서화하여 교환. 촉진자가 제안.	대변인을 통한 구두나 문서에 의한 교환. 반드시 리더가 할 필요는 없음.
최초의 의제	긴장과 적대감 지각.	이상적인 건전한 관계의 요소들 검토
전문가의 역할	중개자. 메시지 전달자. 다른 집단에 대해서는 대변인. 해결책 제안자.	절차적 설계 진행자. 다른 집단에 대해서는 대변인이나 내용 전달 역할을 하지 않음. 또한 해결책 제안자가 아님
교착 상태 타개 방법	집단 구성원들에게 1대1로 영향력 행사. 가장 손쉬운 것부터 설득하기 시작. 변화를 유도하기 위해 수용과 거부를 적절히 사용. 위협적인 방법.	대변인을 통합 직접적인 교환
소요시간	3일에서 1주일(종종 더 오래 걸리기도 함)	4~5일. 후속 추진은 통상적으로 1개월 후

자료: Jane S. Mouton(2000)

| 표 | 언제 어떤 갈등 해결모델을 사용할 것인가

대인 촉진자 모델을 사용할 때	접점 갈등 해결 모델을 사용할 때
2명만이 관련될 때.	집단 구성원의 지지를 통해 변화의 실행을 강화할 때
개인적인 융화가 책임자들의 직접적인 토론을 방해할 때.	개인적인 융화 문제가 참여를 방해하는 충분요인이 되지 못할 때.
변화에 대한 리더의 동의가 불리한 결과를 가져오지 않을 때.	변화에 대한 리더의 동의에 부하들이 위협을 느낄 때.
리더가 문제의 깊이와 범위를 알고 있을 때.	리더가 문제의 깊이와 범위를 알지 못할 때.
구성원의 순종만으로도 변화를 실행할 수 있거나 변화의 타당성에 대한 동의 없이도 실행될 수 있을 때.	변화가 타당성에 대한 동의와 이해를 통해서 가장 잘 실행될 수 있을 때.
최종 기한이 임박해 있고, 파국을 막기 위해서는 불완전하더라도 결정을 내일 필요가 있을 때.	근본적인 해결책을 마련할 시간이 충분할 때.
양 집단에서 다양한 의견이 존재하고, 이에 따라서 공통의 견해나 서로 공유하는 감정이 없을 때.	쟁점 사안이 양 집단의 문화와 깊이 관련되어 있을 때.

자료: Jane S. Mouton(2000)

3. ADR(대체적 분쟁해결 수단)

ADR = 알선(Intercession), 조정(Conciliation), 중재(Arbitration)

우리가 일반적으로 이해 당사자간에 분쟁이 발생하여 당사자간에 해결되지 않을 때 흔히 말하는 것이 "법대로 하자"이다. 이 말의 의미는 소송에 의해 법원의 판결로 분쟁을 해결하자는 것이다.

이에 비해 ADR(대체적 분쟁해결 수단)은 소송외적 분쟁해결(ADR: Alternative Dispute Resolution)방식으로 소송이외의 중립적인 제3자(Impartial Third Person)

에 의한 분쟁해결 방식을 의미한다.

ADR은 법적 소송에 따르는 시간과 비용을 절약하는 수단뿐만 아니라 이웃과 더불어 조화롭게 살아가는 방법, 자유의지의 확인이기도 하다. 총이나 변호사에게 의지하지 않고 평화적이고 자주적으로 해결하는 방법이다[44].

ADR은 상호 이익을 주는 관계를 지속적으로 맺고 있는 기업들이 이러한 관계를 계속 유지하면서 분쟁을 해결하기 위한 매우 좋은 방법이다(John R. Allison, 2000).

ADR의 메커니즘은 소송에 비해 분쟁당사자들이 좀더 분쟁해결에 참여할 것을 요구하고 있다. 전통적인 소송은 개별 경영자들이 분쟁에 세심하게 관여하고 참여할 수 있는 기회를 주지 않는다.

ADR에서는 경영자가 초기에 개인적으로 관여하는 것이 분쟁을 효율적이고, 신속하게 해결하는데 중요한 역할을 할 수 있다. 특히 경영자가 시간과 노력을 기울인 만큼 좋은 결과를 가져 올 수 있다(John R. Allison, 2000).

| 표 | 가장 적합한 ADR 방법을 고를 때 고려 사안

- 분쟁자들이 ADR에 개입된 정도
- 두 당사자의 사업관계의 밀접성
- 사생활 보호의 필요성
- 화해에 도달하는 긴급성
- 당사자 모두의 재정상태

자료: John R. Allison(2000).

1) 협상과 ADR

협상은 ADR를 위해 없어서는 안될 전주곡이다. 이해 당사자간에 분쟁이 발생하고 양자간에 해결할 수 없을 때 법적소송이 아닌 ADR로 분쟁해결을 하려면 분쟁당사자가 협상을 통해 ADR로 분쟁을 해결한다는 합의를 해야 한다.

특히 협상은 법적 소송을 대신할 수 있는 실질적인 수단이다. 조정과 중재같은 ADR은 협상의 가장 효과적인 보조장치이다. ADR과 협상은 분쟁해결을

44) W.Kheel. Thedoer, The Keys to Conflict Resolution, Four Walls Eight Window, 1999, p.8.

위한 자율적 기법(The voluntary techniques of conflict resolution)이다(W.Kheel. Thedoer, 1999: 8).

2) 알선(intercession)

알선은 이해 당사자들간에 발생한 갈등이나 분쟁이 당사자간에 해결되지 않을 때 이해 당사자들과 이해관계가 없는 제3자인 알선인이 분쟁에 개입하여 당사자들이 정확히 정리하지 못한 문제점을 명확히 정리하고 의견차이를 근접시켜 타협안이 나오도록 노력한다[45].

이처럼 알선은 제3자의 공정기관이 당사자의 일방 또는 쌍방의 의뢰에 의하여 분쟁에 개입하여 그 해결을 위한 조언을 하는 것을 의미한다. 알선은 쌍방의 협력이 있어야 하고, 당사자 일방의 의뢰에 의해서도 가능하다(한주섭, 1997: 23-24).

알선은 중립적인 제3자인 알선자가 해결책을 강요하지 않는다는 점에서 중재와 차이점이 있다. 알선의 목표는 분쟁당사자들이 분쟁을 그들 스스로 해결하도록 도와주는데 있다(John R. Allison, 2000).

| 표 | 알선의 순서

- 참가자들이 서로 이야기를 나누도록 설득한다
- 알선의 성격과 목표를 이해하는데 도움을 준다
- 협상하기에 적합한 환경을 제공한다
- 질서를 유지한다
- 분쟁당사자들이 문제점과 갈등의 근본원인을 이해하도록 도와준다
- 비현실적인 기대치를 완화시킨다
- 참가자들이 각자의 제안을 마련하도록 도움을 준다

자료: Jane S, Mouton(2000).

3) 조정 Mediation(Conciliation)

조정도 알선과 마찬가지로 이해 당사자간에 분쟁이 발생하여 양 당사자간에 해결되지 않을 때 중립적인 제3자가 분쟁에 개입하여 해결방안을 제시한다. 그런

45) 조석홍, 「국제협상의 이해」, 두남, 2007, p.51.

데 조정신청은 당사자간의 합의에 의해 성립되므로 당사자 일방만이 조정을 신청하고 상대방이 이에 불응하면 조정이 성립되지 않는다.

또한 조정인(mediator)이 분쟁에 대한 조정안을 작성하여 당사자에게 제시하고, 당사자가 이를 수락함으로써 성립되며, 그 조정안에 대하여 합의가 이루어지지 않으면 조정의 효력은 없다(한주섭, 1997: 16-24).

즉, 조정인이 제시한 해결방안에 분쟁 당사자들이 모두 동의하면 조정은 중재판정과 동일한 법적구속력이 발생한다. 이러한 조정은 중재와 법원의 판결 전에 자주 시행한다. 조정인이 제시한 조정안이 분쟁 당사자들로부터 받아들여지지 않으면 중재 또는 소송절차가 진행된다.

조정은 분쟁 당사자들이 분쟁을 해결하도록 도와준다. 조정인은 분쟁 당사자들이 서로 대화를 하도록 하고, 문제를 이해하는데 도움을 주어 가능한 해결책을 제안한다(Todd B. Carver, 2000).

4) 중재(Arbitration)

- **중재 (준사법적, 결정) ⟷ 알선 (의견제시, 권고)**
- **중재의 특징은 신속성, 간편성, 저렴성, 비공개성이다**
- **알선: 사회적 규범**
- **중재: 법적인 구속력**

(1) 중재의 개념

중재는 제3자에 의해 구속력있는 결정을 만들어 내는 방법으로 소송과 가장 유사한 ADR 형태이다(John R. Allison, 2000). 중재는 분쟁이 발생한 당사자간의 합의에 의하여 선정된 중재인에 의해 분쟁을 해결하는 방법이다. 중재인이 내린 중재판정(Award)는 분쟁당사자의 동의여부에 상관없이 법적 효력이 발생한다. 이 점이 조정인의 조정안과 근본적인 차이점이다.

국제상사중재(international commercial arbitration)는 국제상거래 당사자들이 사법상의 분쟁을 쌍방의 합의하에 법원에 소송을 제기하는 대신에 중재인에게 그 해결을 맞기는 방법이다[46].

46) Anthony Walton, Russell on the Law of Arbitration, Stevens & Sons, 1970, p.1.

(2) 중재의 필요성

중재는 비용과 시간이 많이 소요되는 법원의 복잡한 소송절차를 대신하여 분쟁을 해결하는 대표적인 방법이다. 중재의 필요성은 다음과 같다.

가. 신속성

상사분쟁은 기업의 손해를 줄이고 명성을 유지하기 위해 신속하게 해결되어야 한다. 특히 특허권이나 기업간의 비밀스러운 분쟁은 자칫 잘못하면 신제품 개발에 악영향을 미칠 수 있고, 상표권 다툼은 기업의 본질적인 마케팅 계획을 방해할 수 있다. 또한 이러한 다툼으로 공격을 받은 기업은 기업의 명성을 위해 상사분쟁을 신속히 해결할 필요성을 가진다(John R. Allison, 2000).

일반적으로 소송은 많은 사건을 복잡한 소송절차에 의해 처리하기 때문에 판결까지 걸리는 시간이 길고 변호사 비용 등의 소송비용도 많이 든다. 중재에 의한 분쟁해결은 복잡한 소송보다 저렴한 비용으로 신속하게 해결할 수 있다. 중재판정은 중재계약에서 약정된 기간내에 또는 중재가 개시된 날로부터 3개월내에 중재판정을 해야 한다[47].

나. 프라이버시 보호

소송은 재판절차나 판정문이 각각 공개되기 때문에 경영상의 비밀이 노출될 위험이 있으나, 중재는 심문절차를 비공개로 하는 것을 원칙으로 하고, 판정문도 공개되지 않는다(한주섭, 1997: 29). 이처럼 중재는 비공개적으로 진행되어 개인의 프라이버시와 경영상의 비밀을 지킬 수 있다.

일반적으로 이해 당사자간에 분쟁이 발생하여 소송을 진행하면 가치있는 많은 독점적 정보가 보호될 수 없다. 이에 비해 중재는 중재자의 윤리규정에서 전적인 비밀유지를 요구하고 있기 때문에 프라이버시를 잘 보호 받을 수 있다(John R. Allison, 2000).

(3) 중재계약

분쟁을 중재에 의해 해결하려면 반드시 중재계약이 있어야 한다. 중재계약이란

47) 중재법 제11조 5항.

분쟁을 중재로 해결한다는 당사자들간의 명시적인 중재합의를 말한다. 일반적으로 국제무역거래에서는 매매계약 체결을 할 때 클레임이나 분쟁을 해결하는 방법으로 중재합의를 서면(in writing)으로 명시하는 경우가 많다.

중재합의는 분쟁 발생 후에도 분쟁 당사자들이 모두 중재로 분쟁을 해결하자는데 동의하면 성립된다. 그러나 분쟁 발생후에 분쟁당사자 중 한쪽이 중재합의를 거부할 경우 중재계약은 성립되지 않으므로 분쟁 발생 전에 중재합의를 해두는 것이 바람직하다.

이러한 중재합의에는 분쟁을 중재로 해결한다는 문언뿐만 아니라, 중재를 신청할 중재기관, 중재를 행할 중재장소, 중재를 하는데 따라야 할 준거법 등을 분명히 밝혀야 한다.

Check Point 피신청인주의란

분쟁 당사자들이 발생한 분쟁을 중재에 의해 해결하기로 합의한 후 또 결정해야 될 사안이 있다. 그것은 중재기관, 중재장소, 중재법에 관한 것이다. 즉, 세계 거의 모든 나라에는 자국의 중재기관이 있고, 자국의 중재법이 있다.

따라서 분쟁 당사자들은 대부분 자국에서 자국의 중재기관과 중재법에 따라 중재가 진행되기를 원한다. 이처럼 분쟁당사자들이 서로 중재기관 등을 자국으로만 주장하여 타협점을 찾을 수 없을 경우 분쟁 당사자들의 국가의 중재기관이 아닌 제3국의 중재기관과 중재장소를 선택하는 경우가 있다. 국제무역에서 제3의 중재기관으로 선호되는 국가들은 스위스, 프랑스 등이다.

그런데 이러한 제3국의 중재기관에 의해 제3국의 장소에서 중재를 진행하는 것은 분쟁당사자 모두에게 불필요한 시간과 비용이 발생하므로 최근 들어서는 중재를 피신청인국에서 하고 중재법은 ICC중재원칙에 따라 하는 경우도 증가하고 있다. 이처럼 중재를 중재의 피신청인국에서 하는 것을 피신청인주의라고 한다.

(4) 중재인과 중재비용

분쟁당사자가 합의하에 선정하거나, 중재기관에 의해 선정된 제3자를 중재인(Arbitrator)이라고 한다. 중재인은 자격이 법률적 요건에 의한 것이 아니고, 분쟁사건에 대해 전문적 지식을 가진 사람으로 당사자와 이해관계가 없는 사람이다[48].

일반적으로 중재인은 판사가 아니다. 중재인은 각자의 분야에서 전문가들이다. 대학교수, 기업인, 변호사 등이 중재인으로 활동하고 있다. 일반적으로 중재인은 분쟁금액에 따라 1인이나 3인의 홀수로 구성된다. 중재인은 법률적 지식을 가질 필요가 없고, 분쟁 당사자들이 요구하지 않는다면 법의 형식논리나 증거를 따를 필요가 없다(John R. Allison, 2000).

중재도 소송에 비해 비용이 적게 들지만 중재 비용이 소요된다. 이러한 중재비용은 절차적으로 중재신청을 하는 당사자가 중재기관에 먼저 예납한다. 물론 중재신청인이 승소하면 예납금액은 돌려 받을 수 있다. 또한 중재판정문에 분쟁당사자간의 중재비용 분담비율을 명시한다.

(5) 중재인의 선정과 중재판정

중재인은 원칙적으로 분쟁당사자 모두의 합의하에 선정한다. 그러나 분쟁당사자가 중재인의 선정에 합의하지 못하면 중재기관에서 중재인의 후보를 분쟁 당사자들에게 제시하고, 분쟁당사자는 그 후보들 중에서 자신들이 선호하는 후보자의 우선순위를 기재하고 그 중에서 선정한다.

미국의 중재는 대부분 미국중재협회(American Arbitration Association, AAA)에서 권고하는 절차를 따른다. 기본적으로 분쟁 당사자들은 1명의 중재인을 선정하거나 복수의 중재인(일반적으로 3명)으로 구성된 패널을 선정하는데, 이들은 변호사로부터 증거와 주장을 청취하고 법적구속력이 있는 결정을 내린다(John R. Allison, 2000).

협상에세이

소송 아닌 조정·중재로 해결한다

8일 개원 '한국의료분쟁조정중재원' 이용 이렇게

의료중재원은 의료사고에 대한 무료상담 뿐만 아니라 환자나 의료인 등 의료사고와 관련된 분쟁 당사자의 신청에 따라 저렴한 비용으로 의료사고의 원인 등을 직접 감정하고 조정·중재 절차를 진행해 양측이 합의를 통해 문제를 해결하게 한다.

특히 '의료사고 피해구제 및 의료분쟁 조정 등에 관한 법률(의료분쟁조정법)'은 의

---

48) 喜多川馬典, 「國際商事仲裁の研究」, 東京大學 出版部, 1978, p.10

료중재원이 90일 이내에 조정·중재절차를 완료하되 1회에 한해 30일을 연장할 수 있도록 해 신속한 구제에 도움이 될 것으로 기대된다. 그동안 의료사고 소송을 하면 1심에만 평균 26.3개월이 소요되고 비용도 최소 500만원(변호사 선임비용)에 달해 피해 시간적·경제적 부담이 컸다. 의료인들도 의료사고에 대비해 방어진료를 하는 탓에 의료비 상승과 의료자원 낭비를 야기한다는 지적이 많았다.

◇ 무료상담에서 조정·중재까지= 환자(외국인 포함)와 의료인을 포함해 의료사고와 관련된 분쟁 당사자는 누구든 중재원의 무료상담과 조정·중재 서비스를 받을 수 있다. 의료중재원을 방문하거나 전화 또는 인터넷을 통해 무료 상담을 받은 다음 조정 또는 중재 신청을 하면 된다. 중재원은 신청서 등 접수 요건을 확인한 다음 피신청인의 조정 참여 의사를 확인하고 본격적인 조정 절차에 들어간다. 불참 의사를 밝히면 조정 신청은 각하된다. 의료분쟁조정법이 임의적 조정전치주의를 채택하고 있기 때문에 이 경우에는 소송 등을 통해 해결해야 한다.

의료중재원은 검사 1명을 포함한 법조인 2명, 의료인 2명, 소비자단체 등 전문가 1명으로 구성된 의료사고 감정부를 구성해 사실관계와 인과관계, 의료진의 과실 여부 등을 조사한다. 조사가 끝나면 판사를 포함해 전문가 5명으로 구성된 의료분쟁조정위원회 조정부가 감정부의 감정서를 바탕으로 심리·판단해 조정안을 만들어 당사자에게 권고한다. 양측이 조정안에 동의하면 재판상 화해와 같은 효력이 발생해 더 이상 다툴 수 없게 된다.

중재는 양 당사자가 의료중재원의 결정에 따르기로 서면으로 합의한 경우에 진행되며 의료분쟁조정위원회 조정부가 내린 중재판정은 확정판결과 동일한 효력을 가진다.

◇ 조정·중재 따른 손해배상금 대불제도도 운영… 8일 이후 발생한 의료사고만 담당= 조정이 성립되거나 중재판정이 내려졌음에도 피해자가 의사나 병원으로부터 손해배상금을 지급받지 못한 때에는 이를 대신 지급하는 '대불제도'를 운영한다. 피해자에게 배상금을 신속하게 지급해 피해 회복을 돕기 위한 것이다.

의료중재원이 조정·중재하는 사건은 중재원이 출범하는 8일 이후 종료된 의료행위로 발생한 의료사고에 한정된다. 또 의료사고 조정·중재는 의료사고의 원인이 된 행위가 종료된 날부터 10년, 손해 및 가해자를 안 날로부터 3년 이내에 해야 한다.

◇ 내년 초까지 감정부·조정부 각 15개로 확대 = 의료중재원은 조정·중재 사건의 효율적 처리를 위해 내년 초까지 의료사고 감정단과 의료분쟁조정위원회 산하에 15개씩의 감정부와 조정부를 설치할 예정이다. 현재는 내과, 외과, 산부인과 등 분야 별로 각각 6개의 감정부와 조정부가 구성돼 있다. (법률신문, 2012.4.8)

중재판정은 중재인이 다수인데, 중재인간의 의견이 통일되지 않을 때에는 과반수 찬성으로 결정한다. 이런 이유로 중재인 수는 홀수로 한다. 중재인의 판정은 최종적이고, 구속력이 있기 때문에 당사자는 이에 무조건 복종해야 한다. 이런 이유로 중재는 소송과 같은 강행적인 확실성과 종국성을 가지므로 중재판정이라고 한다[49]

이처럼 중재인의 판정(Award)은 법원의 판결(Judgement)과 동일한 법적 구속력이 발생한다. 중재판정에 의하여 이루어지는 강제집행은 법원의 집행판결을 받아야 된다. 또한 중재판정은 법원의 확정판결과 동일한 효력이 발생하기 때문에 원칙적으로 불복제소를 할 수 없다(이순우, 1999).

중재는 단 1회의 판정에 의하여 종료되며 판정을 취소할 만한 중대한 결함이 없는 한 판정에 대한 불복신청이 인정되지 않는다. 또한 중재로 판정된 사건은 법원에 소송하여 재심할 수 없다(한주섭, 1997: 25, 32). 이러한 점은 중재의 확실성과 공신력을 높이는 요인이기도 하고 또한 중재의 단점이기도 한다.

Check Point 소송취하와 방소항변(妨訴抗辯)

일반적으로 소송을 하다보면 비용과 시간이 당초 생각보다 많이 소요되는 가운데 판결이 계속 지연되는 경우가 있다. 이러한 경우 분쟁당사자 모두 소송을 중단하고, 새로운 해결방안을 찾게 된다. 이러한 경우 소송진행중인 사건도 분쟁당사자가 소송을 취하하고, 중재계약을 하면 중재로 분쟁을 해결할 수 있다.

또한 분쟁당사자가 중재합의 한 후에 한쪽이 일방적으로 소송을 제기했을 때에 다른 당사자가 중재합의가 있음을 주장하면 소송은 진행되지 않는다. 그런데 만일 당사자가 중재합의가 있음의 방소항변을 하지 않고 소송진행에 묵시적으로 따라가면 중재합의가 취소된 것으로 간주된다(이순우, 1998).

Check Point 뉴욕협약

뉴욕협약은 1958년 UN주도하에 체결된 중재와 관련된 국제조약이다. 뉴욕협약의 체약국간에는 외국에서 내려진 중재판정 효력이 계약당사자 소속국가에서 내려진 판정과 동일효력을 갖는다(이순우, 1998).

---

49) Roland L. Kramer, International Trade, South Western Publishing, 1959, p.468.

뉴욕협약은 각국의 상사중재법제를 그대로 인정하면서 각국의 중재기관이 내린 중재판정에 대해 그 승인과 집행을 보장해주기 위해 UN 주도하에 성립된 국제 다자간조약이다. 우리나라는 1973년에 가입했다(한주섭, 1997: 60-61).

국제간의 상거래에서 발생한 분쟁의 해결수단으로 중재가 많이 활용되고 있어 국제비즈니스맨들은 국제협상을 통한 국제비즈니스계약을 체결할 때에 중재조항을 삽입하여 추후에 발생하는 분쟁을 대비하고 있다. 그런데 국제비즈니스맨들이 중재계약을 하기 전에 반드시 확인해야 될 것은 협상 상대방의 국가가 뉴욕협약 체약국인가를 확인해야 된다.

4. 변형된 대체적 분쟁해결 수단

당사자들간에 발생한 분쟁을 당사자들이 해결하지 못하는 경우 소송이외에 제3자의 개입으로 분쟁을 해결하는 방법은 매우 다양하다. 그런데 어떠한 방법이라도 분쟁 당사자가 최종결정권을 갖는 다면 어떠한 방법이라도 조정의 한 형태이고, 제3자가 최종결정권을 갖고 있다면 그 분쟁해결 방법은 중재의 한 형태이다[50].

즉, 분쟁 당사자가 분쟁해결의 최종 결정권을 갖는다면 어떤 대안이라도 조정의 한 형식이고, 제3자가 최종결정권을 갖는다면 그 대안은 중재에 속한다(Albert A. Vondra, 2000).

1) Tripartite Board of Arbitration (중재를 위한 3자위원회)

중재를 위한 3자위원회는 분쟁당사자 양측에서 각각 중재자를 1명 씩 선정하고 양측의 중재자로 선정된 두 사람이 합의하에 1명의 중재자를 지명하거나 미국중재협회(American Arbitration Association: AAA)와 같은 공정한 단체에서 임명한 1명의 중재자로 구성된다.

결국 이 방법은 분쟁 당사자가 선정한 중재자 중에서 1명이 중립적 중재자의 의견에 동조해야 한다. 만약 3명의 중재자가 각각 다른 의견을 갖고 있다면 결론

50) W.Kheel. Thedoer, The Keys to Conflict Resolution, Four Walls Eight Window, 1999, p. 35.

을 도출할 수 없기 때문이다(W.Kheel. Thedoer, 1999: 36).

2) rent-a-judge program (동원판사 프로그램)

동원판사 프로그램은 중재의 한 형태로 분쟁 당사자들은 중재인으로 은퇴한 판사를 선정한다. 동원판사 프로그램은 공식적인 공판절차를 사용한다. 그러나 일반적인 소송처럼 지루하게 공판일자를 기다리거나 소송절차를 공개적으로 처리할 필요가 없기 때문에 시간을 절약하고, 개인 프라이버시를 지킬 수 있다(John R. Allison, 2000).

3) Judical Mediation (사법부의 조정)

사법부의 조정은 판사가 분쟁을 해결할 최종 권한을 갖고 최종 결정을 내리기 전에 조정을 하는 방법이다. 이처럼 사법부의 조정은 판사에게 분쟁의 조정 역할과 최종결정권까지 부여하는 방법이다(W.Kheel. Thedoer, 1999: 36).

4) Advisory Arbitration (조언적 중재)

조언적 중재는 중재의 성격을 띠지만 분쟁 당사자들에게 조언적 중재자의 판결을 거부할 권리가 있기 때문에 궁극적으로는 조정의 한 형태라고 볼 수 있다(Todd B. Caver, 2000).

조언적 중재자의 결정은 구속력을 갖는 최종판결의 옷을 입은 권고이지만, 그 권고를 분쟁당사자들의 양측 모두가 받아들이지 않으면 그 판결이 분쟁을 끝낼 수는 없다. 따라서 분쟁을 조언적 중재로 마무리 지으려면 조언적 중재자는 분쟁의 시시비비뿐만 아니라 분쟁 당사자들의 양측 모두가 수용할 수 있는 판결을 내려야 한다[51].

5) Med-Arb (조정적 중재)

조정적 중재는 중립적인 제 3자에게 분쟁 초기에는 조정의 역할을 부여하고 조정이 실패할 경우 중재처럼 구속력 있는 판정을 내릴 수 있게 하는 분쟁해결 방식이다(Albert A. Vondra, 2000). 이처럼 조정적 중재는 2단계에서 제3자가 구속력을 갖는 결정권을 갖기 때문에 중재의 한 종류라고 할 수 있다(W.Kheel.

51) W.Kheel. Thedoer, The Keys to Conflict Resolution, Four Walls Eight Window, 1999, p.35.

Thedoer, 1999: 36).

6) fact-finding (진상조사)

진상조사는 이해 당사자간의 분쟁에서 사실여부가 논쟁의 중심일 때 효과적인 분쟁해결 수단이다. 진상조사단은 객관적인 조사를 하고 보고서를 작성한다. 그런데 진상조사단의 보고서 내용은 법적 구속력을 갖는 것이 아니고 단지 조언에 불과하여 조정의 한 형식일 뿐이다(Todd B. Caver, 2000).

분쟁의 양 당사자 모두가 진상조사단의 보고서의 조언을 수용할 경우에만 진상조사단의 파견이 궁극적 목표를 달성하게 된다(W.Kheel. Thedoer, 1999: 37).

7) mini-trial (미니재판)

미니재판은 법적 소송처럼 진행되는 청문회를 의미한다. 그런데 미니 재판에서 판사의 결정은 어떤 구속력도 갖지 못하기 때문에 미니 재판은 조정의 한 형식일 뿐이다. 판사의 결정을 거부할 권리가 즉, 그 결정의 동의여부에 대한 권한이 분쟁 당사자들 양측에게 있다[52]. 판사의 결정에 대한 최종결정권이 분쟁 당사자에게 있기 때문에 미니 재판에서 판사의 결정은 단지 권고에 불과하다(Albert A. Vondra, 2000).

Check Point **소송과 중재의 차이점**

소송에서는 승리하더라도 큰 손실을 입을 수 있다. 미국에서는 변호사 수임료 비용으로 1년에 200억 달러를 지불하고 있다(John R. Allison, 2000). 일반적으로 소송은 소송절차법에 따라 진행된다. 이에 비해 중재는 정형화된 절차가 없다.

또한 소송은 주로 법이나 계약 위배여부를 따지는 권리분쟁만을 해결하고 당사자들의 이해관계에 따른 분쟁은 원만히 해결될 수 없는데 중재는 소송보다 더 효과적인 분쟁해결 수단이다.[53]

---

52) W.Kheel. Thedoer, The Keys to Conflict Resolution, Four Walls Eight Window, 1999, p.37.

53) W.Kheel. Thedoer, The Keys to Conflict Resolution, Four Walls Eight Window, 1999, p.11.

Check Point 소송과 중재의 공통점

소송(litigation)과 중재는 정의구현이라는 보편적 원칙을 목표로 한다. 또한 심문절차 과정에서 본인이 원하면 변호사의 도움을 받을 수 있다는 점이 소송과 유사하다(이순우, 1999). 특히 중재는 소송과 유사한 강제성을 갖고 있기 때문에 중재판정(arbitral award)이라고도 한다(한주섭, 1997: 25).

Check Point 조정과 중재의 관계

대한상사중재원의 상사중재 규칙에는 중재신청이 제출된 경우에도 당사자 일방 또는 쌍방으로부터 요청이 있을 때에는 중재절차를 밟기 전에 당사자 쌍방의 우의에 의한 조정을 시도한다고 규정하고 있다.[54)]

이처럼 조정은 중재의 전 단계로 많이 활용되고 있다. 조정과 중재의 차이점은 조정은 조정안의 수락여부는 쌍방의 자유의사인데 반해 중재는 중재판정을 거부할 수 없고 무조건 수락해야 된다(한주섭, 1997: 25).

▌표▐ 협상, 조정, 중재의 관계

협상자의 목표	협상자의 목표는 자신에게 가장 이익이 되는 결과를 얻는 것
조정자의 역할	조정자의 역할은 협상자들을 한 자리에 모이게 하는 것
중재자의 역할	중재자는 분쟁을 어떤 식으로 해결할 지 결정한다.

자료: W.Kheel. Thedoer(1999)

협상에세이

무역 분쟁 최상책은 중재활용

"국제거래 때 발생하는 상사분쟁에 대한 해결수단으로 '중재'를 적극적으로 이용하는 기업문화가 확산되어야 합니다."

지난 1월 국제상업회의소 산하 국제중재재판소 중재위원에 선임된 이재기변호사가

54) 대한상사중재규칙 제17조.

'중재제도의 활성화'에 앞장섰다.

ICC 국제중재재판소는 1923년 설립된 세계 최대 규모의 국제거래분쟁 해결기관이다. 이변호사는 앞으로 2년 간 주요 중재사건에 참여해 국내기업의 권익을 옹오하는 역할을 하게 된다.

"국내 기업들은 국제거래 상사분쟁의 해결방식에 대해 소홀한 경향이 있습니다. 분쟁이 발생하면 재판권의 관할문제 등 대립되는 일이 많이 생기므로 상거래 계약서에 분쟁해결수단으로 '중재조항'을 삽입하는 것이 중요합니다."

그는 지난 1958년 체결된 '뉴욕중재협약(UN협약)'에 따라 중재판정은 세계 어디서나 집행할 수 있다며 외국기업과 상거래 계약을 체결할 때는 분쟁해결 방법에 대해 주도권을 가질 필요가 있다고 말하면서 분쟁 해결방식으로 중재를 이용하지 않고 상대방 국가의 법정을 이용한다는 조건을 수용한다면 큰 손해를 볼 수 있다고 강조하였다.

이 변호사는 그 동안 국내기업들이 분쟁해결 방법에 대한 소극적인 태도로 선진국의 기업들에 주도권을 내주었던 것이 사실이라며 베트남, 중국 등 개발도상국과의 거래관계에서는 'ICC 중재조항'을 적극 요구할 수 있어야 한다고 말했다.

(매일경제, 2009.2.14)

문화는 어떤 공동체의 사회적
관습의 모든 표현들

- F. Boas -

CHAPTER 11

국제협상과 문화

1. 문화와 협상

문화는 상호 커뮤니케이션하는 과정이다(Edward T. Hall)

국제협상 = 다른 문화의 사람들과 상호작용
상대방의 문화적 배경 ⟶ 협상의 행위적 특성을 형성
성과지향형(서구인) ⟷ 관계지향형(아시아, 중동, 중남미)

홀(Hall)은 문화는 커뮤니케이션이며, 커뮤니케이션은 문화라고 하였다[55]. 국제협상에서 다른 나라 사람들과 접하면서 가장 곤란을 겪는 요인 중에 하나는 문화간 커뮤니케이션(intercultural communication)이다(최윤희, 1999).

국제협상은 문화지향적(Culture-bound)이다. 국제협상은 문화적으로 상이한 배경을 가진 사람들끼리 합의에 도달하기 위한 과정이다. 국제협상은 이처럼 문화적 배경이 다른 협상자들의 다양한 목표의식, 사고 과정, 의사결정 등으로 인해 국내협상보다 복잡하다. 특히 문화적 배경이 다른 사람들이 서로 다른 생각, 감정, 행동 등을 가지고 협상에서 부딪치기 때문에 국제협상에서는 문화적 배경에 대한 이해가 무엇보다 중요하다. 이처럼 문화적 변수가 협상에서는 핵심적인 역할을 하는데 명확하게 구분하고 인식되기가 어렵다(장대환, 1998: 19, 64).

문화의 차이로 인해 어떤 그룹의 사람에게는 매우 중요한 가치가 다른 그룹의 사람에게는 중요하지 않거나, 한 나라의 어떤 정형화된 태도와 인식이 다른 나라에서는 정반대인 경우도 발생한다(Claude Cellich, 2006).

국제협상에서 문화적 차이에 대한 이해가 협상의 성공에 절대적인 결정요인은 아니지만, 협상이 결렬되는데 있어서는 중요한 요인이 된다고 하였다[56].

협상자가 협상 상대방의 문화의 특징을 이해하면 협상 상대방이 협상과정에서 행하는 행위를 예측하여 대응할 수 있다[57].

---

55) Hall E., The Silent Language, Fawcert, 1959, pp.11-16.
56) B.M Hawrysh, "Cultural Approaches to Negotiation : Understanding the Japanese", International Marketing Review, 1990, p.29.
57) B.M Hawrysh, "Cultural Approaches to Negotiation : Understanding the Japanese", International Marketing Review, 1990, p.28.

문화에 따라 협상에 대한 정의가 달라 질 수 있다. 미국에서 협상은 협상 당사자간에 협의에 이르기까지 제안과 반대제안의 기계적이고, 절제된 거래의 과정으로 인식된다. 이에 비해 일본에서는 협상이란 협상 당사자들이 정보를 공유하고, 좋은 관계를 만들어 비즈니스의 목적을 달성하는 과정으로 받아들이고 있다[58].

국제협상은 문화적 배경이 다른 협상자간에 이루어지므로 문화적 요소는 가장 중요한 요인중에 하나이다. 무엇보다 자신과 상대방의 문화의 차이를 명확히 파악하여 다각적인 협상전략을 마련해야 된다.

특히 문화의 4가지 측면들이 협상을 하는데 중요하다. 이 네가지는 구어(spoken language), 신체언어(body language), 시간에 대한 태도, 계약에 대한 태도이다[59]. 어느 경영자도 협상을 할 때 자신의 문화적 가정, 이미지, 편견, 행동특성을 배제할 수 없다(Cellich I Jain, 2005).

▌표▌ 문화의 변수와 형태 및 특성

변수	형태	특성
환경	지배형	인간은 자신의 힘으로 자연환경을 지배할수 있고 인간의 필요에 따라 자연환경은 변한다.
	복종형	인간은 자신의 환경에 구속되어 복종할 뿐이며 운이 중요한 역할을 한다.
	조화형	인간은 자신의 세계(환경)와 조화를 이루며 살아야 한다.
시간	과거형	전통의 계속성에 가치를 둔다.
	현재형	단기간의 빠른 결과를 목표로 한다.
	미래형	장기적인 결과에 목표를 둔다.
공간	개인형	물리적인 개인공간을 중시한다. 사람들간에 거리를 둔다. 개인공간이 우선한다.
	공유형	물리적인 공간 이용시 집단을 중시한다. 서로 밀착해 있기를 좋아한다. 공공의 공간이 우선한다.
인간 권력	권위형	개인과 집단의 권위를 중시한다.

58) Roy J. Lewicki, David M. Sauders, and John W.Minton, Essentials of Negotiation, 2nd Edition, New York, McGraw-Hill, 2001, pp.196-200.

59) Kerry Petcher, "Can We Make a Deal", International Business, March 1992, pp.46-50.

관계	의사소통	평등형	권력의 갭을 최소화시키려 한다.
		감정형	말 대신 공통의 경험으로 이해한다. 정황이나 인정이 우선한다.
		사실형	사실과 정보교환에 중점을 둔다. 언어로 정보가 교환되며 분명하고, 직접적으로 표현한다. 원칙, 사실이 우선한다.
	경쟁	경쟁형	성취 · 권리주장 · 물질적 성공에 비중을 둔다.
		협력형	삶의 질 · 상호의존성 · 관계가 중요하다.
	행동	성취형	업무중심이며 목표 성취와 달성은 생산적 활동에 비중을 둔다.
		관계형	관계중심이며 성취보다 작업자체 및 과정에 비중을 둔다.

자료: 김성호(2004)

2. 문화의 개요

문화는 특정집단이 세상에 태어나 살아가는 동안 생각하고 말하는 유 · 무형의 총체적인 생활방식이다(G.Hofsted).

문화라는 용어는 라틴어 cultura에서 파생되었다. 본래의 뜻은 경작이나 재배였는데, 나중에는 교양이나 예술 등의 뜻을 가지게 되었다. 이런 이유로 문화인은 교양인이나 예술인과 유사한 의미로 사용된다[60].

문화는 인간사회의 독특한 생활방식으로 지식, 믿음, 예술, 도덕, 법, 관습 그리고 사회구성원으로서 개인에 의해 터득되는 습관들을 포함한 복잡한 통일체이다[61]. 또한 문화는 어떠한 특정한 사회의 구성원에 의하여 공유되거나 전승되는 지식과 태도 및 습관적인 행동기반의 총체이다[62].

60) 최연구, 「문화콘텐츠란 무엇인가」, 살림, 2006, p.6.

61) Edward B. Taylor, Primitive Culure, London, John Murray, 1871, p.1.

62) Roger M. Keesing and Felix M. Keesing, New Perspectives in Cultural Anthropology, Holt, Rinehart and Winston, 1971, p.20.

문화는 인간의 생존 및 유물을 결정짓는 범례(paradigm)가 된다(장대환, 1998: 19). 이처럼 문화의 구성요소는 건물을 지을 때 사용되는 벽돌과 같이 수 없이 많다.

우리의 생각, 가치관, 행위, 감정은 모두 문화의 산물이다[63].

문화는 한 사회의 모든 구성원들이 공통적으로 향유하고 있는 가치관에 영향을 미치고 또한 이러한 가치관은 구성원들의 협상행위에 영향을 미친다. 특히 문화적으로 형성된 가치관, 신념 등은 구성원들의 행동규범에 지대한 영향을 끼치고, 문화에 따라 사람의 개성이 달라질 수 있다.

일반적으로 각 개인의 개성은 공동문화를 갖는 집단속에서 개인의 사회화 과정을 통하여 구축되는데, 이 사회화 과정에서 개인은 자신이 속한 집단의 고뇌, 공포, 가치, 신념, 이상, 지식 등을 다양하게 습득하게 된다(장대환, 1998: 67).

Check Point 문화에서 양파모델이란

문화의 겉껍질 부분은 의복, 그림 등과 같은 상징문화이고, 둘째부분은 실재존재 하였거나 또는 신화적인 영웅문화이다. 예를 들어 한국의 홍길동이나 미국의 슈퍼맨, 독일의 히틀러 등과 같은 영웅문화이다.

셋째부분은 결혼식과 같은 관습문화이다. 넷째부분은 가치문화이다. 즉, 특정 문화권의 사람들이 행동방식이나 이상(理想)으로 생각하는 가치를 의미한다. 이러한 가치순위는 국가마다 상이하다. 예를 들어 일본은 관계를 미국은 평등을 중동지역은 서열을 한국은 체면이나 권위를 가치에 우선순위를 둔다(김성호, 2011).

---

63) 김유경, "글로벌 마케팅 커뮤니케이션과 문화, 「글로벌 마케팅 커뮤니케이션」, 커뮤니케이션북스, 2006, p.32.

| 표 | 문화와 인간의 성향

성 향	변이의 범위
1. 인간의 본성은?	선하다(바뀔 수 있다/ 바뀔 수 없다) 악하다(바뀔 수 있다/ 바뀔 수 없다) 선과 악의 혼합
2. 인간과 자연의 관계는?	인간이 자연을 지배 인간과 자연의 조화 인간이 자연에 복종
3. 인간관계는?	집단주의적(수직적 관계를 중시) 집단주의적(수평적 관계를 중시) 개인주의적
4. 인간행동 양식은?	동적 정적 통제적
5. 시간관념?	미래중심적 현재중심적 과거중심적
6. 공간관념?	사적 독점 공적공유 공·사 혼합

자료: Richard Head(2000)

Check Point **문화 = 명시적 문화 + 암시적 문화**

문화는 문화유산과 같은 명시적 문화와 종교와 같은 암시적 문화로 구성되어 있다.

3. 하위문화(Subculture)

하위문화(subculture)는 특정 국가내의 집단이 국가 전체로서의 문화의 일부를 공유하지만, 전체적 문화와는 다른 가치나 관습을 갖고 있는 경우를 의미한다(최윤희, 1999).

예를 들어 한국에는 많은 종교집단들이 있다. 이러한 종교집단들의 구성원들은 한국의 고유한 전통과 문화를 공유하고 있지만, 자신들이 속한 종교 집단의 가치에 따라 다른 관습을 가지고 있는 경우가 많다.

하위문화는 한 사회에서 소수의 사람들이 공유하는 문화를 의미하는 것이지 그 문화 자체가 열등하다는 의미는 아니다(김중순, 2005: 74). 협상에서 한 국가의 문화가 중요한 역할을 하지만, 협상자의 개성과 협상자가 속해 있는 조직문화도 협상자의 협상태도에 지대한 영향을 미친다(Cellich I Jain, 2005).

동일한 한국문화를 체험하면서 자란 한국인이라 하더라도 삼성맨과 현대맨은 삼성그룹과 현대그룹의 독특한 조직 문화 속에서 생활하면서 협상태도가 상이해 질 수 있다.

한국의 기업문화는 인간관계에 의한가, 시스템에 의한가?

| 표 | 문화가 경영자에게 주는 시사점

성 향	유 형	경영자에게 주는 시사점
1. 인간의 본성은?	선하다	타인의 동기와 능력에 낙관적 직접 의사소통 중시
	악하다	동료, 부하, 협상 파트너를 의심: 숨기는 경향
	혼합	중개인이나 컨설턴트 활용: 낙관적 태도와 행동사이의 괴리-예를 들어 공개적인 의사소통을 공언하지만 메시지가 변호사에 의하여 사전에 정밀 검토된다. 예: 열심히 노력하면 어떤 성취도 가능하다고 믿기 때문에 주류 미국문화는 낙관적이다. 그리고 매년 수백만 권의 자수성가에 관한 책들이 팔리고 있는 것에서 볼 수 있는 것처럼 인간은 궁극적으로 완전할 수 있다고 생각한다. 그러나 갈등을 해결하기 위하여 법에 지나친 의존은 비관주의를 나타낸다.
2. 인간과 자연의 관계는?	지배	통제와 계획 예: 이런 성향을 가진 문화에서는 자연을 지배하려는 욕구로 조직문화와 작업환경에 대한 종업원의 경험을 계획하고 만들려는 시도를 한다.

성 향	유 형	경영자에게 주는 시사점
	조화	공존: 중용의 추구: 직장 내에서 공개적인 갈등회피: 상대방에 대한 존중
	복종	운명주의: 외부통제를 쉽게 허용, 독립적인 계획의 회피, 조직문화의 변화에 대한 비관주의.
3. 인간관계는?	선형적	권위에 대한 존중, 나이, 가족, 성별에 의하여 결정된 연장자 존중, 긴 조직구조, 계층에 근거한 의사 소통
	집단주의적	그룹 내의 관계는 일,상사, 다른 그룹에 대한 태도에 영향을 미친다. 다른 그룹의 구성원은 경계의 대상이 된다. 그룹으로부터 개인을 제거하거나 그룹경계를 허무는 조직구조나 시스템을 싫어한다.
	개인주의적	사람들은 주로 자기 자신을 그룹의 일원이라기보다는 한 개인으로 본다. 개인적 성취와 지위에 대한 기회를 극대화하는 시스템이 필요하고 흥미있는 일이 훨씬 더 가치가 있다. 경쟁이 고무된다. 인류평등주의자인 자신의 이미지를 갖고 있다.
4. 인간행동 양식은?	동적	성과가 존중된다. 따라서 성과의 재무적 및 기타 측정지표가 존중된다. 일이 개인생활의 중심이다: 실질적인 성향, 성과를 좌절시키는 애매모호함이 불안감을 야기시킨다. 예: 미국에서 몇 주동안 2000년 미국대통령 선거의 승자를 결정하지 못한 일은 긴장감을 불러일으켰고, 정신과적 치료를 필요한 사람들이 쇄도했다. 한 정신과 의사가 말하기를 선거가 모호함을 불러일으키고 있다. 우리는 승자와 패자가 존재한다는 데 익숙해 있다.
	정적	성취보다는 출신, 나이, 성별, 가족, 커넥션에 의하여 지위가 결정된다. 감정에 가치를 둔다. 계획은 종종 단기적이다: 자발성(자연스러움)에 가치를 둔다. 예: 불교문화는 환생을 믿는다. 환생은 인간이 과거의 삶에서 행한 행위에 의하여 현재의 지위와 상태로 탄생한다는 것을 의미한다. 따라서 투쟁은 무의미하다. 나쁜 행동을 피하고 조화를 유지함으로서 당신은 환생할 때 더 높은 지위로 탄생할 기회가 생긴다.
	통제적	감정과 행동 사이의 균형 추구: 자문

성 향	유 형	경영자에게 주는 시사점
5. 시간관념	미래중심적	미래 계획이 우선시된다: 과거의 성과는 덜 중요하다: 변화의 개념에 가치를 둔다. 경력 계획과 훈련에 가치를 둔다.
	현재중심적	현실이 우선시되고, 계획의 기준으로 활용된다. 장기적 계획은 항상 수정이 가능하다. 현재의 영향 및 스타일을 강조.
	과거중심적	미래를 계획할 때 과거가 모델로서 활용된다: 전례에 대한 존중: 영속성의 욕구: 연장자에 대한 존중 예: 한 일본계 미국인이 말하기를 "당신이 만약 일본에 있는 정부부서와 어떤 어려움에 처해 있을 때, 나이 많은 사람을 데리고 가시오. 일본 관리들은 나이 든 사람들을 존중한다. 나는 문제가 있을 때, 과거에 나의 회사에서 근무한 경력이 있는 은퇴한 사람을 데리고 갔다. 그리고 그가 나의 상황을 설명했다.
6. 공간개념?	사적	사적 소유권 존중; 사적인 것에 가치를 둔다; 사적 회의에 가치를 둔다. 낯선 사람은 멀리 한다.
	공적	비밀리에 행해진 활동은 의심을 받는다. 사회적 근접관계를 당연시한다. 공개적 회의에 가치를 둔다.
	혼합	사적 · 공적 활동이 구별된다.

자료: Richard Head(2000).

한국의 기업문화는 인간관계에 의한가, 시스템에 의한가?

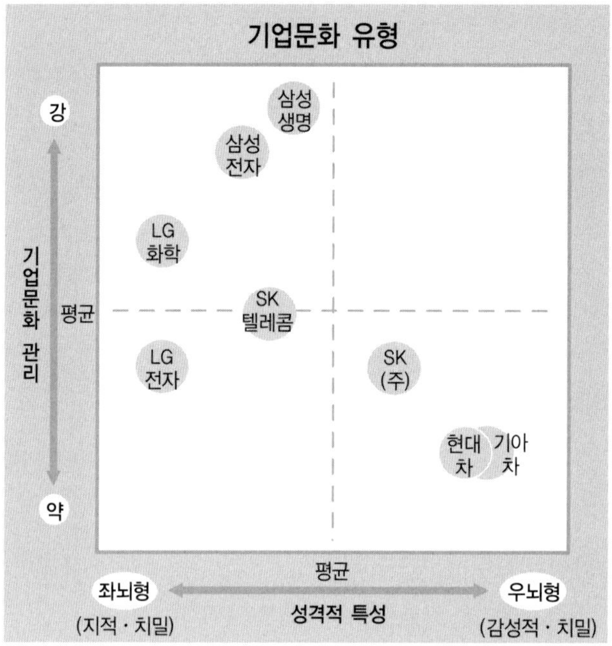

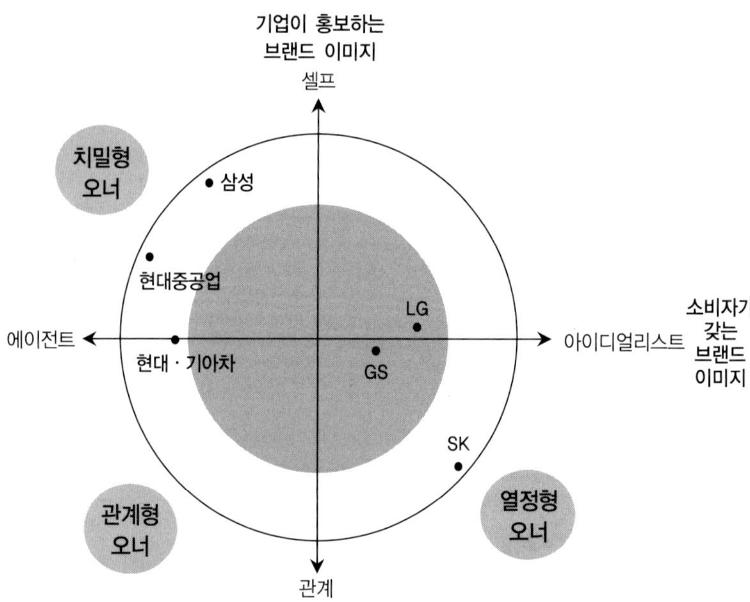

1) 중간 원 안에 위치한 그룹은 이미지가 뚜렷하지 않은 상태
2) 두 번째 동그라미는 어느 정도 브랜드 이미지 형성된 상태
3) 대각선 방향으로 나아갈수록 기업 총수의 리더십이 분명한 상태
4) 롯데 그룹은 위 도표로는 해석할 수 없는 다른 차원에 해당함

자료: hangyoung

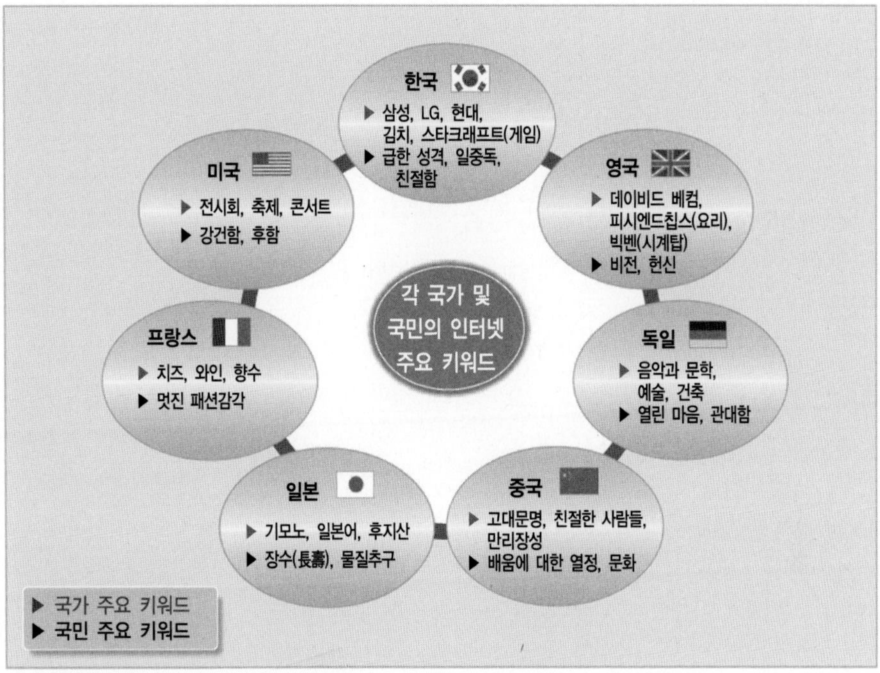

4. 문화의 보편성과 문화적 자기인식

문화의 요체는 그 세부적인 면이나 형태에서 다소 차이는 있으나 모든 사회에서 공통적으로 존재하고 있는 것을 의미한다(김중순, 2005: 80). 각 나라의 문화는 많은 차이점과 독특함이 있음에도 불구하고 모든 문화는 유사성과 공통분모를 가지고 있다. 이를 문화의 보편성이라고 한다.

이러한 문화의 보편성이 있기 때문에 한국문화의 결정체인 한국 드라마, 영화, 음악과 같은 한류가 아시아를 넘어 전 세계적으로 확산될 수 있는 것이다 또한 다른 문화에 대한 연구 및 다른 문화의 체험을 통해 자신의 문화의 독창성을 인식하는 것을 문화적 자기인식이라고 한다. 국제협상자는 이러한 문화적 자기인식을 통해 우물만 개구리와 같은 자국중심주의적 태도를 벗어나게 된다.

특히 국제협상자들은 문화적 자기인식을 통해 다른 문화에 대해 갖고 있는 열등감, 우월감과 같은 편견을 버리고, 문화적 오해로 인한 갈등을 피할 수 있다.

협상에세이

TV 프로 수출 막는 금기(禁忌)

'치키치키 차카차카 초코초코 초'. 주제가 신나는 TV 만화영화 '날아라 슈퍼 보드'가 끝내 이슬람 국경을 넘지 못했다. KBS는 편당 1억원 이상을 투자해 만든 이 만화영화를 이슬람권 국가들에 수출하려 했으나 등장 캐릭터 중 하나인 저팔계가 발목을 잡히고 만 것이다. 견본 프로그램을 흥미롭게 지켜보던 바이어들은 저팔계가 화면에 나오자 깜짝 놀라며 손을 내저었다. 비천하다고 먹지도 않은 돼지가 주인공으로 나오는데다 말까지 하고 다니니 심의는 꿈도 꾸지 말라는 것이다.

이슬람의 장벽은 여기서 그치지 않는다. KBS에서 제작한 '마법사의 아들 코리'는 마법을 사용한다는 이유로 심의를 통과하지 못했고, '달려라 하니'는 만화 영화인데도 미니스커트를 입은 장면을 편집해야 했다.

한 나라의 역사와 문화가 고스란히 녹아있는 TV프로를 수출하기 위해선 상대국의 지역별 특성과 문화적 배경에 따른 심의 기준을 꿰뚫는 것이 필수적이다.

유럽의 경우는 특히 어린이물에 대한 규제가 엄격하다. '난중일기'는 규정보다 큰 칼과 피흘리는 장면 때문에 심의의 벽을 넘지 못했다. 또 '난중일기'는 다른 이유로 일본에서 되돌아 오기도 했다. 일본의 한 상업방송사는 심의 후 '자사 프로와 색깔이 맞지 않는다'는 점잖은 답변을 보내왔다. 하지만 '역사적 관점'이 거절의 이유라는 게 수출 담당자의 설명이다.

사회주의권 국가들은 체제비판이나 반정부 시위장면에 민감하기로 유명하다. 지난 1995년 편당 3천 달러에 '모래시계' 24편을 수입한 중국 CCTV는 아직도 방영을 못하고 있는 실정이다. 광주항쟁 등의 반정부 시위장면이 담겼다는 이유로 국무원 산하 심의기구인 광전국의 심의를 통과하지 못했기 때문이다.

세계시장 개척을 위한 조직적인 심의정보관리의 필요성이 프로덕션들에 의해 계속 제기되자 마침내 답안이 마련됐다. 아리랑 TV를 운영하는 국제방송교류재단이 설립하는 '수출지원센터'에서 외국의 수입심의정보를 도맡기로 한 것이다. 문화관광부 관계자는 "늦은 감이 있지만 가능한 모든 채널을 동원해 수입심의 정보를 수집·제공해 수출경쟁력을 높이겠다"고 밝혔다. (중앙일보, 1998.11.27)

유럽의 한류열풍

Check Point ideal culture, practical culture

세계의 많은 나라들과 문화권은 각기 추구하는 이상이 있다. 그러한 이상은 국가 이미지와 모토로 나타나고 있다. 이처럼 어떤 국가나 사회에서 이상적이라고 생각하는 문화를 이상적인 문화(ideal culture)라고 한다.

그러나 국가나 사회에서 이상적으로 생각하는 문화에 모든 구성원들이 동참하고 그대로 이상을 실현하지는 않는다. 일탈을 하기도 하고 반사회적인 일을 하기도 한다. 이처럼 어떤 사회나 이상적인 문화가 있음에도 불구하고 현실적인 문화(practical culture)는 다양하게 존재한다. 따라서 협상자는 협상 상대방의 문화를 이해할 때 자신이 접한 특정인이나 일부 계층의 모습만을 갖고 그 나라의 문화를 포괄적으로 평가해서는 안된다.

Check Point cultural shock

자신이 보고 자란 문화와 다른 문화를 만나게 되면서 받는 심리적인 충격을 문화적 충격(cultural shock)이라고 한다. 이러한 용어는 1957년 빌르즈와 험프리가 처음 사용하였다. 이러한 현상은 사람이 사회생활에 적응하면서 익힌 방법과 수단이 다른 문화에서는 통용되지 않을 때 발생하는 심리적인 혼란을 의미한다(박한표, 2006: 40). 이러한 문화적 충격을 국제협상에서 최소화하려면 문화적 자기인식을 통한 다른 문화에 대한 체계적인 학습이 필요하다.

같은 영어를 말하더라도 다른 문화권의 사람들은 세상을 다른 눈으로 보고 있다. 그들은 서로 다른 방식으로 비즈니스 목표를 정의하고, 생각과 감정을 표현하며 관심을 나타낸다는 것을 알아야 된다(Cellich I Jain, 2005).

Check Point ethnocentrism, ethnonihilism, cultural relativism

전 세계에는 우리가 대표적으로 선진문화라고 인식하고 있는 문화뿐만 아니라 알려지지 않은 많은 문화들이 있다. 이러한 다양한 문화들에 대한 인식은 천차만별이다. 특히 자신의 문화에 대한 인식도 자신의 문화가 최고라고 생각하는 자민족중심(우월)주의(ethnocentrism)에서부터 자기문화에 대한 열등의식을 갖고 있는 자민족비하주의(ethnonihilism)까지 있다.

그러나 문화는 수직적인 개념이 아니고, 수평적인 개념이므로 자신의 문화에 지나친 우월감이나 열등감을 가져선 안되고, 자신의 고유문화를 발전시키면서 다른 나라의 문화를 존중하는 자세를 보여야 한다.

특히 다른 나라 문화를 이해할 때에는 자신의 문화나 관점이 아닌 토착민의 관점에서 그들의 문화를 이해해야 한다. 이러한 것을 문화 상대주의(cultural relativism)라고 한다. 예를 들어 일본의 혼욕문화를 일본의 기후, 습관 등의 토착민의 관점에서 이해하려는 자세를 보이지 않고, 단지 비난하거나 폄하하는 자세는 지양해야 한다.

협상에세이

할랄(halal) 초코파이

미국무부 법률고문에 내정된 한국계 고홍주 예일대 로스쿨 학장의 취임에 보수파의 반발이 있었다고 뉴욕 타임스가 2일 보도했다. 이슬람 율법에 대한 고 학장의 발언에서 꼬투리를 잡았다는 것이다. 이슬람 율법은 일상생활에서 투자-경영에 이르기까지 다양한 영역에서, 해야 할 일과 해서는 안 되는 일들을 규정해 놓았다. 그 중에는 한국을 대표하는 과자 중 하나인 초코파이를 먹어선 안 된다는 것도 있다. 이유는 초코파이의 젤라틴 성분 때문. 끈적끈적한 질감을 내는 제과용 젤라틴은 돼지 가죽에서 추출한다. 무슬림에겐 최대의 금기인 돼지가 포함돼 있는 것이다.

그러나 개인이 이런 성분을 모두 알 수는 없는 일. 그래서 각국 이슬람 교단에서는 율법에 저촉되지 않는 식품의 목록을 만들어 신도들에게 알려준다. 이를 할랄 푸드(halal food)라고 부른다. 전 세계의 공인 할랄 푸드 시장 규모는 5800억 달러에 달한다. 한국 이슬람 교단에서도 지난달부터 '먹어도 좋은 한국 과자'의 목록을 공지하고 있다.

'할랄'이란 아랍어로 '허용된 것'이라는 뜻이다. 육류의 경우 돼지고기, 피, 맞아 죽은 짐승의 고기 등은 먹어선 안 된다. 허용된 고기라 해도 율법 규정에 따라 도살된 것이어야 할랄 푸드로 인정될 수 있다.

왜 하필 돼지가 금기일까. 인류학자 마빈 해리스는 척박한 사막의 환경에 이유를 돌린다. 유목민들에게 최고의 가축인 양이 풀만 있으면 자라는 데 비해 돼지는 사람과 양곡을 나눠 먹어야 하고, 젖이나 털 등 부가 자원도 얻을 수 없다는 약점이 있다. 따라서 사치품인 돼지를 키우느라 자원을 낭비하지 말라는 의도가 금기로 변한 것이란 설명이다.

결국 모든 금기의 이면에는 그 사회 특유의 필연적인 근거가 있다. 이런 금기의 무시는 때로 유혈사태로 이어지곤 한다. 1857년 인도에서 일어난 세포이의 반란은 힌두교와 이슬람교의 금기를 경시했던 영국 통치세력의 오만이 낳은 비극이었다. 이슬람 세력에 대한 미국 보수파의 경계야 당연하다고 할 수도 있지만, 상대 문화에 대한 이해의 거부는 또 다른 비극으로 이어질 수 있다는 점을 돌이켜 보게 된다.

할랄의 이해는 돈으로도 이어질 수 있다. 드라마 '대장금'에 대한 아랍권의 뜨거운 반응에 힘입어 한국관광공사도 지난달 말 무슬림 모델을 기용한 한국 홍보 동영상을 제작하고 할랄 푸드 제공 식당을 안내하는 등 아랍권 관광객 유치에 적극적인 면모를 보이고 있다. 이 기회에 다른 경로로 젤라틴을 추출한 '할랄 초코파이'를 만드는 건 어떨까.

(중앙일보, 2009.4.4)

5. 문화의 특성

첫째, 모든 문화는 유전되고 상속되는 것이 아니라, 구성원이 사회화하는 과정에서 학습되고(learned) 전수된다. 즉, 문화는 한 사회의 구성원이 사회화하는 과정에서 학습되는 것이다. 사람들은 자신들의 문화를 시간이 흐름에 따라 다음 세대로 물려준다. 특히 문화는 사회적 관계를 통해 발전해 나간다.

인간이 다른 동물보다도 효과적으로 배울 수 있는 이유는 언어 때문이다. 언어는 의사소통의 기능뿐만 아니라 추상적인 개념과 상징적인 의미를 전달 할 수 있다. 동물에게 정직하라고 의사전달을 할 수는 없다(김중순, 2005: 67).

둘째, 문화는 서로 밀접하게 관련되어 있고 서로 영향을 미친다. 문화의 한 부분은 다른 부분과 밀접한 관련을 갖고 있다. 예를 들어 결혼과 종교는 밀접한 관련을 갖고 있다 셋째, 문화는 공유되고 진화 발전된다. 문화는 일반적으로 그 집단내의 구성원들에 의해 받아 들여져 공유되고, 문화는 한 자리에 머무르지 않고 끊임없이 변화한다(Cellich I Jain, 2005).

문화는 한 사회안에 속한 구성원들이 공유한다. 한 사회라는 것은 문화영역을 의미하는 것으로 유사한 문화들이 발견되는 지리적 범위를 의미한다(김중순, 2005: 73).

Check Point homogeneous culture ⟷ heterogeneous culture

일반적으로 동양문화는 동질적(homogeneous)이고, 집합적이며 관계지향(being)문화이고 서양문화는 이질적(heterogeneous)이고, 개인주의적이며 임무지향(doing)문화라고 한다[64].

동질적인 사회는 문화 요소들이 잘 조화된 사회이고, 이질적인 문화 요인이 공존하는 사회를 이질적인 사회라고 한다. 동질적인 사회와 이질적인 사회 중 어떤 사회가 더 좋은 사회인가?

정답은 없다. 예를 들어 대표적인 동질적 사회는 일본이다. 동질적 사회의 장점을 인정하는 사람들은 일본의 초고속 경제성장의 가장 큰 원인을 일본사회의 동질적 문화에서 찾고 있다.

그러나 매년 노벨상을 휩쓸고 있는 미국은 대표적인 이질적 사회이다. 이질적 사회의 장점을 말하는 사람들은 미국문화의 이러한 이질적인 부분들이 독창성을 만들어내고 있다고 한다(김중순, 2005: 83).

이처럼 이질적 사회와 동질적 사회는 각각의 장점을 갖고 있어 우위를 가늠할

64) R. Okabe, "Cultural Assumption of East and West", Intercultural Communication Theory, 1983, p.21.

수 없다. 단지 국제협상과정에서는 협상 상대방의 사회가 이질적인가, 동질적인가를 정확히 분석하여 차별화된 전략으로 대처해야 된다.

Check Point Stereotyping

상동적 태도(常同的 態度: stereotyping)는 어떤 사람을 그가 속한 사회적 집단에 대한 지각을 기초로 해서 인식하는 경직적 편견을 의미한다(이승영, 1990). 신화, 가정, 왜곡된 결론이 스테레오 타입을 만들어 낸다. 스테레오 타입은 카테고리와 연관된 과장된 신념이다. 스테레오 타입은 일반화에 기본을 두었기 때문에 인간의 개인적 특성을 인정하지 않는다(최윤희, 1999).

예를 들어 독일 사람들은 모두 독일병정이나 나치처럼 차갑고, 무뚝뚝 할 것이다. 또는 일본 여성들은 모두 다 남성들에게 순종적일 것이다. 등은 대표적인 상동적인 태도이다.

Check Point 문화 쪼개기와 협상

협상을 할 때 모든 아시아인이 동질적인 협상 스타일을 보일 것이라고 간주하는 것은 무리가 있다. 동일한 아시아 문화권이지만, 일본 협상자들은 중국 협상자들과 다른 가치관을 갖고 있을 수 있다.

또한 국적이 같다고 해서 모두가 동일한 문화를 가진 것은 아니다. 예를 들어 인도의 경우 남쪽 사람들과 북쪽 사람들의 문화는 동일 국가임에도 불구하고 큰 차이를 보이고 있다(Cellich I Jain, 2005).

국제협상을 할 때 단편적인 문화에 대한 지식으로 집단에 대한 고정관념을 갖고, 이러한 고정관념을 보편적 사실이라고 간주해서는 안된다. 예를 들어 모든 일본인들이 직접적으로 부정적인 대답을 얼버무리는 것은 아니고, 모든 멕시코인들이 식사 중에 사업 이야기를 싫어하는 것은 아니다. 또한 모든 독일인들이 상대방의 제안에 대해 딱딱하고 절제된 반응을 보이는 것은 아니다(Cellich I Jain, 2005).

| 표 | 문화지향성과 관리행위

문화 요소	미국의 문화지향성	대비적 문화지형성
인간의 본성	선과 악의 혼합	기본적으로 선(기본적으로 악)
관리행위	변화가 가능함 종업원의 훈련을 강조하고, 직무에 대한 학습기회를 제공한다.	변화는 불가능함 종업원의 올바른 선택을 강조하고, 그들의 변화나 발전은 기대하지 않는다.
인간과 자연과의 관계	인간이 자연을 지배	인간과 자연의 조화(인간은 자연에 복종)
관리행위	정책결정은 인간의 욕구에 따라 자연을 변화시키기 위해 행해진다. (예) 댐, 도로 등의 건설	정책결정은 자연을 보호하는 차원에서 행해진다.
인간관계	개인주의적	집단주의적
관리행위	인사담당자는 종업원을 선발하는데 있어서 지원자의 학력과 능력을 중시한다.	인사담장자는 종업원을 선발하는데 있어서 지원자와 기업내 주요인물과의 관계를 중시한다.
활동양식	동 적	정 적(통제적)
관리행위	종업원은 목표를 달성하기 위하여 작업을 극대화하려고 노력한다.	종업원들은 그들의 생활에 필요한 만큼만 일하려고 한다. 따라서 그들은 작업을 극소화하려고 노력한다.
공간지향성	사 적	공 적
관리행위	경영자는 통상 중요한 회의를 폐쇄적인 장소를 이용하여 방해를 받지 않고 은밀하게 진행시킨다.	경영자는 통상 개방적인 장소를 이용하여 회의를 개최하며, 될 수 있는 한 많은 종업원을 참여시킨다.
시간지향성	미래지향성	과거지향성 (현재지향성)
관리행위	정책은 5년, 10년, 15년 그리고 20년 주기의 목표에 중점을 두면서 미래의 변화를 강조한다.	현재의 정책은 과거의 정책을 기준으로 하며, 미래에도 기업정책이 과거와 같이 계속 이행되기를 기대한다.

자료: Naccy J. Adler, Women as Androgynous Managers: A Conceptualization of the Potential for American Woman is International Management(Pergamon Press, Ltd., 1984).

협상에세이

"문화민족주의 넘어선 동남아 한류"

한류는 이제 동아시아에서 소통의 언어가 된 듯하다. 그 바람이 1990년대 중반 이래 본격적으로 일기 시작했으니 10년을 넘어서고 있다. 동북아에 머물던 한류는 동남아로 번졌고, 아시아를 넘어 세계로 확산되고 있다. 그간 논자들은 동아시아 한류의 원인을 한국 드라마의 높은 완성도에서 찾았다. 한국 연속극은 스토리 전개에 속도감이 있고 변화무쌍하며, 다음 편이 어떻게 될지 궁금하게 만드는 마력이 있다. 한국 배우들은 아름다운 외모와 우수한 연기력을 뽐내고, 개발도상국 국민들에게 선망의 대상이 되는 선진 문물이 가득한 배경을 보여준다. 더욱이 베트남 같은 유교적 전통을 가진 국가에서는 한국 드라마 내용이 문화적으로 쉽게 공감할 수 있는 것들이다. 근래 인도네시아나 말레이시아와 같이 문화적으로 다른 동남아 이슬람권 국가들에서도 한국 드라마가 유행하는 걸 보면, 분명 한류에는 인간 보편의 정서에 부합하는 무엇이 있는가보다. 한류는 아시아 사람들의 정서적 유대를 강화하는 하나의 도구이기도 하다.

한류의 이면

한류를 전하는 보도들은 동남아 각국의 거리가 온통 한국풍 일색일 것이라고 짐작케 한다. 가보지 않아도 눈에 선하듯이 말이다. 그러나 베트남 젊은이들은 한참 유행하던 '희나리'나 '포에버'보다 팝송을 더 흥얼거리고, 외국 연예인 소식을 전하는 인터넷 사이트에도 한국 연예계 난은 한 부분에 불과하다. 여러 한국제 상품이 시장을 석권하고 있다지만, 상류층 사람들은 일본제 가전제품이나 자동차를 선택하고 랑콤, 삐에르가르댕 같은 세계적 브랜드를 고른다.

한편, 한국 관광객이 베트남에서 매매춘 혐의로 벌금을 물고 추방당하는가 하면 호찌민시 인근 한국계 기업에서는 파업이 잦다. 호찌민시의 조사에 따르면 1995년부터 2006년 11월까지 호찌민시 인근 지역에서 일어난 파업 538건 가운데 외국인 투자기업에서 발생한 것은 245건이었다. 그 가운데 한국계 기업에서 일어난 파업이 120건으로 절반에 달하며, 대만계 기업에서는 87건이 발생하여 그 뒤를 따르고 있다. 베트남 신부들은 주로 농촌에서 가난을 벗기 위해 한국으로 오고 있는데, 텔레비전을 통해 보는 한국의 모습에 대한 동경도 그들의 한국행을 부추긴다. 하지만 보기와는 달리 한국 생활이 쉽지 않아 억압적 생활을 견디다 못해 탈출을 시도하는 사람도 있다. 한국 드라마를 본 인도네시아 네티즌들은 한국에서는 여성을 때리는

게 일상적인 일이라고 알고 있다고 한다. 화면에서 그리고 있는 아름답고 발전된 한국 이미지 뒤에 폭력과 비인간적 면모가 도사리고 있는 것이다. 한국에 대한 이미지가 왜 이리 상반되는지 동남아 사람들은 혼란스럽기만 하다.

기세등등한 한류를 벗어나

두해 전 일이다. 한국의 한 방송사가 베트남 국영방송과 공동으로 하노이 비엣소 문화궁에서 한국-베트남 독립 60주년 기념 평화음악회를 가졌다. 기획도 좋았고 출연진의 정열적인 노래도 좋았다. 특히, 클론의 멤버인 강원래가 휠체어 댄스와 함께 '꿍따리샤바라'를 부른 것은 청중들에게 큰 감명을 주었다. 마야, 쥬얼리, 김건모, 인순이, 임태경으로 이어지는 가창력 높은 가수들은 한국의 '문화적 힘'을 보여주었다. 한국 가수들의 기세가 베트남 가수들을 누르는 형세였다. 한국의 압도적 우위에 베트남인들이 얼마나 한국인들에게 우정을 느꼈는지는 모르겠다.

한국 속에 녹아든 동남아 문화

이렇게 한류가 일방적으로 동남아를 엄습하였는데, 최근 한국에 '동남아류'가 생긴 것은 바람직한 일이다. 요새 베트남 퍼(쌀국수), 태국 똠얌꿍으로부터 시작하는 동남아 음식을 찾는 한국인들이 많아졌다. 내 주위 몇 사람은 내가 베트남 갈 때마다 가져다주는 커피로 이제 베트남 커피 애호가가 돼버렸다. 베트남산 한치가 한국 시장을 장악한 지 오래다. 최근 베트남 신부를 소재로 한 드라마 시청률이 20%에 육박하기도 하였다. 이처럼 동남아 것이 우리 곁에 깊숙이 자리잡은 것은 최근의 일만이 아니다.

'삼국사기' 저자는 신라 때 동남아의 진귀한 물건이 귀족들의 사치품으로 쓰였던 정황을 기록하였다. 캄보디아 같은 동남아에서 나는 비취모(翡翠毛)는 비취새의 털인데 귀족 부인들의 의복을 치장하는 데 쓰였고 보르네오, 필리핀, 자바 등지에서 잡히는 거북의 등껍질인 대모(玳瑁)는 집이나 상을 장식하는 데 쓰였으며 이것으로 만든 빗이 유행하였나보다. 이 밖에도 수마트라산 자단(紫檀), 침향(沈香)은 가구나 가마를 만드는 데 쓰였다. 이것들이 당나라를 통해 왔으리라 짐작하지만 한국과 동남아간 교류의 역사는 오래 전으로 거슬러 올라가는 셈이다.

더 나은 소통을 위하여

한국 언론의 과장 보도만큼은 아니나 동남아에 한류는 분명히 존재한다. 한류 확산을 한국상품 판매 기회라는 장삿속으로만 보지 말고, 저질 자본주의 문화라 비아냥거리지도 말고, 있는 그대로를 인정하고 어떻게 상대 문화를 좀 더 이해할 수 있을까를 고민해봐야 한다.

이제 두 나라의 친선음악회에서 한국인 사회자들은 "신짜오(안녕하세요)"라고 베트남어 인사말을 건넨다. 최근 베트남 신부를 소재로 한 드라마에서는 베트남인을 꼭 빼닮은 한국인 배우가 베트남어 대사를 너끈히 소화해낸다. 한국인들이 동남아 사람들을 대하는 태도가 부쩍 성숙했음을 보여주는 장면들이다. 한류가 동아시아 소통의 언어가 되었다 하여 정신적 기반이 될 수 있을 것이라는 것은 아니다. 자칫 문화제국주의라고 의심받을 수 있다. 이게 가능하려면 순수한 한국 문화를 간직한 한류가 아니라 비빔밥처럼 섞인 '아시아류'여야만 하며 나아가 모든 사람들이 공감할 수 있는 보편적 정서를 지닌 '세계류'여야 한다. 한류의 확산도 한국 대중문화가 이미 섞인 것이었기에 가능한 일이었다. 한국에서 열린 '동아시아 주간'이나 '아시아송 페스티벌' 같은 행사는 바람직한 상호교류의 장일 것이다. 수많은 섬과 종족들로 구성된 인도네시아에서 국가통합의 구호가 '다양성 속의 통일'이듯이, 지금은 아시아의 다양한 문화를 존중하며 상호 소통의 정도를 높이려 힘쓸 때다.

(경향신문 2007.7.27)

6. 문화와 시간 및 공간

시간과 공간에 대한 인식은 겉으로 나타나지 않기 때문에 문화배경이 다른 사람들과의 커뮤니케이션에 있어서 오해나 왜곡의 원천이 된다(이승영, 1999).

1) 문화에 따른 시간의 의미(지향성)

인간은 동일한 시간을 사용하고 있음에도 불구하고 문화권에 따라 서로 다른 의미를 부여하고 있다. 시간의 의미와 중요성은 문화간에 큰 차이를 보이고 있다(신응철, 2007: 39). 시간의 이용행태(chronemics)는 문화권에 따라 상이한 양상을 보이고 있다.

즉, 일반적으로 서양에서는 시간에 대한 선형적 견해를 갖고 시간의 긴박감이나 압박감을 갖는데 비해 동양에서는 시간에 대해 회전적 견해를 갖고 시간의 긴박감이나 압박감을 갖고 있지 않다(조석홍, 2007: 150).

동양에서는 시간은 유동적이고 무한한 것으로 간주한다. 이러한 시간에 대한 관념으로 동양인들은 협상에서의 시간지연을 큰 문제 삼지 않는다(신응철, 2007: 39).

이에 비해 북미인들은 시간은 불변의 것이며, 매우 가치있는 것이므로 돈과 마찬가지로 낭비되어서는 안된다고 생각한다. 이들에게 시간은 항상 부족한 돈과 같은 존재이다. 따라서 미국인들은 협상을 정해진 시간에 시작해서 정해진 기한에 맞추어 협상이 타결되기를 원한다.

이에 비해 중국인들은 협상을 달성하는 것이 중요하지 시간이 얼마나 소요되는 것은 크게 개의치 않는다. 또한 멕시코인들은 북미인들의 타이트한 협상진행을 무엇인가를 감추려는 것으로 오해한다(Cellich I Jain, 2005).

시간에 대한 문화적인 구분은 크게 단일시간 문화권과 복합시간 문화권으으로 구분된다. 문화가 모노크로닉(monochronic)한가? 아니면 폴리크로닉(polychronic) 한가?, 폴리크로닉(polychronic) 문화는 인간관계가 정해진 스케줄보다 우선시 된다[65]. 즉, 이러한 문화권의 사람들은 미리 계획을 세워 그것을 지켜나가기 보다는 일처리 과정에서 사람끼리 이루어지는 관계를 더욱 중요시 한다(신응철, 2004: 42). 또한 이러한 문화권의 사람들은 여러 가지 일을 한꺼번에 하고, 일을 처리하는데 시간을 유동적으로 사용한다(임향옥, 2008).

이에 비해 단일시간(monochronic)문화권의 사람들은 한 번에 한가지 일을 하기를 선호하고, 그 일에 집중하여 정해진 일정에 따라 일을 마무리하기를 선호한다(최윤희, 1998).

모노크로닉한 시간관의 가장 큰 특징은 선형적(線型的) 사고를 한다는 점이다. 이러한 문화권의 사람들은 무슨 일을 하더라도 한 번에 하나씩만 해나가는 편이다(신응철, 2004).

미국인들은 시간을 통제하려고 한다. 그리고 어떤 일을 동시에 추진하는 것을 싫어한다. 이에 비해 중동인들은 미래는 신의 영역으로 생각하여 시간을 통제하거나 미래를 계획하는 것을 싫어하고 일의 동시진행을 선호한다(이승영, 1999).

미국인들은 협상의제를 논의할 때 한 의제를 해결 한 다음에 다른 의제를 논의하기를 원하나, 일본인들은 한 의제별로 결론내지 않고 여러 의제를 한꺼번에 다루고 마지막에 가서 전체적으로 합의를 한다(임향옥, 2008).

독일과 스위스와 같은 선형적(linear) 문화권의 사람들은 일을 세분화하여 한 번에 한 가지씩 처리하는 것을 선호한다. 이에 비해 중남미나 중동과 같은 복합문화권 사람들은 짜여진 계획대로 일을 한가지씩만 하는 것을 불편해 한다. 그들은

65) Edward T Hall, The silent Language, Anchor Books, 1973, p.67.

상황이 변하는데 어떻게 계획대로, 순서대로 정해진 시간에 하는가?라고 불만을 제기한다(최윤희, 1998).

┃표┃ 선형적 행동과 복합적 행동척도

1. 독일인, 스위스인	(선형적 행동)
2. 미국인(앵글로색슨계 백인 신교도)	↑
3. 스칸디나비아인, 오스트리아인	
4. 영국인, 캐나다인, 뉴질랜드인	
5. 오스트레일리아인	
6. 일본인	
7. 네덜란드인, 벨기에인	
8. 프랑스인	
9. 체코인, 슬로베니아인, 크로아티아인, 헝가리인	
10. 북부 이태리인	
11. 칠레인	
12. 러시아인	
13. 포르투칼인	
14. 폴리네시아인	
15. 스페인인, 남부 이태리인, 지중해인	
16. 인도인, 파키스탄인	↓
17. 남미인, 아랍인, 아프리카인	(복합적 행동)

자료: 최윤희(1998)

┃표┃ 시간지향성에 따른 협상스타일

구분	협상스타일
복합시간 문화권의 협상자	· 회의의 시작 시간과 끝나는 시간이 유동적 · 한꺼번에 정보가 쏟아져도 다 받아들인다 · 지각을 심각하게 받아들이지 않는다 · 적당한 때 커피 브레이크를 한다 · 서로가 말을 할 때 겹쳐도 무관하다
단일시간 문화권의 협상자	· 회의의 시작 시간과 끝나는 시간이 정확함 · 안건을 하나 하나 순서대로 다룬다 · 지각을 무례하게 다룬다 · 커피 브레이크를 미리 정해 둔다 · 발언 순서대로 말하기를 원한다

자료: 임향옥(2008)

2) 문화에 따른 공간의 언어

문화에 따른 공간지향성의 차이는 사적공간, 적당한 개인거리, 신체적 접촉에 대한 선호도 등으로 구분된다(임향옥, 2008: 68). 공간의 의미는 문화에 따라 상이하게 나타난다.

만약 협상에서 처음 만난 스위스 협상자가 본능적으로 가까이 서있는 브라질 협상자에게서 뒤로 물러 선다면 브라질 협상자는 불쾌감을 느낄 수 있다. 또한 문화에 따라 개인적 공간으로 넓은 곳을 선호하는 사람과 좁은 공간에도 큰 불편함없이 편안함을 느끼는 사람이 있다(Cellich I Jain, 2005).

또한 다국적기업의 사무실이나 외국인들이 많은 공장에서 접촉지향 문화권(contact oriented culture) 사람이 너무 가까이 서거나 자주 상대방의 몸과 접촉을 하면 비접촉 문화권 사람들은 불쾌하게 생각하고 이를 기피할 것이다(최윤희, 1999).

편안함을 느끼는 거리 감각도 문화권에 따라 상이한데 일반적으로 미국인들과 대화할 때는 팔을 쭉 편 거리인 1미터 정도 떨어져야 한다. 미국인 들은 이 정도 거리에서 상대방과 떨어져 대화할 때 편안함을 느낀다. 그러나 중국, 일본과 같은 동양인들은 대화할 때 상대방과 1미터 이상 거리를 두어야 한다. 또한 브라질, 멕시코인들과 같은 남미인들은 50센티미터 정도로 가깝게 다가와 대화를 하는 경향이 있다(안세영, 2006). 이처럼 문화권에 따라 자신만의 공간(safety zone)의 차이에서 오는 오해는 조직내의 갈등과 협상시 불필요한 오해와 불협화음을 가져올 수 있다.

| 표 | 대인간의 거리나 공간

공간영역	내 용	거 리
친밀	애인, 가족, 가까운 사이에서 가능한 거리로 타인이 침범했을 때는 위협을 느낀다. 예 : 어린아이가 만원인 엘리베이터에서 우는 경우	5cm~50cm
대인	비즈니스 또는 일반 사교시 가능한 거리	50cm~80cm
사회	무대 위의 공간으로 교실에서 강사와 교육생이, 회의실에서 사장과 직원이 갖는 거리	80cm 이상

자료 : 박준형(2006)

| 표 | 개인영역 침범시 나타나는 행위

- 위협적으로 바라보다가 눈을 피하려고 시선을 돌린다.
- 과도하게 눈을 깜빡거린다.
- 멀어지려는 듯 반대편으로 몸을 기댄다.
- 미소를 보이지 않고 굳은 표정을 짓는다.
- 갑작스럽게 대화를 중단한다.
- 딱딱하고 부자연스런 몸동작을 보인다.
- 발을 돌리거나 상체를 뒤쪽으로 빼려고 한다.
- 입술을 깨물거나 메무새를 가다듬는 등 긴장감을 나타내는 몸짓을 한다.
- 팔짱을 낀다.
- 손가락 혹은 발로 딱딱 소리를 낸다.
- 얼굴이 붉어진다.
- 상대와의 사이에 있는 공간에 물건을 쌓는다.
- 사적인 일에 대한 대회를 회피한다.
- 목소리에서 적대감이 느껴진다.

자료 : Tonya Reiman

Check Point Personal Space

퍼스널 스페이스 이론은 에드워드 홀이 주장한 이론으로 낯선 사람이나 잘 알지 못하는 사람에게서 안전거리 및 일정공간을 확보하려는 현상을 말하는 것으로 대안거리(portable territory)라고도 한다.

예를 들어 공원벤치와 도서관에 앉아 있는데 벤치나 도서관의 자리가 많이 비어 있음에도 불구하고 옆자리에 누군가 앉는다면 누구나 불안한 마음이 든다. 그런데 이러한 퍼스널 스페이스는 나라에 따라 차이가 있다(Wataru Kanba, 2004).

협상에세이

"한국인 조상 이동경로"

북방 유입은 없어 유전자 일본과 가장 유사

한국·미국 등 다국적 연구팀이 아시아인의 이동 경로와 유전적 특성을 밝힌 것은 세계 민족이동 연구에 큰 영향을 미칠 것으로 보인다. 연구 방법이나 대상으로 삼은 민족 수 등 면에서도 기존 연구보다 광범위해 이번에 제기된 '단일 경로 유입설'에 한층 무게가 실린다.

학계의 지지를 많이 받던 기존의 '다중 경로 유입설'의 경우 수만 년 전 동남아인들이 남쪽에서 동북아 쪽으로 올라오고, 유럽 쪽에 가까운 중앙아시아인들이 남쪽으로 내려온 것으로 추정했다. 그러나 이번 연구결과는 사뭇 다르다. 오로지 동남아 쪽 단일 경로를 타고 동북아 쪽으로 흘러들어갔다는 것이다. 한국생명연구원의 강호영 박사는 "73개 민족 2000명을 대상으로 한 광범위한 연구는 처음이다. 새로운 유전자 추적 기법을 활용해 신뢰성이 높다"고 말했다.

기존 민족이동 경로를 추적한 연구들은 많아야 10여 종의 민족을 대상으로 삼아 20~30개 유전자를 추적했다. 이번 연구는 5만6000여 개 유전자를 분석한 뒤 비슷한 유전자가 많은지 적은지를 이용해 민족의 이동로를 추적했다.

민족 간 어느 정도의 차이가 있는지도 이번 연구에서 드러났다. 한국인과 아프리카인의 차이를 100으로 봤을 때 한국인과 중국인은 5.03, 한국인과 일본인은 4.23, 중국인과 일본인은 6.99, 한국인과 유럽인은 58.2였다. 한국인이 일본인과 가장 가까운 셈이다. 이는 일본인이 한국에서 건너갔다는 학설을 방증하는 것이라고 연구팀은 설명했다. 이번 연구 결과가 아시아인의 체질에 어떤 약물이 효과가 크고 작은지를 알거나 질병 발생 경로 등을 분석하는 데에 활용될 것으로 연구팀은 기대했다.

(중앙일보, 2009.12.11)

7. 문화적 가치체계와 협상

G.Hofsted는 경영자와 종업원사이에 존재하는 본질적인 차이점을 남성다움, 개인주의, 권력 간격, 불확실성의 회피로 설명하고 있다.

1) 불확실성의 회피 (uncertainty avoidance)

불확실성은 한 문화의 구성원들이 불확실한 상황으로 인해 느끼는 정도를 말하고, 불확실성의 회피는 이러한 불확실한 상황을 피하려는 정도의 차이이다(정훈, 2009: 57).

불확실성의 회피는 사람들이 일정한 체계가 갖추어져 있지 않아 예측불가능한 상황을 느꼈을 때 불안해하는 정도를 의미하고, 이처럼 불확실한 상황을 피하고자 하는 사람들은 엄격한 제도와 행동규범을 만들어 놓는다[66].

문화에서 불확실성의 회피는 한 국가의 사람들이 계획되고, 구조화된 상황을 선호하는가?, 아니면 구조화되지 않은 불확실한 상황을 더 선호 하는가의 차이이다.

어떤 문화권에서는 불확실하고, 모호하며 예측할 수 없는 위험한 상황을 피하려는 경향이 있고, 또한 어떤 문화권에서는 이러한 불확실한 상황을 잘 받아들이는 경향이 있다. 불확실성 회피가 높은 문화권은 격식을 갖춘 관료적 기준에 의존하며 자신의 감정도 잘 드러내지 않고 최측근들만 신뢰한다(최윤희, 1999).

불확실성의 회피가 낮은 문화권은 경영자가 전개되는 사건에 능동적으로 대응하는 것을 곤란하게 하는 관료주의적 구조를 회피하려고 한다. 미국과 캐나다는 불확실성의 회피가 매우 낮고, 일본, 그리스, 포르투갈 등은 불확실성의 회피가 높다.

협상과정에서 문화권에 따른 불확실성의 회피정도에 따라 협상 당사자간에 위험을 수용하는 정도에 큰 차이를 보인다. 미국의 협상자는 미래의 변화에 능동적이고 탄력적으로 대응하는 반면에 일본의 협상자는 좀 더 구조화되고 계획된 방식으로 미래를 대비하는 성향을 갖고 있다(Cellich I Jain, 2005).

인간이 위험을 감수하면서도 일을 추진하는 성향은 문화에 따라 상이하다. 대체적으로 위험을 감수하는 성향이 높은 문화권의 협상자들은 협상을 할 때 특정한 정보가 누락되는 등의 불확실성이 증대되어도 비즈니스 기회가 매력적이

66) Hofstede, op.cit., p.308.

면 위험을 감수하고 비즈니스를 추진한다.

이에 비해 위험을 감수하는 성향이 낮은 문화권의 협상자들은 협상을 신중하게 임하며 협의하기 전에 모든 경우의 수를 검토하는 신중함을 보인다(Cellich I Jain, 2005).

표 불확실성의 회피경향이 약한 사회와 강한 사회의 기본적이 차이

불확실성 회피 경향이 약하다.	불확실성 회피 경향이 강하다.
인생에는 확실하지 않은 것이 으레 있기 마련이고 항상 그것을 받아들이고 있다.	으레 있게 마련인 불확실성은 끊임없는 위협이어서 제거해야만 한다.
스트레스가 적은 행복감이 감돈다.	스트레스가 많고 불안감이 떠돈다.
공격적인 태도와 감정을 밖으로 나타내서는 안된다.	때와 장소를 가려서 공격적인 태도와 감정을 발산시킨다.
애매한 태도와 잘 알 수 없는 위험이 있어도 느긋하다.	알고 있는 위험은 받아들이지만 애매한 상황과 잘 알 수 없는 위험에는 불안을 느낀다.
더러운 것과 금기시되는 것에 대하여 애들은 그다지 엄한 소리를 듣지 않는다.	더러운 것과 금기시되는 것에 대하여 애들은 엄한 소리를 듣는다.
다르다는 것은 호기심을 부추긴다.	다르다는 것은 위험이다
학생은 개방적이고 자유로운 학습 환경을 쾌적하게 느끼고 토론에 관심을 보인다.	학생은 틀에 박힌 학습 환경을 쾌적하게 느끼고 항상 올바른 대답을 하려고 한다.
교사가 '모른다'고 하는 경우도 있다.	교사는 모든 상황에 대하여 답변할 수 있어야 한다고 여겨지고 있다.
절대로 필요하다고 여겨지는 이상의 규칙은 필요없다.	절대로 지켜지지 않을 것이라고 알고 있어도 규칙을 원한다.
바쁘지 않아도 침착한 기분으로 있을 수 있다. 필요한 때에만 열심히 일한다.	바쁘게 하고 있지 않으면 마음이 놓이지 않는다. 열심히 하지 않으면 안 된다는 충동에 휩싸인다.
정확함과 시간을 지키는 것은 학습해야 한다.	정확함과 시간을 지키는 것은 자연스럽게 습득한다.
기발하고 혁신적인 아이디어와 행동에 대해 너그럽다.	기발하고 혁신적인 아이디어와 행동은 억제된다. 혁신에 대한 저항이 있다.
인간은 달성감과 존경 또는 소속에 따라 동기를 부여받는다.	인간은 안전과 존경 또는 소속에 따라 동기를 부여받는다.

자료: Hofstede(1991).

| 표 | 50개국과 3개 지역의 불확실성 회피 지수(UAI)

점수순위	국가/지역	UAI점수	점수순위	국가/지역	UAI점수
1	그리스	112	28	에콰도르	67
2	포루투칼	104	29	독일	65
3	과테말라	101	30	태국	64
4	우루과이	100	31/32	이란	59
5/6	벨기에	94	31/32	핀란드	59
5/6	살바도르	94	33	스위스	58
7	일본	92	34	서아프리카	54
8	유고슬라비아	88	35	네덜란드	53
9	페루	87	36	동아프리카	52
10/15	프랑스	86	37	오스트레일리아	51
10/15	칠레	86	38	노르웨이	50
10/15	스페인	86	39/40	남아프리카	49
10/15	코스타리카	86	39/40	뉴질랜드	49
10/15	파나마	86	41/42	인도네시아	48
10/15	아르헨티나	86	41/42	캐나다	48
16/17	터키	85	43	미국	46
16/17	한국	85	44	필리핀	44
18	멕시코	82	45	인도	40
19	이스라엘	81	46	말레이시아	36
20	콜롬비아	80	47/48	영국	35
21/22	베네수엘라	76	47/48	아일랜드(공화국)	35
21/22	브라질	76	49/50	홍콩	29
23	이탈리아	75	49/50	스웨덴	29
24/25	파키스탄	70	51	덴마크	23
24/25	오스트리아	70	52	자메이카	13
26	대만	69	53	싱가포르	8
27	아랍권	68			

자료: Hofstede(1991), 차재호 · 나은영 역(1995).

2) 개인주의 대 집단주의 (individualism vs collectivism)

문화권에 따라 개인주의와 집단주의 두 요소 중에서 어느 부분을 더 중요하게 생각하는지는 문화권마다 상당한 차이를 보이고 있다[67]. 개인주의 문화권의 사람들은 개인이 가장 중요한 단위이며 협력보다는 경쟁을 우선시한다(최윤희, 1999). 이처럼 개인주의 문화권은 자기중심적이며, 다른 사람에게 크게 의존하지 않는다.

즉, 집단의 구성원에게 의존도가 낮고, 개인의 목표 달성을 집단의 공동목표보다 우선시 한다. 일반적으로 개인주의적인 문화권의 구성원들은 경쟁심이 강하며, 자신들이 소속되어 있는 조직에 대해 충성도나 소속감이 낮다.

이에 비해 집단주의 문화권의 사람들은 자신의 정체성이 자신이 속한 집단에 의해 확인되며(곽노성, 1998: 137), 상대방한테 손해를 본다고 하더라도 상대방과의 관계를 더 강조한다. 집단내에서는 조화와 협력을 중요시한다[68]. 집단주의 문화권의 사람들은 집단 사고력(group mentality)을 갖고 타인에 대한 의존도가 높고, 개인의 의견이나 목표보다 집단의 목표를 우선시 한다. 특히 자신이 속한 조직에 대한 강한 소속감과 일체감을 갖고, 의견 차이보다는 조화를 중요시 한다.

개인주의와 집단주의적 가치관의 경향은 가족과 학교, 직장에서 매일 되풀이되는 인간관계에서 분명하게 나타난다[69]. Triandis는 전 세계 인구 중 약 70%는 집단주의 문화권에 속할 것으로 추정하고 있다[70].

집단주의 문화권의 사람들은 자신이 속한 집단(in-groups)과 자신이 속하지 않는 집단(out-groups)을 확실히 구분하는 견고한 사회적 틀로 구성되어 있고, 집단은 개인의 사생활을 침범할 수 있으며 개인은 집단의 결정을 무조건 믿는다(최윤희, 1999).

집단주의 문화권의 사람들은 그들의 내부집단(친척, 당파, 조직)이 자신들을 돌보아 주기를 기대하며 내부 집단에 절대적인 충성을 보인다(조석홍, 2007: 168).

집단주의 문화권에서 집단이 구성원에게 요구하는 것은 다음과 같다. 첫째,

---

67) R. Brislin, Understanding Culture's Consequence on Behavior, Harcourt College Publishers, 2000, p.50.

68) H.C, Triandis, Individualism and Collectivsm, Sanfrancisco Westview, 1995, p.24.

69) S.Ting-Toomey, Communicating Across Cultures, Guilford Press, 1999, p.67.

70) H.C. Triandis, Culture and Social Behavior, McGraw-Hill, 1994, p.28.

개인의 의견과 목표보다는 집단의 의견과 목표를 따른다. 둘째, 개인의 즐거움보다는 집단의 규범과 의무를 우선한다. 셋째, 개인과 집단을 구분하지 말고 집단이 공유하는 믿음을 신뢰한다. 넷째, 집단의 구성원들간에 최대한 협력한다[71].

문화권에 따라 개인의 인격이 매우 중요시 되는 문화가 있고, 개인보다는 집단을 우선하는 문화가 있다. 협상의 관점에서 보면 집단지향적인 문화는 의사결정에 도달하는 시간이 더 오래 걸린다[72]. 따라서 협상을 진행하고 결론 짓는데 개인지향적인 문화보다 더 많은 시간이 소요된다.

그 이유는 집단지향적인 문화는 협상과 관련한 사안에 대해 집단합의를 이루어야 하기 때문이다. 미국, 영국, 캐나다, 네덜란드, 뉴질랜드 등은 개인주의 성향이 강하고, 베네수엘라, 칠레, 브라질, 일본, 대만 등은 집단주의 성향이 강하다 (Cellich I Jain, 2006).

미국인들은 수평적이며 개인주의적 문화로 커뮤니케이션에서도 자긍심, 자기표현, 자립심과 같은 자신들의 자아관을 강조한다[73]. 이에 비해 동남아에서는 자아보다 관계에 바탕을 둔 상호작용을 더 강조한다(최윤희, 1999). 집단주의 사회는 커뮤니케이션에 있어 비언어적이고 모호한 표현적 특징이 있는데 비해 개인주의 사회에서는 메시지의 명료성이 강조된다[74].

집단주의 문화권의 사람들은 다른 사람과 대립, 경쟁을 싫어하고 불일치를 우회하며 대립을 피하는 경향이 있다[75]. 이에 비해 개인주의 문화권의 사람들은 갈등 회피에 관심이 없거나, 갈등을 일부러 회피하는 사람은 용기가 부족한 사람으로 치부한다[76]. 이러한 이유로 인해 집단주의 문화권의 협상자들은 갈등이 발생해도 직접적인 방법으로 갈등을 적극적으로 해결하려고 하지 않고 관계를

---

71) H.C. Triandis, "Cross-Cultural Studies of Individualism and Collectivsm", University of Nebraska Press, 1990, p.45.

72) E. Marx, Breaking Through Culture Shock, Nicholas Brealey, 1999, p.51.

73) W.D. Klopf, Intercultural Encounter: The Fundamentals of Intercultural Communication, Morton, 1987, p.43.

74) 김유경, "글로벌 마케팅 커뮤니케이션과 문화", 「글로벌 마케팅 커뮤니케이션」, 커뮤니케이션북스, 2006, p.39.

75) H.C. Triandis, "Individualism and Collectivsm: Cross-Cultural Perpectives on Self-ingroup Relationship", Journal of Personality and Social Psychology, 1988, pp.323-338.

76) M.H. Bond, "Explaining Choices in Procedural and Distributive Justice across Cultures", International Journal of Psychology, 1992, pp.211-225.

유지할 수 있는 간접적인 방법으로 갈등을 해결하려고 한다. 이에비해 개인주의 문화권의 협상자들은 직접적인 방법으로 갈등을 해결하려고 한다[77].

┃표┃ 개인주의적인 사회와 집단주의적인 사회의 기본적인 차이

개인주의적 사회	집단주의적 사회
성인이 되면 자신과 가까운 (핵)가족만 돌보면 된다	사람들은 확대가족 속에서 태어나 그 집단에 충성을 맹세하는 대신에 계속 보호받는다.
정체성은 자기 자신에 뿌리 내리고 있다.	정체성은 자신이 소속된 사회적 네트워크에 뿌리 내리고 있다.
아이는 '나는'이라는 시점에서 사물을 생각하도록 배운다.	아이는 '우리는'이라는 시점에서 사물을 생각하도록 배운다.
자신의 속마음을 말하는 사람이야말로 성실한 사람이다.	항상 조화가 유지되어야 하고 직접적인 대립은 피한다.
커뮤니케이션은 상황에 좌우되기 어렵다.	커뮤니케이션은 상황에 좌우되기 쉽다.
불법행위를 하는 것은 죄의식을 부추켜서 자존심을 상하게 한다.	불법행위를 하는 것은 본인과 집단에게 수치이고 체면을 잃게 하는 것이다.
졸업증을 따는 것은 경제력뿐만 아니라 자존심을 높이는 것이다.	졸업증을 따는 것은 보다 높은 신분집단의 일원이 되는 길을 여는 것이다.
고용자와 종업원의 관계는 상호이익에 기초하여 결합된 계약관계다.	고용자와 종업원의 관계는 가족관계와 같이 도덕적인 관점에서 평가받는다.
채용과 승진은 그 사람이 가지고 있는 기술과 규칙에 기초하여 결정된다.	채용과 승진의 경우 사원의 집단에 대한 정보가 고려된다.
경영이란 개인을 어떻게 관리할 것인가이다.	경영이란 집단을 어떻게 관리할 것인가이다.
직무가 인간관계보다도 우선시 된다.	인간관계가 직무보다도 우선시 된다.

자료: Hofstede(1991).

77) L., Sproull, Connections: New Ways of Working in the Networked Organization, Cambridge, MA: MIT Press, 1991, p.55.

| 표 | 50개국과 3개 지역에 대한 개인주의 지수(IDV)

점수순위	국가/지역	IDV점수	점수순위	국가/지역	IDV점수
1	미국	91	28	터키	37
2	오스트레일리아	90	29	우루과이	36
3	영국	89	30	그리스	35
4/5	캐나다	80	31	필리핀	32
4/5	네덜란드	80	32	멕시코	30
6	뉴질랜드	79	33/35	동아프리카	27
7	이탈리아	76	33/35	유고슬라비아	27
8	벨기에	75	33/35	포르투칼	27
9	덴마크	74	36	말레이시아	26
10/11	스웨덴	71	37	홍콩	25
10/11	프랑스	71	38	칠레	23
12	아일랜드	70	39/41	서아프리카	20
13	노르웨이	69	39/41	싱가포르	20
14	스위스	68	39/41	태국	20
15	독일	67	42	살바도르	19
16	남아프리카	65	43	한국	18
17	핀란드	63	44	대만	17
18	오스트리아	55	45	페루	16
19	이스라엘	54	46	코스타리카	15
20	스페인	51	47/48	파키스탄	14
21	인도	48	47/48	인도네시아	14
22/23	일본	46	49	콜롬비아	13
22/23	아르헨티나	46	50	베네수엘라	12
24	이란	41	51	파나마	11
25	자메이카	39	52	에콰도르	8
26/27	브라질	38	53	과테말라	6
26/27	아랍권	38			

자료: Hofstede(1991).

Check Point **이데올로기와 집단주의**

국가와 국가 간에는 이데올로기적 차이가 있고 이러한 차이는 해당 국가 국민들의 행동에 지대한 영향을 미치고 있다. 이데올로기는 국민들로 하여금 세상을 있는 그대로 숙명적인 것으로 받아들이게 하고, 권위를 존중하게 하며, 개인보다 집단을 우선할 것을 요구한다(Claude Cellich, 2006).

3) 권력간격(권력의 분배, power distance)

모든 사회는 다 불평등하다. 그러나 불평등의 정도와 불평등을 받아들이는 정도는 사회마다 차이가 난다(조석홍, 2007: 169). 권력간격은 특정 사회에서 권력을 덜 지닌 사람들이 권력의 불평등을 받아들이고 이러한 권력의 불평등을 정상적인 것으로 간주하는 정도를 의미한다[78].

즉, 어떤 문화권에서는 권력자와 권력의 지배를 받는자간에 간격이 많이 떨어져 있고, 또 어떤 문화권에서는 권력자와 권력의 지배를 받는자 간의 간격이 좁다.

권력간격은 권력, 부, 명예가 한 문화권내에서 분배된 정도를 의미한다. 권력간격이 넓은 문화권에서는 직장에서 윗사람-아랫사람의 관계는 위계질서가 적용되는 종속적인 관계이고, 윗사람이 아랫사람의 부모와 같은 역할도 하는 온정주의(paternalism)가 팽배하다(최윤희, 1999).

권력간격이 넓은 문화권에서는 아랫사람들이 윗사람과 다른 의견을 말하는 것을 두려워 하고, 아랫사람들은 전제적이고 가부장적인 결정을 내리는 윗사람들을 더 선호한다(곽노성, 1998: 134).

Hofstede는 한 문화권내에의 권력, 명성, 부가 분배된 정도로 권력 간격지수(Power Distance Index)를 도출하였다[79]. 권력간격이 넓은(High Power Distance) 문화권의 구성원들은 권력차별과 불평등을 사회의 구성요소로 받아들이고, 조직에서 윗 사람과 아랫 사람은 상호간에 서로를 다른 존재로 생각한다[80].

이에 비해 권력간격이 좁은(Low Power Distance) 문화권의 사회에서는 사회적 차별과 불평등을 최소화시키는 것을 당연하게 받아들이고 조직내에서 상하간의 관계는 평등하게 공존한다[81].

---

78) G. Hofstede, "The Cultural Relativity of Quality of Life Concept", in Cultural Communication and Conflict: Reading in Intercultural Relations, 2nd ed., G.R. Weaver, ed, 2000, p.139.

79) Hofstede, Cultures & Organization, London, McGraw-Hill, 1991, pp.23-47.

80) W.B. Gudykunst, Asian American Ethnicity and Communication, Sage, 2001, p.41.

81) Brislin, op.cit., p.288.

이처럼 권력간격이란 한 사회에서 구성원들이 사람들과의 사이에서 수용할 수 있는 불평등의 정도를 말한다. 어떤 사회에서는 중요한 의사결정을 할 때 권력이 고위층의 소수에게만 집중되어 있는 경우가 있고, 또 다른 사회는 의사결정을 할 때 많은 사람의 의견이 수렴되고 의사결정에 많은 사람이 참여하는 사회가 있다.

이처럼 의사결정을 하는 당사자 수가 고위층의 극소수에 집중되어 있는 경우에는 권력간격이 넓은 사회이고, 의사결정에 고위층뿐만 아니라 하위층까지 참여범위가 넓다면 권력간격이 좁은 사회이다.

사회 및 조직내에서 권력이 넓게 분포되어 있는 권력 간격이 좁은 사회는 상대적으로 구성원의 관계가 평등하고, 많은 구성원들이 의사결정에 참여한다.

국가별로 권력간격은 큰 차이를 보이고 있는데, 일본은 권력간격이 넓은 사회이고, 미국과 캐나다는 권력간격이 중간정도의 사회이며, 덴마크와 오스트리아는 권력간격이 좁은 사회이다(Cellich I Jain, 2005).

권력간격이 넓은 수직적 문화권의 사람들은 커뮤니케이션에서 위계질서(hierarchy)에 따라 지위에 부합하는 커뮤니케이션 절차를 따르므로 상대적으로 예측이 가능하다[82].

권력간격이 좁은 수평적 문화권의 사람들은 사업이나 협상과정에서 의사결정권이 공유되고, 하위직의 직원이 의논에 참여하여 그의 의사를 적극 개진하고 최고책임자는 그를 지원하는 스태프의 의견을 존중한다.[83]

국제협상에서 협상자는 상대방 국가의 권력간격이 어떤 사회인지 정확히 파악해야 된다. 협상자는 상대방 국가의 권력간격에 따라 협상 상대방의 의사결정 매커니즘을 예상하고 이에 적절한 대응을 해야 한다.

특히 협상과정에서 협상자가 대안으로 새로운 의제를 제안할 경우 협상 상대방의 본국과의 의사결정 프로세스를 예측하고 탄력적으로 대응해야 한다. 또한 권력간격의 차이에 따른 의사결정의 소요기간 차이를 분석하여 협상에서 정해진 데드라인을 협상력의 강화방안으로 적극 활용할 수 있다.

국가별로 차이가 존재하는 권력간격은 협상관련 모든 의사결정에 영향을 미칠

82) W.D. Klopf, Intercultural Encounter: The Fundamentals of Intercultural Communication, Morton, 1987, pp.20-27.

83) Hofstede, op.cit., p.108.

수 있다. 협상 전의 정보수집과 협상 후의 사후관리에도 상대방 국가의 권력간격에 따라 중점을 두고 접촉해야 될 대상이 달라질 수 있다.

| 표 | 권력 간격이 좁은 사회와 넓은 사회의 기본적인 차이

권력 간격이 좁다	권력 간격이 넓다
사람들 사이의 불평등은 최소한으로 해야 한다	사람들 사이에 불평등이 존재하는 것은 당연하고 바람직하다
권력을 그다지 갖지 않은 자와 강한 권력을 가진 자는 서로 의존해야 하고, 실제로 어느 정도 서로 의존하고 있다	권력을 그다지 갖지 않은 자는 강한 권력을 가진 자에게 의존해야 한다
부모는 아이를 자신과 평등한 존재로 대한다	부모는 아이에게 고분고분할 것을 가르친다
아이는 부모를 자신과 평등한 존재로 대한다.	아이는 부모에 대해 경의를 표한다
교사는 학급에서 학생이 자발적일 것을 기대한다	교사는 학급에서 모든 지도권을 쥘 것으로 기대받고 있다
교사는 객관적인 진실을 전하는 전문가다	교사는 자신의 예지를 전하는 리더다
학생은 교사를 자신과 평등한 존재로 대한다	학생은 교사에 대해 경의를 표한다
조직에서 계층구조는 편의상 만들어진 역할의 불평등이다	조직에서 계층구조는 지위가 높은자와 낮은자 사이에서 현실적으로 존재하는 불평등의 반영이다
권력의 분산이 일반적이다	권력의 집중이 일반적이다
조직의 상급자와 하급자 사이의 급료 격차가 그다지 없다	조직의 상급자와 하급자 사이의 급료 격차가 크다
부하는 상사한테 상담받기를 기대하고 있다	부하는 무엇을 해야 할지 상사로부터의 명령을 기대하고 있다
이상적인 상사는 능력이 있고 민주적인 사람이다	이상적인 상사는 정이 많은 사람이나 좋은 아버지와 같다
특권이나 지위를 나타내는 상징을 싫어한다	관리직의 특권이나 지위를 나타내는 상징은 당연하고 일반적이다

자료: Hofstede(1991).

| 표 | 50개국과 3개 지역에 대한 권력간격지수(PDI)

점수순위	국가/지역	PDI점수	점수순위	국가/지역	PDI점수
1	말레이시아	104	27/28	한국	60
2/3	과테말라	95	29/30	이란	58
2/3	파나마	95	29/30	대만	58
4	필리핀	94	31	스페인	57
5/6	멕시코	81	32	파키스탄	55
5/6	베네수엘라	81	33	일본	54
7	아랍권	80	34	이탈리아	50
8/9	에콰도르	78	35/36	아르헨티나	49
8/9	인도네시아	78	35/36	남아프리카	49
10/11	인도	77	37	자메이카	45
10/11	서아프리카	77	38	미국	40
12	유고슬라비아	76	39	캐나다	39
13	싱가포르	74	40	네덜란드	38
14	브라질	69	41	오스트레일리아	36
15/16	프랑스	68	42/44	코스타리카	35
15/16	홍콩	68	42/44	독일	35
17	콜롬비아	67	42/44	영국	35
18/19	살바도르	66	45	스위스	34
18/19	터키	66	46	핀란드	33
20	벨기에	65	47/48	노르웨이	31
21/23	동아프리카	64	47/48	스웨덴	31
21/23	페루	64	49	아일랜드	28
21/23	태국	64	50	뉴질랜드	22
24/25	칠레	63	51	덴마크	18
24/25	포르투칼	63	52	이스라엘	13
26	우루과이	61	53	오스트리아	11
27/28	그리스	60			

자료: Hofstede(1991).

Check Point 권력간격과 집단주의, 개인주의의 관계

일반적으로 집단주의 특성이 강한 국가는 항상 넓은 권력간격을 나타내지만, 개인주의의 특성이 강한 국가는 항상 좁은 권력간격을 나타내지 않고 개인주의이면서 권주의적인 사회도 나타난다(조석홍, 2007: 169).

4) 남성성과 여성성(masculinity vs feminity)

남성성과 여성성은 단순히 남성과 여성을 의미하는 것이 아니고, 남성다움과 여성다움의 정도를 말한다(최윤희, 1999). 즉, 사회의 지배적 가치관이 독단 및 성취와 같은 남성지향적인가, 아니면 조화와 배려같은 여성지향적인가의 차이이다

문화권에 따라 의사결정과정 등에서 조화와 같은 여성다운 가치를 더 소중하게 생각하는 문화와 성취와 같은 남성다운 가치를 더 추구하는 문화권으로 구분할 수 있다.

남성성의 문화권은 자기주장이 강하고, 경쟁적이고, 성공, 성과와 같은 남성지향적인 성향이 사회 전반적으로 팽배한 문화권으로 협상과정에서 공격적인 커뮤니케이션의 성향을 보인다. 이에 비해 여성성의 문화권은 양성평등, 관계, 봉사, 협력과 같은 여성지향적인 성향이 강한 사회이다.

호프스테드의 연구에 의하면 연구에서 가장 여성지향 문화권의 국가로 분석된 스웨덴의 국회의원 중 41%가 여성이었고, 가장 남성지향 문화권으로 분석된 일본은 국회의원 중 5%만이 여성이 있었다[84].

남성성의 문화권은 사회에서 남성과 여성의 역할이 구분되어 있고, 성과에 대한 과시가 강하다. 이에비해 여성성의 문화권은 양성성(兩性的)의 조화를 중요시 한다. 캐나다, 미국, 일본 등은 남성성이 강하고, 스웨덴, 덴마크 등은 상대적으로 여성성이 강하다(Cellich I Jain, 2005). 수직적인 문화에서는 동성 친구관계가 주로 동성끼리 이루어진다[85]. 여성성의 문화권은 다수의 의견이 일치되도록 노력하고, 갈등을 해결할 때에도 화해와 협상을 선호한다(정훈, 2009: 56).

---

84) "Women in the House", Time June 16, 1997.

85) V.E. Cronen & R. Shulter, op.cit., p.63.

| 표 | 여성적 사회와 남성적 사회의 주요 차이점

여성적 사회	남성적 사회
· 사회의 지배적인 가치는 다른 사람을 돌보는 것과 보호하는 것이다	· 사회의 지배적인 가치는 물질적 성공과 진보이다.
· 모든 사람이 겸손하다고 가정된다.	· 남성들은 자기주장적이고 야심만만하며 거칠다고 가정된다.
· 남성과 여성이 모두 부드러워도 되며, 인간관계에 관심을 가져도 된다.	· 여성들은 부드러우며 인간관계를 돌보아야 한다고 가정된다.
· 가정 안에서 아버지와 어머니가 모두 사실과 감정을 공히 다룬다.	· 가정 안에서 아버지는 사실을, 어머니는 감정을 다룬다.
· 소년·소녀들이 모두 울어도 되며, 소년이든 소녀든 싸워서는 안 된다.	· 소녀는 울고 소년은 울지 않는다. 소년은 공격을 받을 때 맞서 싸워야 하며, 소녀는 싸워서는 안 된다.
· 약한 자에게 공감한다.	· 강한 자에게 공감한다.
· 평균 수준의 학생이 규범이 된다.	· 뛰어난 학생이 규범이 된다.
· 학교에서 낙제하는 것은 사소한 일이다.	· 학교에서 낙제하는 것은 엄청난 재앙이다.
· 다정다감한 교사들이 인정받는다.	· 명민한 교사들이 인정받는다.
· 소년·소녀가 같은 과목을 공부한다.	· 소년·소녀가 다른 과목을 공부한다.
· 살기 위해 일한다.	· 일하기 위해 산다.
· 경영자는 직관을 이용하며, 합의점을 찾는다.	· 경영자는 결정을 내려야 하며, 자기주장적일 것으로 기대된다.
· 동등, 단결, 직업생활의 질을 강조한다.	· 동료간의 경쟁, 업적을 강조한다.
· 화해와 협상에 의한 갈등 해결	· 투쟁하여 물리침으로써 갈등 해결

자료: Hofstede(1991).

▌표▌ 50개국과 3개 지역에 대한 남성성 지수(MAS)

점수순위	국가/지역	MAS점수	점수순위	국가/지역	MAS점수
1	일본	95	28	싱가포르	48
2	오스트리아	79	29	이스라엘	47
3	베네수엘라	73	30/31	인도네이샤	46
4/5	이탈리아	70	30/31	서아프리카	46
4/5	스위스	70	32/33	터키	45
6	멕시코	69	32/33	대만	45
7/8	아일랜드(공화국)	68	34	파나마	44
7/8	자메이카	68	35/36	이란	43
9/10	영국	66	35/36	프랑스	43
9/10	독일	66	37/38	스페인	42
11/12	필리핀	64	37/38	페루	42
11/12	콜롬비아	64	39	동아프리카	41
13/14	남아프리카	63	40	살바도르	40
13/14	에콰도르	63	41	한국	39
15	미국	62	42	우루과이	38
16	오스트레일리아	61	43	과테말라	37
17	뉴질랜드	58	44	태국	34
18/19	그리스	57	45	포르투칼	31
18/19	홍콩	57	46	칠레	28
20/21	아르헨티나	56	47	핀란드	26
20/21	인도	56	48/49	유고슬라비아	21
22	벨기에	54	48/49	코스타리카	21
23	아랍권	53	50	덴마크	16
24	캐나다	52	51	네덜란드	14
25/26	말레이시아	50	52	노르웨이	8
25/26	파키스탄	50	53	스웨덴	5
27	브라질	49			

자료: Hofstede(1991).

커뮤니케이션의 능력은 얼마나 말을 잘 하느냐 보다
얼마나 남을 잘 이해시키느냐에 의해 결정된다

- Andrew Grove -

CHAPTER 12

국제협상과 커뮤니케이션

1. 협상과 커뮤니케이션

커뮤니케이션 = 의사전달
= 의사소통

커뮤니케이션(communication)은 정보를 전달하는 과정이다. 이러한 커뮤니케이션에는 언어전달뿐만 아니라 비언어적 방법도 포함된다. 국제협상에서 효율성과 협상력을 향상시키려면 커뮤니케이션의 효과를 높여야 된다. 협상의 핵심은 절제된 커뮤니케이션이다[86]. 또한 협상은 언어와 복잡한 비언어적 커뮤니케이션을 통해 이루어진다[87].

협상은 한 사람의 행동이 협상 파트너에게 영향을 미치기 때문에 상호의존적이다. 따라서 협상자는 자신의 협상능력을 개선할 뿐만 아니라 협상파트너와 어떻게 상호 작용하고, 어떻게 설득하며 어떻게 의사소통할 것인가 중점을 두어야 한다(Claude, Cellich, 2006).

협상은 일반적인 커뮤니케이션과 상이하게 목표, 관계, 규범적 관행을 동반하는 독특한 상호작용이다. 특히 협상은 당사자간에 조화를 이루지 못한 사항에 초점을 맞추고 상호 수용가능한 합의를 이끌어 내기 위해 다양한 전략을 추진하는 것이 일반적인 커뮤니케이션과 다르다(최윤희, 1998).

국제협상에서는 협상 상대방의 제스처 등의 비언어적 행동, 예의, 권위 및 지위에 대한 태도 등의 사소한 일들에 대한 문화적인 인식차이로 큰 오해를 불러일으키거나 심리적 불편을 가져와 커뮤니케이션에 지장이 발생할 수 있다(장대환, 1998: 64). 협상의 기본은 의사소통이다. 모국어로도 완벽하게 자신의 의사를 전달하는 것은 쉽지가 않다. 더욱이 외국어로 완벽한 의사전달은 쉽지 않은 문제이다.

86) I.W, Zartman, "Common Elements in the Analysis of the Negotiation Process", Negotiation Journal 4, 1988, pp.43.

87) D.V.J. Bell, "Political Linguistics and International Negotiation", Negotiation Journal 4, 1988, p.246.

Check Point **커뮤니케이션은 어떻게 구분할 수 있나**

커뮤니케이션은 다음과 같이 분류할 수 있다

첫째, 말하는 사람중심으로 일방적으로 하고 싶은 이야기를 하는 것

둘째, 대화를 서로 주고 받는 것.

셋째, 상호간에 말뿐만 아니라 이미지도 인식하는 것(김성호, 2011).

협상에세이

성공한 사람들의 의사소통과 협상

꿈의 목적을 분명히 하라! 꿈의 목적을 흐릿하게 만드는 것이 하나라도 있다면 그것이 무엇이든 제거해야 한다. 날마다 다음의 질문을 하며 꿈의 목적을 분명히 해야 한다.먼저 왜(Why) 나의 꿈이 중요한가? 그리고 누구에게(Who) 나의 꿈이 가장 큰 혜택을 줄 것인가? 다음에는 어떻게(How) 나의 꿈이 실현될 것인가? 또 어디(Where)가 나의 꿈의 목적지인가? 무엇이(What) 내 꿈에서 가장 중요한가? 언제(When) 내 꿈이 성공할 것인가?

동서고금 누구나 막론하고 모든 사람은 성공하기를 원한다. 그러면서 "현재의 자리에서 묵묵히 기다리고 있으면 언젠가는 기회가 오겠지"라고 막연하고도 우연한 기대를 꿈꾼다. 그러나 분초를 다투는 현대 사회에서는 우연한 성공이란 없으며 성공은 자기 자신을 초월할 때 비로소 가능하다. 그러기 위해서는 반드시 논리적 사고와 스피치협상이 필요하다. 왜냐하면, 우리는 타인과 다양한 협상 속에서 하루를 시작하고 마무리한다. 이는 사람관계를 형성하는 가장 기본이기 때문이며, 한 사회의 협상 문화는 그 사회의 성숙도를 진단하는 잣대이다.

미국의 카네기재단에서 사회적으로 성공한 사람들 1만 명을 대상으로 "성공의 비결"을 알아본 경우와, 하버드대학에서 졸업생 중에서 실직자를 대상으로 "실직의 이유"를 물어 본 설문조사는 놀랍게도 머리, 기술, 노력으로 성공했다는 경우는 불과 15%이고, 나머지 85%가 사람관계를 잘해서 성공했다는 답변과 일을 잘 못해서 쫓겨난 사람보다 사람관계가 나빠서 그만두게 된 사람이 자그마치 두 배나 되었다.

이것은 사람관계가 좋은 사람은 성공하고 사람관계가 나쁜 사람은 실패하기 쉽다는 것을 말해 준다. 즉 사람관계가 인생의 성공과 실패에 아주 중요한 역할을 하고 있다는 것이다. 그래서 우리는 삶의 만족감을 높이기 위해서는 사람관계에 대해서 집중적인 의사소통의 역량을 보여야 할 것을 주문받는다.

사람들은 의사소통을 통해서 타인들에게 영향을 미치고 또 영향을 받는다. 의사소통이 없이는 집단이나 구성원이 존재할 수 없으며 특히 조직에서의 의사소통은 공동의 목표를 달성하고, 연결시키며 의사소통을 통해서 구성원의 근무 의욕을 증진하고 사기를 고양하며 협동심을 고취하고 생산성을 향상시킬 수 있다.

특히 성공한 리더라고 우월성만 강조하고 잘난 체 해서는 결코 조직구성원들의 마음을 사로잡을 수 없다. 성공한 리더는 그들보다 먼저 높은 수준의 도덕성을 갖추고, 솔선수범하고 구성원들에게 행복을 줄 수 있어야 한다. 하지만 리더도 사람이기에 개인적인 욕구를 뒤로 하고 구성원들을 위해 앞장서서 리드를 하려면 남들보다 더 강인해야 한다.

한편 리더가 권위적인 지시로 조직을 통솔하는 것은 과거의 유물이며 실제로 일방적인 지시는 일이 틀어지는 경우를 종종 발생시킬 수 있으며, 일방적 지시는 바로 감정적인 질책을 하게 되고 결국에 일은 진행되지 않고 감정의 골만 깊어지는 결과를 낳게 된다.

리더의 학력, 경력, 능력과 같은 개별적인 가치는 큰 의미가 없다. 자신의 능력을 인정받기 위해서 이 시대 필요한 것은 바로 소통(疏通)이라고 한다. 소통은 성공하는 사람관계의 핵심 포인트이며 결국, 막힘없이 잘 통하는 것이다. 고로 스피치는 자기표현의 무기이고, 사람관계의 열쇠이며, 비즈니스에서는 돈과도 직결되는 현대인의 필수조건이다.

(피플코리아, 2012.4.11)

2. 커뮤니케이션과 문화적 차이

독일인과 같이 직접적인 커뮤니케이션을 하는 협상자는 질문에 즉답을 하는 경우가 많다. 이에 비해 간접적 커뮤니케이션을 하는 협상자들은 협상 상대방이 이해하기 힘든 몸짓, 표정과 같은 간접적인 방법으로 의사표현을 하는 경우가 많아 커뮤니케이션이 쉽지 않다(Cellich I Jain, 2005).

발신자와 수신자간에 문화적 차이가 있어도 같은 언어를 사용하는 경우 일치도는 높아진다. 이에 비해 발신자와 수신자간에 문화적 유사성이 있어도 언어가 다를 경우 일치도는 낮아진다. 문화적 차이는 존재하나 동일한 언어를 사용하는 국가들(미국, 영국/독일, 오스트리아/프랑스, 벨기에/이집트, 사우디/페루, 아르헨티나, 스페인)의 일치성이 크다. 이에 비해 문화적 차이는 작으면서 상이한 언어를 사용하는 국가들(미국, 유럽제국/한국, 중국/중국, 일본)의 일치성이 작다(이승영, 1999).

세계의 수 많은 언어들은 한 언어에서 다른 언어로 완벽하게 번역되지 않는다. 예를 들어 노바(Nova)라는 자동차는 스페인어로 번역될 때는 가지 않는다(It doesn't go)로 직역되고, 올림피아사의 로토(Roto)라는 복사기는 중남미의 칠레에서는 낮은 등급으로 번역된다[88].

▌표▐ 언어가 동질적인 국가와 이질적인 국가

언어가 동질적인 국가	언어가 이질적인 국가
알바니아, 아르헨티나, 오스트레일리아, 오스트리아, 브라질, 부룬디, 칠레, 콜롬비아, 코스타리카, 쿠바, 덴마크, 도미니카, 이집트, 알사바도르, 프랑스, 독일, 그리스, 아이티, 온두라스, 헝가리, 아이슬란드, 아일랜드, 이탈리아, 자메이카, 일본, 요르단, 한국·북한, 레바논, 리비아, 마다가스카르, 멕시코, 몽고, 네덜란드, 뉴질랜드, 니카라과, 노르웨이, 파라과이, 포르투칼, 앙골라, 사우디아라비아, 소말리아, 스웨덴, 튀니지, 영국, 미국, 우루과이, 베네수엘라, 예멘	아프카니스탄, 알제리, 벨기에, 볼리비아, 불가리아, 미얀마, 캄보디아, 카메룬, 캐나다, 중앙아프리카공화국, 차드, 콩고, 키프로스, 체코, 다호메이, 에콰도르, 에티오피아, 핀란드, 가봉, 가나, 과테말라, 기니, 인도, 인도네시아, 이란, 이라크, 이스라엘, 아이보리코스트, 라오스, 라이베리아, 말레이시아, 말리, 마우리타니아, 모로코, 네팔, 니제르, 나이지리아, 파키스탄, 파나마, 페루, 필리핀, 루마니아, 세네갈, 시에라리온, 남아프리카공화국, 스페인, 스리랑카, 수단, 스위스, 시리아, 탄자니아, 타이, 토고, 트리니다드, 토바코, 터키, 우간다, (구)소련, 오스볼타, 베트남, 유고슬라비아, 자이르

주 : 일부는 개칭 국명임.
자료 : Arthur S. Banks and Robert B. Textor, A Cross-Polity Survey (Camberdge: M.I.T. Press, 1963).

88) Daid A. Ricks, "International Business Blunders: An update" B&E Review, January-March 1998, p.11.

협상에세이

"프랑스인의 자기 말 사랑"

프랑스에서는 보통 양키들의 스포츠라고 폄하하지만 프랑스에도 야구를 즐기는 사람이 더러 있다. 최근 베이징 올림픽을 계기로 프랑스 방송에 야구를 소개하는 프로그램이 있었다. 운동경기의 특징은 룰만 알면 말이 필요 없다는 점이다. 그러나 프랑스에서는 오히려 말을 알아들으면 야구 중계를 이해할 수가 없다. "너 죽었어(T'es mort)" "집으로 가(A la maison)" 하는 이상한 말이 등장하기 때문이다.

자세히 보니 타자 주자가 1루에서 아웃되자 '아웃'이라는 말 대신 심판은 "너 죽었어" 하고 외쳤다. 홈런을 치면 주심은 "집으로"라고, 스트라이크 존에 공이 들어오면 "똑바른 공(droit)"이라고 말했다. 영어로 된 용어가 모두 프랑스어로 번역된 것이었다. 우스꽝스럽기도 했지만 '참 프랑스답구나' 싶었다. 축구도 마찬가지다. '크로스'나 '프리킥' '골' 같은 용어는 물론 포지션도 모두 프랑스어로 바꿔 쓴다. 그 때문에 처음 프랑스에서 축구 중계를 보면 무슨 소리인가 싶다.

어린이 영어 교육용 만화 '도라'는 미국에 사는 히스패닉 어린이들에게 영어를 가르치기 위해 만든 애니메이션이다. 재미있고 내용이 알차 한국 등 전 세계로 수출됐다. 그러나 유독 프랑스에서는 도라가 영어가 아닌 프랑스어 교육 교재로 쓰인다. 주인공 도라가 친구들을 만나면서 경험하는 것들을 설명하는 내용인데 프랑스에서는 영어 대신 프랑스어 단어를 가르친다. 도라를 따라다니는 원숭이는 부츠를 신었다고 '부츠'라고 불리는데 프랑스에서는 가죽 신발을 뜻하는 프랑스어 '바부슈'가 이름이다.

파리 젊은이들의 거리인 레알에 가면 '뜨거운 개(le chien chaud)' 요리를 파는 패스트푸드 가게가 눈에 띈다. 자세히 들여다보니 핫도그를 파는 곳이다. 영어의 'hot dog'를 프랑스어로 그대로 바꿔 놓은 것이다. 장난기가 어려 있지만 프랑스 사람들의 자기네 말에 대한 애착이 느껴진다.

이따금 프랑스 신문에는 '전국 받아쓰기 왕'의 공부 비법이 소개된다. 프랑스어는 시제와 주어·목적어의 성에 따라 동사와 형용사 등이 다양하게 변화하기 때문에 어른들도 맞춤법을 틀리곤 한다. 그 때문에 전국 규모의 받아쓰기 대회가 열리기 몇 주 전부터 프랑스 사람들은 대형 서점을 찾는다. 예상 문제집을 사서 공부하기 위해서다.

파리에 본부를 두고 있는 국제기구는 모든 자료를 영어와 프랑스어로 낸다. 회의 통역도 영어와 프랑스어로 동시에 한다. 그 때문에 수십억원의 예산이 추가로 들어간다. 이쯤 되면 프랑스 사람들의 행태가 시대에 뒤떨어진 게 아닌가도 싶다. 이미

세계 공용어가 된 영어를 유일하게 부정하는 나라 같아서다. 그러나 프랑스 사람들의 이런 고집은 현실을 외면하자는 게 아니다. 프랑스어를 가장 프랑스어답게 말하는 것으로 이름난 프랑수아 미테랑 전 대통령은 "우리가 문을 닫고 프랑스어만 하자는 게 아니다. 공용어가 된 영어 속에서 프랑스어를 잃지 않겠다는 것이다"라고 주장했었다.

우리 사회를 보자. 좀 배웠다는 사람들은 말할 때 영어 단어 한두 개쯤 섞어야 문장을 만들 수 있을 정도다. 영어 좀 해야 식자층에 들어간다고 생각하기 때문이다. 그렇다고 영어에 매달리는 우리가 애써 자기 말을 지키려는 프랑스보다 영어를 잘하는 것도 아니다.

지난 해 토플성적 순위를 보면 프랑스가 우리보다 40계단 이상 위에 있다.

유별난 프랑스어 사랑으로 이름난 자크 시라크 전 대통령은 하버드 유학생이다. 뉴욕에서 택시기사 아르바이트도 했다. 고급 영어부터 밑바닥 속어까지 두루 꿰고 있는 그다. 그런 시라크가 단 하나라도 영어를 섞어 가면서 이야기하는 모습을 본 사람이 거의 없다고 한다.

내일은 한글날이다. 영어 몰입 사회에 있는 우리도 하루쯤 프랑스 사람들의 유별난 자기 말 사랑을 새겨봤으면 좋겠다. (중앙일보, 2008.12.11)

3. 커뮤니케이션의 갭

커뮤니케이션은 어떤 목적을 향한 구체적이고 지속적인 일련의 행동이기 때문에 과정으로 인식된다. 여기에서 목적은 메시지의 교환과 해석이다(최윤희, 1999).

커뮤니케이션의 갭은 발신자와 수신자간의 커뮤니케이션의 과정에서 발생하는 정보내용의 변화를 의미한다. 이러한 커뮤니케이션 갭은 커뮤니이션 과정에 참가하는 사람이 많을 수록 처음의 메시지 내용과 마지막 메시지 내용간의 변화가 커지고, 또한 발신자와 수신자간의 경험, 지식, 정보 등의 차이가 클수록 갭(conceptual gap)이 커진다(이승영, 1999).

1) 정보 요인(information factors)

협상당사자가 동일한 정보에 접근하고 있는가는 커뮤니케이션에서 중요하다. 상호간에 접근할 수 있는 정보가 상이하다면 협상 당사자들은 쟁점의 본질을 다르게 파악하여 다른 견해를 가질 수 있다.

2) 지각 요인(perceptual factors)

협상자들은 동일한 정보를 서로 다르게 인식할 수 있다. 사람들은 동일한 정보가 제공되어도 각자 중요하다고 인식하는 것에 더욱 주의를 집중하고 선택한다. 즉, 사람들은 동일한 정보에 노출되더라도 각자의 마음속에는 다른 그림이 그려질 수 있다.

지각(perception)은 외부로부터 들어오는 다양한 정보와 자극을 선택하고 해석하는 과정이다. 해석은 지각된 것에 의미를 부여하는 과정이다. 그런데 이러한 지각은 문화적으로 결정되는 부분이 크다.

특히 커뮤니케이션은 발신자의 지각능력(perceptual field; 경험세계)이 수신자의 지각영역과 일치할 때에만 메시지를 정확히 전달할 수 있다. 수신자의 지각영역을 벗어난 발신자의 메시지는 수신자에게 효과적으로 전달될 수 없다(이승영, 1999).

상이한 문화적 경험은 상이한 해석을 낳게 된다[89]. 특히 커뮤니케이션은 메시지의 전달로만 완성되는 것이 아니라 메시지에 내재되어 있는 의미를 수신자가 제대로 해석(decoding)하는 과정을 통해 완벽하게 전달되는 것이다.

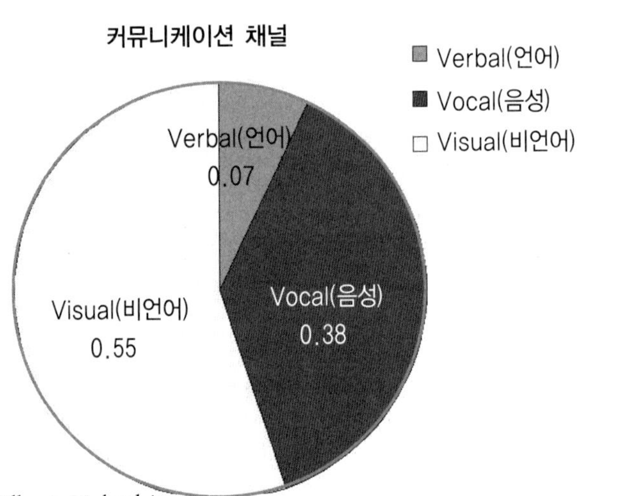

자료: Albert Mehrabian

89) Szalay, L,B., "Intercultural Communication-A Process Model", International Journal of Intercultural Relations 5, 1981, p.74.

그런데 한 개인이 상대방으로부터 받은 단어에 부여하는 의미는 그 자신의 마음에서 나온다. 그의 해석은 그 자신의 준거틀, 그의 아이디어, 관심, 과거의 경험에 의해 결정된다.

즉, 메시지를 기호화한 사람과 해석한 사람이 서로 다른 개인이기 때문에 이들의 반응은 이들의 경험과 준거틀에 따라 동일하게 의미를 공유할 수도 있고, 각기 다른 의미로 받아들일 수도 있다(최윤희, 1999).

Check Point | **Chunk**

chunk란 커뮤니케이션 과정에서 상대방이 한 말을 잘 게 잘라서 본인이 가지고 있는 경험, 지식, 감정 등과 연결시켜 그것을 해독하는 작업을 의미한다(이선우, 2004).

3) 역할 요인(role factors)

협상자들은 동일한 정보가 주어지더라도 각자의 직책이나 직위와 같은 역할에 따라 정보를 다르게 받아들일 수 있다(Robert Tannenbaum, 2000).

Check Point | **효율적인 커뮤니케이션 방법**

효율적인 커뮤니케이션 방법은 다음과 같다.

첫째, 간단명료한 표현

- 간결한 문장과 쉬운 단어로 표현

둘째, 일관성의 원칙

- 자주 변경하는 지시나 명령은 혼란을 가져 온다

셋째, 시의적절한 표현

- 적합한 용어와 사례를 통한 시의적절한 표현은 커뮤니케이션을 원활하게 한다.

넷째, 수용의 원칙

- 듣는자의 관심과 수용자세가 적극적이고 높을 때 커뮤니케션이 효율적으로 이루어진다(김성호, 2011).

협상에세이

사람은 "듣고 싶은 말만 듣는다" 대체 왜?

여러 사람이 모여 이야기해도 관심 갖는 이야기만 골라 듣는 현상을 '칵테일 파티 효과(Cocktail Party Effect)' 라고 부른다. 사람은 하루 종일 주위에서 들려오는 각종 소음을 귀를 통해 듣지만 모든 소리를 지각하지 않는다. 특정 소리가 들리는 이유에 대해 그동안 심리적인 이유로만 간주했다. 사람은 자신에게 필요한 정보라고 생각하는 소리만 선택적으로 받아들이기 때문이라는 것이다. 이 현상을 심리학 용어로 '선택적 지각(selective perception)'이라고 한다.

최근 미국에서 '칵테일 파티 효과'가 두뇌 움직임과 관련이 있다는 증거를 과학적으로 확인한 연구 결과가 발표돼 화제다. '뉴사이언티스트'는 '샌프란시스코 캘리포니아대(UCSF)' 연구팀이 칵테일 파티 효과가 가능한 이유를 실험을 통해 밝혀냈다고 보도했다. 다양한 목소리가 귀로 들어와도 뇌는 그 중 한 목소리만 골라 처리하기 때문이라는 것이다.

연구팀은 두 가지 목소리를 동시에 듣고 있는 사람의 두뇌 움직임을 조사했다. 특정 음성 주파수에만 반응하는 뉴런 그룹을 확인할 수 있었다. 연구팀은 지원자를 뽑아 '칵테일 파티 효과'를 조사했다. 지원자는 3명의 간질 환자였다. 환자에게 남녀 두 사람이 서로 다른 문장을 동시에 말하는 것을 녹음해 들려줬다. 말 중에 특정 단어가 나오면 그 사람 목소리에만 집중하라고 했다.

환자들은 처음에 남녀 중 어느 한 사람 목소리만 듣는 것으로 나타났다. 그 대상은 환자마다 달랐다. 특정 단어가 나온 후에는 모두 그 단어를 말한 사람의 목소리만 뇌에서 처리했다. '사람은 듣고 싶은 말만 듣는다'는 말이 사실로 입증된 것이다.

책임자 에드워드 창 교수는 "이번 연구는 그동안 한계로 여겨 왔던 음성인식장치의 문제를 극복했다"며 "이 연구를 응용한 뇌 언어 처리 분석 프로그램은 노화나 주의력 결핍 장애, 자폐증 등을 겪는 뇌가 어떻게 언어를 처리하는지 알아내는 데 도움을 줄 것"이라고 강조했다. (etnews, 2012.5.4)

4. 문화에 따른 상이한 커뮤니케이션

Edward T. Hall은 문화적인 차이를 구분하는 요소로 고배경 문화와 저배경 문화를 들고 있다.

혹은 커뮤니케이션이 간접적이며 고배경 문화(High-Context Culture)인가?, 아니면 직접적이며 저배경문화(Low-Context Culture)인가?, 커뮤니케이션이 세부 정보를 요구하는가? 아니면 간결한 정보만을 요구하는가?에 따라 문화간에 상이한 커뮤니케이션이 발생한다고 하였다(Cellich I Jain, 2006).

모든 문화의 사람들은 어떤 의미를 전달하기 위하여 언어뿐만 아니라 비언어적 행동을 활용한다. 그런데 HCC의 문화권 사람들은 LCC 문화권의 사람들보다 비언어적 행동에 의존하여 커뮤니케이션을 행한다(이승영, 1999). 즉, 아시아인의 커뮤니케이션은 간접적이고, 함축적인 반면에 서구인들은 직접적이고 명확하게 표현한다(최윤희, 1999).

| 표 | 고배경문화와 저배경문화의 비교

	고배경문화	저배경문화
법, 변호사	덜 중요함	아주 중요함
개인의 말	개인에 대한 보증이 됨	서면일 경우에만 신뢰
공 간	같이 공유함	개인공간은 침해하지 않음
시 간	인생의 모든 것은 시간이 해결	시간은 돈, 매사는 하나씩 해결
협 상	시간이 걸림, 협상과정에서 서로를 이해	신속하게 해결, 협상자체 이외의 목적은 없음
책임소재 경쟁입찰	조직의 최고책임자 빈번하지 않음	업무담당자 또는 최하급자 아주 빈번

자료: W.Keegan, Multiantional Marketing Management, Prentice- Hall, 1984.

Check Point Context

Context는 배경, 맥락, 상황을 의미한다. 배경은 인간이 의사소통을 행함에 있어 자신이 지니는 정보나 의사를 전달하기 위하여 사용하는 메시지가 포함된 여러 가지 의미이다(김성호, 2004: 95).

1) 고배경 문화(HCC; High-Context Culture)

HCC문화권에서는 실제 대화로 나타낸 메시지에는 적은 정보가 포함되고, 메시지의 정보가 대부분 비언어적 수단 및 개인에 내부화되어 명백하게 부호로 나타나지 않는다(조석홍, 2007: 166).

고배경 문화권의 사람들(아랍, 중국 등)은 커뮤니케이션을 언어보다는 비언어적 방법에 더욱 의존하여 한다. 이러한 고배경 문화권의 사람들은 협상 상대방이 자신이 말하지 않아도 자신의 비언어커뮤니케이션을 통해 자신의 마음속 뜻을 헤아리고 있을 것으로 생각한다[90]. 이러한 고배경 문화의 기업들은 직원들을 채용할 때 능력보다는 충성도를 더 높게 평가한다.

말로 표현할 수 없는 커뮤니케이션에서는 말로 표현이 불가능한 부분들이 의사표현의 중요한 통로가 되는데 이를 맥락이라고 한다. 이러한 맥락에는 말하는 사람의 말하는 속도, 목소리의 높이, 유창함, 표현 방식, 뉘앙스뿐만 아니라 눈맞춤, 손짓, 몸짓, 공간의 활용 등이 포함된다. 커뮤니케이션에서 이와같은 맥락을 통해 이해하는 부분이 커질수록 다른 문화권의 상대방은 정확한 의사전달에 곤란을 느낀다.

고배경 문화 국가들은 동아시아(한국, 중국, 일본, 베트남 등)국가들과 지중해 국가들(그리스, 이태리, 스페인, 프랑스 일부지역), 아랍국가들, 라틴아메리카 국가들이다[91]. 고배경 문화권에서는 커뮤니케이션 과정에서 언어보다는 비언어적 커뮤니케이션을 사용하여 불확실성을 감소시키며[92] 대부분의 정보가 상황이나 사람들에 내재되어 있다(최윤희, 1999).

---

90) Ibid., p.13.

91) Donald W. Hendon, Cross-Cultural Business Negotiations, Quorum Books, 1996, pp.65-67.

92) W.B. Gudykunst, Communicating with Strangers, Addison-Wesey, 1984.

이슬람 국가 분포와 주요 경제지표

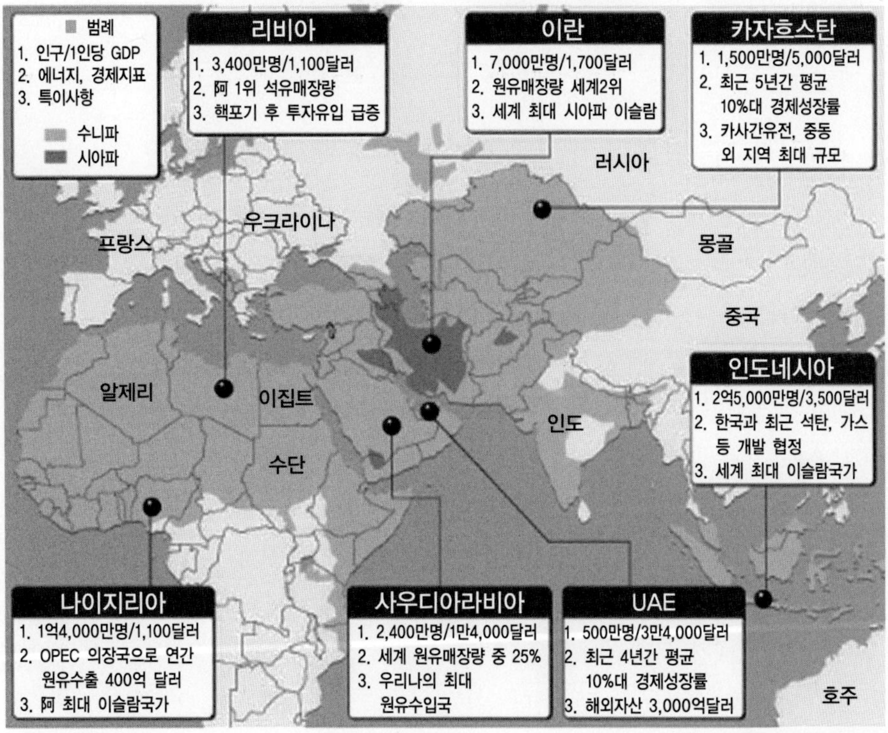

이러한 고배경 문화권의 사람들과 협상을 할 때는 협상 상대방의 침묵이나 표정의 변화가 어떤 의미를 갖는지 해석하는 것이 협상 상대방의 말을 듣는 것보다 더 중요할 수 있다(김병윤, 2006).

2) 저배경 문화(LCC: Low-Context Culture)

저배경 문화권의 사람들은 명확한 대화를 통해서 대부분의 정보를 교환한다. 즉, 커뮤니케이션을 언어에 크게 의존한다. 세계의 많은 문화를 보면 커뮤니케이션을 말로써만 충분히 할 수 있는 문화권이 있다. 이처럼 말로 표현 할 수 있는 커뮤니케이션에서는 전달하려는 의미를 정확하게 말로 전달한다. 저배경 문화 국가들은 북아메리카 국가들, 게르만족 국가들, 스칸디나비아 국가 등이 포함된다[93].

---

93) Donald W. Hendon, Cross-Cultural Business Negotiations, Quorum Books, 1996,

저배경 문화권의 기업들은 종업원들의 충성도나 관계보다는 능력과 성과를 중요시한다. 또한 저배경 문화에서의 합의는 언어보다 문서로 작성되어지는 경우가 많다[94].

3) 고맥락과 저맥락의 문화간 종합적 비교

고배경 문화는 수직적이고, 동질적이며, 집합적이며, 엄격하다. 이에 비해 저배경 문화는 수평적, 이질적, 개인주의적이며, 느슨하다. 엄격함과 느슨함의 구분은 일탈의 허용여부와 일탈에 대한 엄격한 제재조치의 여부이다[95].

홀은 고배경 문화는 수직적 문화이고, 저배경 문화는 수평문화로 보았다. 고배경 문화는 집합적 문화로 구성원간에는 동질성이 요구되고, 구성원은 집단의 가치에 순응할 것이 요구된다.

이에 비해 저배경 문화는 구성원들이 집단의 가치에 다양한 이견을 표출하는 개인주의 문화이다(최윤희, 1999). 종합적으로 보면 미국은 문화적 다양성이 존중되고, 구성원간의 이질성이 높고, 커뮤니케이션을 주로 정확한 언어를 통해 하는 사회이므로 고배경 문화권이고, 일본은 구성원들의 문화적 동질성이 매우 높고, 구성원들의 집단성 또한 높다. 특히 일본인들은 커뮤니케이션을 명확하고 정확한 언어로 하지 않고 다양한 비언어수단을 활용하므로 저배경 문화권이다[96].

저배경 문화권에서는 중요한 것으로 간주되어 법률적인 문서로 작성해야 될 사안이 고배경 문화에서는 한 개인의 말이 더 확실한 보증서로 작용한다. 또한 비즈니스에서도 저배경 문화권의 사람들은 입찰요건을 정확히 공표하고 명시하여 낙찰자가 작업을 수행할 때 그 요건을 정확하게 지키게 한다. 이에비해 고배경 문화권에서는 입찰 대상자를 선정할 때 입찰자가 가장 통제하기 쉬운 응찰자를 낙찰자로 하는 경향이 강하다(조석홍, 2007: 167).

---

pp.65-67.

94) Donald W. Hendon, Cross-Cultural Business Negotiations, Quorum Books, 1996, pp.65-67.

95) C.H. Triandis, op.cit., p.516.

96) W. Gudykunst & T. Nishida, "Social Penetration in Close Friendships in Japan and the United States", Communnication Yearbook, Sage, 1984, p.57.

| 그림 | 고맥락-저맥락 차원에 따라 배열된 각 문화

고맥락문화
일본
중국
한국
아프리카계 미국인
북미 원주민
아랍
그리스
라틴계
이탈리아
영국
프랑스
북아메리카
스칸디나비아
독일
독일/스위스
저맥락문화

자료: Edward T. Hall.

5. 비언어커뮤니케이션의 문화적 차이

비언어커뮤니케이션 〉 바디랭귀지

무용 = 몸짓언어

1) 비언어커뮤니케이션이란

비언어 커뮤니케이션은 표정, 신체접촉, 제스처, 움직임, 자세, 신체장식(옷, 엑세서리, 머리모양, 문신 등), 목소리 등을 통해 이루어지는 정보전달 방법을 의미한다. 비언어커뮤니케이션은 무의식중에 일어나므로 인간의 꾸미지 않은 생각과 감정의 표출이다(Joe Navarro, 2008)

인간은 구어적 언어 이외에도 몸짓, 표정, 눈맞춤, 상징, 기호 등으로 의사소통을 한다. 이를 비구어적 언어(Nonverbal Language)라고 부른다[97]. 국제협상에서는 협상 상대방이 공식적으로 말한 것보다는 오히려 말하지 않는 것이 더 중요한 요인으로 작용하는 경우가 많다. 특히 무의식적으로 전달되는 협상 상대방의 표정이나 몸짓이 협상 상대방의 심리상태를 보여주어 협상의 실마리가 될 수 있다(장대환, 1998: 74).

인간의 커뮤니케이션은 회화와 같은 언어정보와 몸짓이나 표정과 같은 비언어 정보로 구성되어 있다. 인상의 좋고 나쁨을 결정하는 기준의 90% 이상은 비언어 정보이다(Wataru Kanba, 2004).

의사소통 학자인 앨버트 메라비언이 연구조사에 의하면 의사소통의 효과에서 단어표현은 7%, 음성표현은 38%, 신체표현은 55%로 나타났다. 즉, 인간이 의사소통을 할 때 말로 전달하는 것보다는 몸짓이나 표정같은 비언어적 표현으로 자신의 의사를 전달하는 비중이 크다(김병윤, 2006).

사람들은 무의식적으로 행해지는 많은 비언어적 행위를 모르고 지내는 경우가 많다[98]. 국제협상 테이블에서 말이나 문자 등의 언어로 전달되는 메시지는 25%에 불과하다. 나머지 75%의 의사소통과 메시지 전달(message-sending)은 몸짓,

97) 김유경, “글로벌 마케팅 커뮤니케이션과 문화”, 「글로벌 마케팅 커뮤니케이션」, 커뮤니케이션북스., 2006, p.34.

98) Samovar, L.& R. Porter, Intercultural Communication, Wadsworth, 1994, p.29.

얼굴 표정 등의 비언어적 행위에 의해 이루어진다(안세영, 2006).

또한 알버트 메헤라비안은 메시지 효과의 7%는 말이나 글, 38%는 목소리의 크기나 높낮이 등 음성 그리고 나머지 55%는 표정과 같은 신체적 움직임에 따라 결정된다고 하였다.[99]

이처럼 의사전달은 말 그 자체뿐만 아니라 표정, 제스처, 목소리의 강약, 운율, 장단, 흐름 등에 따라서 효과가 달라진다. 특히 국제협상에서 협상자의 제스처, 무의식적인 행동, 예법, 의복 형태 등으로 인해 협상 상대가 불쾌함을 느낀다면 협상은 파국을 맞을 수도 있다(장대환, 1998: 67).

또한 기호나 상징은 인간의 기억의 연상 네트워크에서 매우 중요한 부분이다. 특히 색상은 강한 문화의미를 나타낸다. 서구 문화권에서는 검정색이 애도를 뜻하나, 중국에서는 흰색이 그 의미를 나타낸다(김유경, 2006: 34).

2) 비언어커뮤니케이션의 특징

첫째, 비언어커뮤니케션은 단어가 없는 커뮤니케이션이다.

둘째, 비언어커뮤니케이션은 인간이 목소리를 사용하지 않고 커뮤니케이션할 때 발생하는 현상이다.

셋째, 비언어커뮤니케이션은 표정, 신체접촉, 시간의 이용, 제스처, 눈짓 등을 연구대상으로 한다(최윤희, 1999).

비언어는 제스처와 같은 신호언어(sign language), 몸의 움직임과 같은 행동언어(action language), 비품과 같은 물체언어(object language)로 구분할 수 있다[100]. 즉, 비언어는 인간의 몸으로 행하는 표정, 시선, 접촉 등의 모든 비언어 행위인 수행코드(performance codes)와 공간, 시간, 거리 등의 이용을 통한 시공코드(spatiotemporal codes)와 커뮤니케이션에 사용되는 의복, 장식품, 건축물 등과 같은 인공물코드(artifactual codes)로 구성되어 있다[101].

---

99) 박한표, 「전게서」, p.41.

100) Ruesch J. & W. Kees, Nonverbal Communication, University of California Press, 1956, p.78.

101) Harrision, R., Beyond Words, Prentice Hall, 1974, pp.13-19.

Check Point 상대방의 대화에 관심이 많을 때와 없을 때 바디랭귀지

상대방의 대화에 관심이 많은 경우는 고개를 약간 기울인 상태에서 이야기를 듣고 있거나 상대방하는 이야기를 작은 소리로 따라 하거나 소매를 걷어 붙이는 행동 등을 한다. 이에 비해 상대방이 이야기를 할 때 고객을 끄덕이지만, 시선은 다른 곳을 응시하고 있거나 지나치게 과장하여 고개를 크게 끄덕이는 경우는 제대로 이해하지 못하거나, 딴 생각을 하고 있는 경우이다 (Wataru Kanba, 2004).

또한 대화도중에 상대방이 말을 하고 있을 때 자신의 어깨에 먼지를 털거나 머리를 매만지는 등의 행동은 상대방과의 대화에 관심이 없을 때 나타나는 바디랭귀지이다(Joe Navarro, 2008).

Check Point 예스 화법이란

yes 화법은 첫 질문에 yes라고 하면 yes에 대한 저항감이 사라져 yes라는 대답을 계속하는 성향을 말한다. 따라서 프레젠테에션을 할 때 첫 질문은 청중들이 yes라고 할 수 있는 질문을 준비하는 것이 좋다.

Check Point 자신감이 있을 때와 없을 때의 바디랭귀지

턱이 경직되어 있거나, 턱을 내리고 있는 것은 확신이 부족하고 부정적인 상황일 때 나타나는 행위이다. 이에 비해 턱을 올리는 것은 강한 자신감과 긍정적으로 느낄 때 나타나는 행위이다(Joe Navarro, 2008).

또한 대화중에 손을 첨탑모양으로 하는 행위와 엄지를 위로 향하는 행위, 손을 주머니에 넣은 상태에서 엄지만 밖으로 내놓는 행위도 강한 자신감을 나타낸다. 이에 비해 낮은 자신감은 손을 가리거나 엄지를 주머니에 넣고 다른 손가락은 내 놓는 경우 등이다.

3) 언어 커뮤니케이션과 비언어 커뮤니케이션이 상충될 때

비언어 전달은 언어 전달보다 정직하다. 본심을 감추려고 해도 잠재의식까지 억제할 수는 없다. 인간의 몸짓의 대부분은 잠재의식의 표출이다(Wataru Kanba, 2004).

비언어 행위는 대부분 무의식적으로 행하기 때문에 쉽게 통제가 불가능하여 언어 커뮤니케이션에 비해 상대적으로 왜곡이나 거짓이 적다. 따라서 협상과정에서 상대방의 언어 커뮤니케이션과 비언어 커뮤니케이션이 상충될 때는 비언어 커뮤니케이션의 정보를 받아들이는 것이 좋다.

Check Point eye contact

상대와 눈을 마주치는 행위를 아이콘택트라고 한다. 대화 도중에 두 사람이 아이콘택트를 하는 시간은 대화전체의 10~30%정도라고 한다. 사람의 본심은 아이콘택트의 시간과 빈도에 비례한다. 상대와 시선을 자주 그리고 오래 맞추고 있으면 그 만큼 상대방에게 관심이 있고 오픈된 마음을 갖고 있다.

시선에 따른 속마음은 다음과 같다. 때때로 곁눈질을 하는 것은 상대방에게 의심을 품고 있는 것이고, 시선을 약간 아래로 하며 상대방의 눈을 피하는 것은 긴장하여 상대방의 시선마저 부담스러운 경우이다. 또한 상대방이 시선을 똑바로 맞추지 못하고 좌우로 피하는 경우는 대화에 흥미를 느끼지 못하거나 협상에 관심이 없는 경우이다.

그리고 심리학자 에드워드 H. 헤스의 실험에 의하면 인간은 관심있고 흥미있는 것을 보았을 때 동공이 확장된다고 한다(Wataru Kanba, 2004). 따라서 협상 상대방을 우호적으로 생각할수록 협상과정에 동공이 확대될 수 있다. 눈은 어느 정도 정확한 감정의 정확한 척도가 될 수 있다.

눈 안과 주변근육은 위험으로부터 눈을 보호하기 위해 진화해 왔다. 눈 주위의 근육은 위험한 물체가 다가오면 즉시 시야를 가려버린다. 수축된 동공은 불쾌, 위협 등 부정적인 상황에서 나타나는 행위이다. 또한 대화 도중에 실눈을 뜨고 이마를 주름지게 하는 행위, 눈 위에 손을 대는 행위, 눈을 오래 감고 있는 행위, 눈꺼풀을 꽉 내리 누르면서 눈을 감는 행위도 고통과 불편함의 표시이다(Joe Navarro, 2008).

| 표 | 문화권에 따라 다른 신체부위별 제스처

<table>
<tr><th>신체부위</th><th>내 용</th></tr>
<tr><td>머리</td><td>〈머리 끄덕이기〉
• 일반적으로 위아래로 머리를 끄덕이면 'Yes'의 의미이고, 좌우로 흔들면 'No'를 뜻한다.
• 불가리아, 그리스, 터키, 이란 등에서는 반대가 된다.
〈집게손가락으로 머리 두드리기〉
• 아르헨티나, 페루에서는 '나는 생각중', 북아프리카에서는 '매우 현명하다'라는 뜻</td></tr>
<tr><td>눈</td><td>〈윙크하기〉
• 네덜란드에서는 '그는 미쳤다'라는 뜻.
• 미국과 유럽에서는 '비밀을 공유'할 때
• 홍콩에서는 예의없는 행위이다.
〈눈꺼풀 당기기〉
• 영국과 프랑스에서는 '날 속일 생각마', 이탈리아에서는 '조심해'란 뜻
• 유고에서는 '슬픔, 실망'의 의미</td></tr>
<tr><td>귀</td><td>〈귀 잡기〉
• 이탈리아에서는 귓불을 만지면 호모'를, 인도에서는 귀를 잡으면 '사과'를 의미한다.</td></tr>
<tr><td>코</td><td>〈코 두드리기〉
• 영국에서는 '비밀'을, 이탈리아에서는 '주의하라'는 의미이다.</td></tr>
<tr><td>볼뺨</td><td>〈집게손가락으로 볼 돌리기〉
• 이탈리아에서는 아름다운 여성에 대한 매혹의 의미로, 독일에서는 '미쳤다'라는 의미
〈검지로 볼 두드리기〉
• 그리스, 스페인에서는 여성에 대한 '매혹적인', 유고에서는 '성공'을, 미국에서는 '고려중, 고민중'을 뜻한다.</td></tr>
<tr><td>입과 입술</td><td>〈손끝을 모아 입술 가볍게 튕기기〉
• 프랑스, 지중해권, 라틴계의 나라에서는 '멋지다, 좋다'라는 의미
〈휘파람 불기〉
• 유럽에서는 '조롱', 미국에서는 '찬성'을 나타낸다. 대부분의 나라에서는 무례한 행위로 간주한다.</td></tr>
</table>

신체부위	내 용
턱	〈턱 튕기기〉 • 프랑스, 북부이탈리라에서는 '꺼져라', 남부이탈리아에서는 '아니다, 할 수 없다' 라는 의미 • 튀니지에서는 모욕의 의미이며, 프랑스에서는 수염을 상징한다. 〈턱 어루만지기〉 • 대개 남성의 수염을 상징하나, 아랍에서는 여성에 대한 '매혹'을 상징한다.
팔	〈두 팔 들기〉 • 승리 또는 항복을 의미한다. 〈방향지시〉 • 한국, 일본 등은 팔 전체를 사용해서 '오라, 가라'를 표시한다. 손보다는 팔 전체를 사용하는 것이 더 공손하게 간주된다. • 미국 등 서구에서는 손가락으로, 말레이시아, 영국은 엄지로, 아메리카 인디언은 입술로 방향을 가리킨다.
손 손	〈왼손과 오른손의 차이〉 • 오른손은 진실함을 나타낸다. 예 : 법정선언, 선물을 줄 때, 악수할 때. • 왼손은 불결함을 나타낸다. 예 : 중동을 포함한 이슬람 국가들 〈OK〉 • 한국, 일본에서는 '돈, 미국은 '좋다', 터키에서는 '동성연애', 프랑스에서는 '0,없다', 브라질에서는 외설의 의미이다. 〈엄지 위로 치켜들기〉 • 일반적으로 'OK, 좋다, 해냈어'라는 의미로 사용되나, 오스트레일리아, 파키스탄 등에서는 외설적인 의미로 사용된다. • 독일에서는 '1', 일본에서는 '5'를 나타낸다. 〈'V' 표시〉 • 손바닥을 바깥으로 하는 'V' 표시는 일반적으로 '승리'를 나타내나 그리스에서는 외설적인 의미이며, 영국에서는 손가락을 안으로 하면 외설적인 의미로 간주된다.

자료 : 박준형(2006)

협상에세이

브라질 가선 'OK' 마세요…

"남미에서 OK는 욕이래-.-;"

케이팝(K-pop · 한국대중가요)이 세계로 뻗어나가면서 현지 에티켓 교육이 아이돌 그룹의 '필수과목'이 됐다. 지난해 브라질 상파울루에서 합동 공연을 한 비스트와 포미닛 멤버들은 엄지와 검지를 모아 만드는 'OK 사인'을 무대 위에서 하지 말라는 주문을 받았다. 우리나라에서는 귀염성 있게 쓸 수 있는 간단한 제스처이지만 브라질에서는 여성 성기를 상징하는 욕이기 때문이다.

비스트의 소속사 큐브엔터테인먼트는 "아이돌 그룹이 현지에 방문하기 전에 잡음을 최소화하기 위해 최근 반드시 이런 '매너 교육 회의'를 하고 있다"고 전했다. SM엔터테인먼트 관계자도 "월드투어 국가가 확대되면서 익혀야 하는 에티켓과 주의사항이 계속 늘고 있다"고 말했다.

입헌군주국 태국도 케이팝이 인기를 끌고 있는 국가 중 하나다. 여기서는 거리마다 걸린 국왕의 사진과 현화를 볼 수 있다. 이를 함부로 손대거나 손가락질하는 모습이 포착되면 큰 오해를 살 수 있다.

안무에도 가이드라인이 있다. 팔을 뻗어 45도 위로 올리는 동작은 세계 어디서든 빼는 게 좋다. 나치즘을 연상시킬 수 있기 때문. 최근 독일 공연을 다녀온 기획사 관계자는 "특히 나치즘과 인종주의적 퍼포먼스에 민감한 독일 현지에서는 이런 동작이 절대 금기사항이었다"고 했다.

아이돌들에게 '언어 영역' 부담도 늘었다. '사랑해' '자기야'를 비롯해 '나 귀엽지?' 등 관객들을 '빵 터지게' 하는 짧은 현지어도 배워야 한다. 여기에 더해 외국 팬들의 서툰 한국어에 빨리 반응해야 하고, 나라별로 팬들이 잘 아는 우리말 코멘트도 준비해야 한다. 한 아이돌 기획사 관계자는 "'보고 싶었어'와 '여기 최고야!'는 아시아권 팬들이 100% 알아듣고 환호하는 한국말이어서 공연 때마다 빼놓지 않는다"고 했다.

역사적 배경도 알고 가면 좋다. 이달 초 JYJ의 콘서트가 열린 칠레와 페루는 한국과 일본처럼 뿌리 깊은 경쟁국이다. 페루 콘서트 때 칠레 공연 영상을 스크린으로 보여줬더니 객석에서 '페루! 페루!' 하는 야유성 연호가 터져 나왔다. JYJ 측은 "페루 방문 영상을 틀어주자 그때 환호가 나왔다"고 전했다. (동아일보, 2012.6.12)

협상에세이

진실 숨길 때 본능적으로 행동 변화

영화 '원초적 본능'에서 여주인공 샤론스톤은 형사들의 신문 도중 '다리를 꼬는' 뇌쇄적인 행동으로 단숨에 세계적인 스타로 떠올랐다. 그러나 현실에서는 오히려 다리를 꼰 동작이 그녀가 범인이라는 사실을 가리키는 증거가 됐을지도 모른다.

김종률 춘천지방검찰청 검사는 최근 한국심리학회 심포지엄에서 '형사피의자에 대한 행동 분석'이라는 주제의 논문을 발표했다. 용의자의 행동이나 말을 통해 거짓말을 과학적으로 찾아내는 '인간 거짓말 탐지기'를 활용하는 것이다.

그에 따르면 범인들이 거짓말을 감추지 못하는 이유는 불안감 때문이다. 예를 들어 자신의 처를 죽인 범인은 '처를 마지막으로 본 것이 언제인가'라는 평범한 질문에도 살인 장면을 떠올리기 때문에 말과 행동에 변화를 보이게 된다. 수사관은 이처럼 스트레스를 유발하는 질문을 던지며 범인의 반응을 통해 진실을 찾는다.

거짓말쟁이들에게서 볼 수 있는 가장 전형적인 행동은 '입가리기'다. 거짓말을 할 때 자신도 모르게 코와 입을 손으로 가리거나 덮는 것이다. 거짓말이 자신의 입에서 나가는 것을 무의식적으로 막기 위해서다. 손으로 눈을 비비거나 눈꺼풀을 긁는 것도 대표적인 '거짓말 행동'. 거짓말을 하면서 수사관을 보지 않기 위한 행동이다.

아이러니컬하게도 범인은 거짓말을 하면서 다양한 몸 다듬기 행동을 한다. 거짓말을 하는 자신의 모습이 추하다고 느끼기 때문에 자신의 모습을 개선하려는 것이다. 실 보푸라기 뜯기나 먼지 털기, 보석 손질하기, 손톱 검사하기 등이 대표적인 몸 다듬기 행동이다.

샤론스톤의 다리 꼬기도 '거짓말 행동'의 하나일 수 있다. 다리 꼬기가 모두 거짓말 행동은 아니지만, 경직되게 다리를 꼬고 팔짱을 끼는 것은 이른 바 방어적 자세로 불안감을 노출하는 행동이다. 말을 할 때 억양이나 속도 등도 거짓말을 가리는데 중요하다.

연구에 따르면 진실을 말하는 사람은 질문에 대해 평균 0.5초 정도 기다렸다가 답을 하지만 거짓말을 하는 사람은 평균 1.5초 정도 걸린다. 거짓말을 생각해야 하기 때문이다.

목소리가 작아지는 것도 거짓말을 한다는 것이다. 형사들의 추궁이 이어지면 거짓말을 하는 범인은 목소리가 줄어들고, 입에서 우물거리곤 한다. 마치 잘못을 저지른 아이가 부모의 추궁에 '안 했어요'라고 대답하지만 목소리는 기어들어 가는 것과 같다.

거짓말 행동만 있는 것은 아니다. 범인이 자백을 하기 전에 보여주는 행동도 있다.

턱을 손으로 문지른 뒤 하늘을 보고 한숨을 쉰다는 것이다. 이른바 '자백행동'이다.

드라마 '태조 왕건'의 궁예도 마지막 순간에 하늘을 바라보며 세월의 덧없음을 이야기했다. 그러나 어떤 행동을 했다고 해서 꼭 거짓말을 한다고 단정하는 것은 위험하다.

신문(訊問) 도중 여러 행동과 말의 내용, 억양, 속도 등을 감안해 종합적으로 판단해야 한다. 1995년 말 청송 감호소에 갇힌 상습 범죄자들을 보면서 인간의 정신세계에 대해 고민하다 범죄 심리학을 연구하게 됐다는 김 검사는 "미국 등 수사 선진국처럼 우리도 하루 빨리 수사관들에게 이런 심문기법을 가르쳐야 할 것"이라고 강조했다.

(동아일보, 2001.6.22)

| 표 | 바디 랭귀지의 중요한 영역

- 동작: 얼굴 찡그림, 손짓, 발동작 등 모든 몸동작에 있어서 신체적 움직임
- 근접: 상대방과의 거리가 얼마나 가까운가
- 시각: 눈을 마주보거나 회피
- 촉각: 악수, 포옹, 어깨를 치는 것 등의 신체접촉
- 침묵: 대화중의 침묵의 시간, 횟수, 의미

자료: Mel Schnaper(1996)

한 나라에서는 악의가 없는 신체언어가 다른 문화에서는 모욕이 될 수[102] 있다. 한국에서는 어린이가 귀여운 경우 머리를 만지는 경우가 많다. 그런데 이러한 행동을 말레이시아에서 하면 큰 일이 난다.

왜냐하면 말레이시아 사람들은 머리는 영혼이 머무는 곳이라고 생각하기 때문에 남의 머리를 마져선 안된다. 또한 중동에서는 신발의 밑바닥을 보여서는 안된다. 그 이유는 신발 밑바닥은 더럽고, 인간의 신체의 가장 밑바닥을 상징하기 때문이다. 비언어적 행동(자세, 의상, 얼굴표정, 몸짓)의 의미는 문화에 따라 다르게 인지된다. 비언어적 행동은 묵시적 언어(silent language)를 반영한다.

우리는 긍정적인 의사표시를 위해 머리를 위아래로 끄덕이고 부정적 의사표시는 좌우로 머리를 흔든다. 그러나 그리스와 불가리아에서는 정반대이다. 또한 침묵도 동양에서는 겸손의 미덕으로 간주되는 경우가 많으나 서양에서는 침묵이 거부, 저항, 비판 등 부정적인 의미로 인식된다(최윤희, 1999).

---

102) Dean Allen Foster, Bargaining Across Border, New York, McGraw-Hill, 1992, p.281.

| 표 | 동일한 문화권 내에서 '시선 맞추기' 매너

구 분	지 역	적절한 매너
성(性)	이슬람 국가	여자가 남자를 쳐다볼 수 없다.
직위나 연령	남미 · 아시아	하급자나 연소자가 윗사람을 바로 쳐다볼 수 없다
시간	아시아	2~3초 한국이나 일본에서는 슬쩍 쳐다보는 것이 매너
	미국	5~6초

자료: 박준형(2006)

| 표 | '자세'의 문화적인 차이

자세의 종류	지 역	의 미
두 손을 앞으로 모은다	한국, 일본, 태국 등	복 종
뒷짐을 진다	인도	복 종
책상다리시 발바닥을 상대방에게 보인다	이슬람국가	모 욕

자료: 박준형(2006)

Check Point open position ⟷ closed position

오픈포지션은 정면을 보고, 두다리를 조금 벌린 상태에서 손바닥이 약간 보일 듯 말 듯 한 자세이다. 이에비해 클로지드 포지션은 팔짱을 끼거나 다리를 꼬거나 옆쪽을 보는 등 상대를 거부하는 자세이다(Wataru Kanba, 2004).

Check Point 인간의 모든 자세(posture)

인간의 자세(posture)는 서 있는 자세, 무릎을 굽힌 자세(앉아있거나, 쪼그리고 앉거나, 무릎을 꿇고 앉거나), 누운 자세 등 세 가지로 분류된다. 따라서 인간의 커뮤니케이션 과정에서 발생될 수 있는 자세에 의한 비언어 커뮤니케이션도 이 세 가지 범주에서 행하여진다.

문화가 자세의 스타일에 영향을 미치고, 모든 문화권에서는 동일한 자세를 취하지 않고 동일한 방식으로 해석되지 않는다(김윤희, 1999).

Check Point 앉은 자세에서 나오는 본심

첫째, 한쪽다리는 굽히고, 다른 한쪽 다리는 쭉 펴는 경우는 상대방의 이야기가 지루할 때이다.

둘째, 의자에 깊숙이 앉은 경우 자신감이 있는 경우이고 반대로 의자에 살짝 걸치고 앉은 경우는 자신을 낮추거나 상대방을 경계하고 있는 경우이다(Wataru Kanba, 2004).

Check Point 앉은 위치에 따른 인간관계

첫째, 마주 앉은 경우는 상당히 친한 사이이다. 얼굴을 마주하고 앉으면 상호간에 시선이 자주 부딪힌다. 따라서 친하지 않은 사람들끼리 마주 앉는 경우는 피하는 것이 좋다.

둘째, 나란히 앉는 경우는 두 사람이 동일한 방향과 사물을 보기 때문에 두 사람 모두 일체감을 갖게 되어 심리적 밀착도가 증가한다. 또한 나라히 앉는 것은 각자의 표정변화를 상대방에게 보이지 않는 장점을 가지고 있기 때문에 처음 만난 사람 간에도 대화하기가 용이하다.

실제로 얼굴을 맞대고 있을 때는 곤란했던 대화도 벤치나 바에서 어깨를 나란히 하고 앉으면 대화를 좀더 용이하게 할 수 있다.

셋째, 대각선으로 앉는 경우는 일정한 거리는 두되 대립은 원하지 않은 경우이다.

넷째, 테이블 모서리를 사이에 두고 앉는 경우는 상호간에 시선이 부딪히지 않으면서 상대방의 표정변화를 볼 수 있어 즉각적으로 대응할 수 있다(Wataru Kanba, 2004).

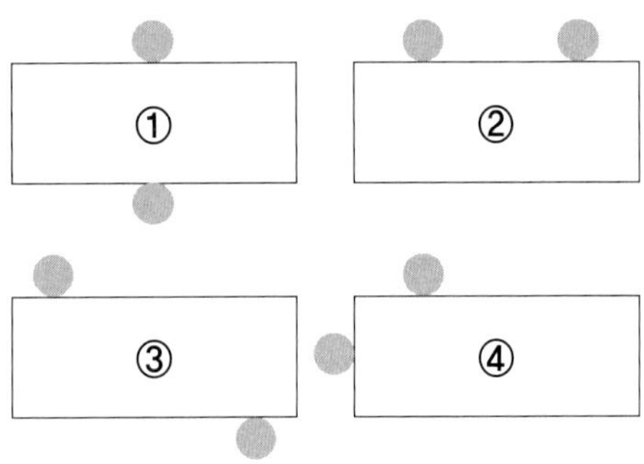

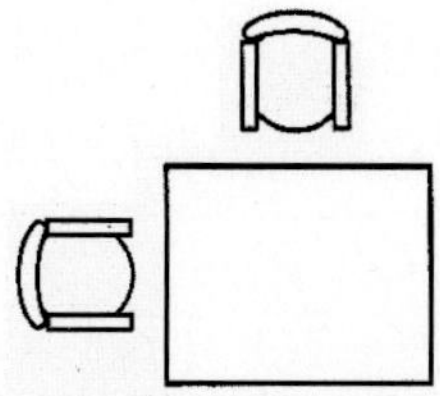

원활한 대화를 하려고 할 때 도움이 되는 자리 배치는 상대의 대각선 위치에 앉는 것이다.

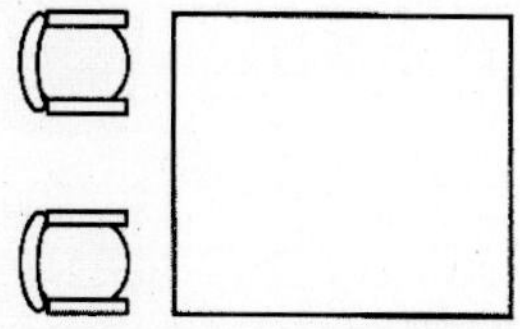

합의를 이끌어 내야 할 때는 탁자에 나란히 앉는 것이 최적의 방법이다.

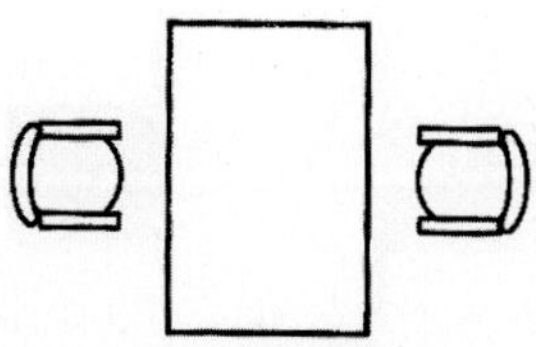

경쟁 관계일 때는 상대의 바로 맞은편 자리를 선택하라.

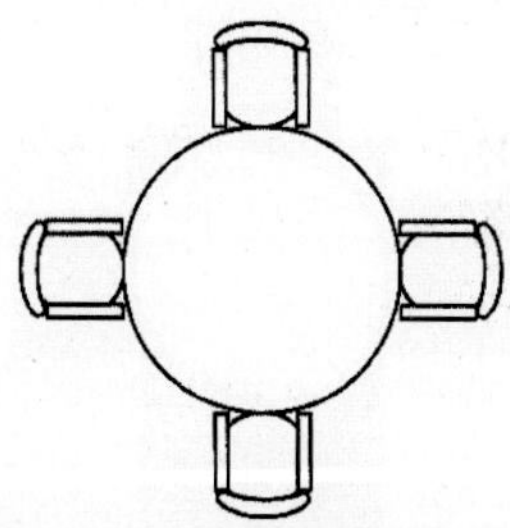

원형 탁자는 참석자에게 같은 크기의 공간을 제공하여 동등한 위치를 부여해 준다.

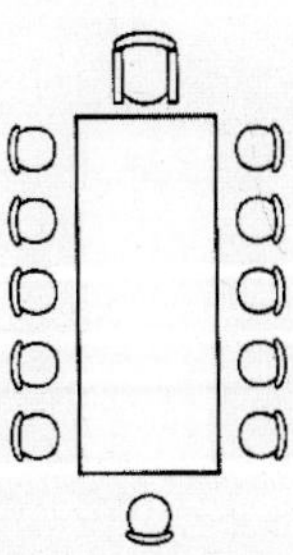

이 자리에 앉은 사람은 권위적인 지도자로서 전통적인 방식으로 권력을 휘두르려고 한다.

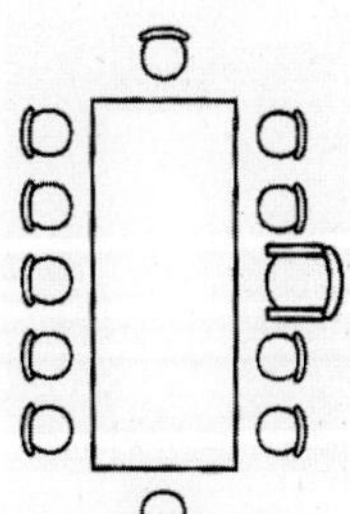

탁자의 중간에 앉는 지도자는 협조적인 접근 방식을 더욱 선호한다.

자료: wataru kanba(2004)

협상에세이

"클린턴의 표정"

클린턴 "김정일과 웃지도 찌푸리지도 않으려…"

방북 뒷얘기 소개… "北에 모욕주지 않으려 했다"

빌 클린턴 전 미국 대통령은 지난달 초 북한에 억류됐던 미국 국적 여기자 2명의 석방을 위해 방북했을 당시 표정 관리에 특히 유념했다고 밝혔다.

클린턴 전 대통령은 17일 밤(현지시간) 미국의 케이블 방송 '코미디 센트럴'의 정치풍자 코미디프로그램인 '데일리 쇼'에 출연한 자리에서 자신을 포함한 미국 대표단 일행이 방북 당시 김정일 북한 국방위원장과 찍은 사진에서 자신의 표정이 특이했다는 사회자의 지적에 이 같은 뒷얘기를 전했다.

그는 사진을 찍을 당시 '얼굴 표정이 의도적이었느냐'는 질문에 "내가 노력했던 것은 웃지도, 찌푸리지도 않으려고 했던 것"이라면서 "일종의 텅 비어 있는 것처럼 하려고 노력했다"고 말했다.

이와 관련, 그는 배우 피어스 브로스넌이 주연을 맡았던 영화 '007 어나더데이'에서 북한인이 두 차례 성형수술을 받으며 영국 왕처럼 나왔다면서 "(내가) 후속 작품의 오디션을 봤다"고 너스레를 떨었다.

그는 이어 사진 속의 자신이 마치 정부 인사처럼 비쳐졌다면서 자신은 북한이 자신의 방문을 받고 싶다고 말한 뒤 여기자 가족들의 요청에 따라 인도주의적인 방문을 했다고 전했다.

클린턴 전 대통령은 방북 당시 김 위원장과 자신은 앞쪽에 놓인 의자에 나란히 앉고, 뒤에는 존 포데스타 전 백악관 비서실장과 데이비드 스트로브 전 미 국무부 한국과장 등 함께 방북했던 팀원들이 선 자세에서 기념 촬영을 했으며, 이 사진은 조선중앙통신을 통해 공개됐다.

그는 "나는 정부를 위해 협상할 권한을 가지지 않았지만 우리 정부의 입장은 알고 있었고, 나 자신도 북한 문제를 많이 다뤄봤다"면서 "그래서 명예롭게도 그곳에 갔다"고 소개했다.

그는 구체적인 자신의 북한 방문 당시 행동 요령과 관련, "어떤 식으로든 북한에 모욕은 주지 않으면서도 그렇다고 젊은 여성들이 단지 강을 건넜다는 이유로 12년형을 선고받은 것이 괜찮다고 보여지지는 않도록 위엄있는 방법으로 일을 하려고 한 것이 요령"이라고 말했다. (한국일보, 2009.9.19)

Check Point 비밀 신호 해독

상대의 숨기는 생각을 읽을 수 있는 제스처

'예스'를 뜻하는 제스처

손바닥을 펼쳐 보인다.
앞쪽으로 몸을 기울인다.
미소를 짓는다.
몸의 방향이 상대를 향한다.
계속해서 시선을 마주친다.
고개를 끄덕인다.

'노'를 뜻하는 제스처

팔짱을 낀다.
뭔가를 두드린다.
손으로 턱을 괸다.
발과 몸이 다른 방향을 향하게 한다.
심하게 안절부절 못하는 모습을 보인다.
불안정하게 눈동자를 계속 움직인다.
찡그린다.
곁눈질을 한다.

'아직' 결정하지 못했음을 뜻하는 제스처

음료를 홀짝 홀짝 마신다.
안경 끝을 자꾸 만진다.
안경을 닦는다.
머리를 긁적인다.
자꾸 턱을 톡톡 친다.

자료 : Tonya Reiman

Check Point 무언가를 숨기거나 거짓말 할 때 바디랭귀지

주먹을 쥐거나 손가락 깍지를 끼는 등 손바닥을 보여주지 않거나 팔짱을 끼거나, 손을 뒤로 감추거나, 주머니에 손을 넣는 행위 등이다. 이에비해 의심할 때는 눈썹을 어루만진다(Wataru Kanba, 2004).

Check Point 거짓말 할 때 바디랭귀지

협상과정에서 거짓말을 할 때는 얼굴에 좌우비대칭이 발생하거나 눈을 피하고 눈을 자주 깜박이거나 눈을 비비거나 안경에 손을 댄다(Wataru Kanba, 2004).

Check Point 스트레스를 받았을 때 바디랭귀지

인간은 스트레스를 받았을 때 이마를 문지르거나 만지기, 입술 핥기, 머리카락 잡아당기기, 머리카락 만지작거리기, 얼굴이나 턱수염 만지기 등을 통해 마음을 진정시킨다. 또한 지나친 하품이나 휘파람, 남성이 손가락을 셔츠칼라와 목사이에 넣는 행위도 스트레스를 진정시키는 행동이 될 수 있다(Joe Navarro, 2008).

Check Point 자기친밀행위

자기 친밀행위는 불안한 상황에서 스스로 자신의 몸을 만지거나 쓰다듬으로써 불안한 상태에서 벗어나기 위한 행위이다. 예를 들어 머리카락을 잡아당기는 행위 등이다(Wataru Kanba, 2004).

사람은 누구나 부정적이거나 위협적인 경험을 진정시키는 행위를 하게 된다. 이러한 행위를 적응자(adapters)라고 한다. 이러한 자기친밀행위는 불안하거나 불쾌한 경험을 한 자신을 진정시키는데 도움을 준다.

이러한 자기친밀행위는 인간에게만 나타나는 것이 아니다. 고양이가 스스로 핥거나 서로 핥아주는 것도 일종의 자기친밀행위이다. 자신의 목을 만지거나 쓰담는 행위, 목걸이를 만지작거리는 행위, 특히 목의 천돌을 손으로 가리거나 그 부분에 손을 대는 행위 등은 두려움, 스트레스, 거짓말을 할 때 나타는 자기친밀행위이다(Joe Navarro, 2008).

참고문헌

강진석(2000), "한국인의 무역협상방식에 관한 연구", 「무역상무연구」, 한국무역상무학회.

게리네스너(2012), 「이기는 사람은 악마도 설득한다」, 라이프맵.

김병윤(2007), 「비즈니스 협상 A to Z」, 해냄.

김용웅(2012), 「누가 협상 테이블을 지배하는가」, KIEP.

김성호(2004), 「국제통상협상」, 두남.

김유경(2006), "글로벌 마케팅 커뮤니케이션과 문화", 「글로벌 마케팅 커뮤니케이션」, 커뮤니케이션북스.

김중순(2005), 「문화를 알면 경영전략이 선다」, 일조각.

구한 수브라마니안(2011), 「니고시옥션」, IGM 협상스쿨.

곽노성(1998), 「국제협상론」, 경문사.

남학현(2010), 「뛰어난 협상가는 협상하지 않는다」, 고려원북스.

나이토요시히토(2011), 「협상심리학」, 지식여행.

디팩 맬호트라(2008), 「협상천재」, 웅진지식하우스.

박형근(2012), 「상위 1%만 알아왔던 비기협상」, 미래북.

박한표(2006), 「글로벌 매너」, 살림.

박준형(2006), 「글로벌 에티켓을 알아야 비즈니스에 성공한다」, 북쏠레.

신응철(2004), 「철학으로 보는 문화」, 살림.

안세영(2006), 「CEO는 낙타와도 협상을 한다」, 삼성경제연구소.

여현덕(2011), 「마음을 사로잡다」, 인간사랑.

윌리엄 R. 로즈(2012) 「세계와 협상한 은행가」, 삼성경제연구소.

이선우(2004), 「협상론」, KNOU.

이순우(1998), 「상사중재론」, 법경사.

이승영(1990), 「비교경영론」, 법경사.

이승영(1999), 「국제협상의 이해」, 법경사.

임향옥(2008), 「나는 영어로 협상한다」, 한국외국어대학교.

조석홍(2007), 「국제협상의 이해」, 두남.

정 훈(2009), "Hofstede의 개인가치 지향에 따른 한국과 캐나다 관리자의 갈등관리 규범에 대한 비교연구", 「협상연구」, 한국협상학회.

짐토머스(2007), 「협상의 기술」, 세종서적.

최연구(2006), 「문화콘텐츠란 무엇인가」, 살림.

최윤희(1999), 「비언어커뮤니케이션」, 커뮤니케이션북스.

최윤희(1998), 「문화간 커뮤니케이션과 국제협상」, 커뮤니케이션북스.

최혜진(1999), 「갈등의 이해와 관리」, 두남.

한주섭(1997), 「국제상사중재론」, 동성사.

타니하라 마고토(2010), 「이기는 협상」, 지상사.

캐빈더튼(2010), 「극한의 협상 찰나의 설득」, 미래의 창.

喜多川馬典(1978), 「國際商事仲裁の硏究」, 東京大學, 出版部.

Achebe, Frank(1993). How to Negotiate Anything with Anyone Anywhere, Chicago : AMACOM.

Allas, Tera, and Nikos Geogiades(2001). "New Tools for Negotiations." The McKinsey Quarterly.

Arrind V. Phatak and Mohammed M. Habib(1996). "The Dynamics of Inter- national Business Negotiations" Business Horizons, May-June.

Altany, David(1998). "Wise Men from the East Bearing Fights." International Management(UK)37(5)(May).

Anthony Walton(1970). Russell on the Law of Arbitration, Stevens & Sons.

Arrow, Kenneth, Robert Mnookin, Lee Ross, Amos Tversky, and Robert Wilson (1995). Barriers to Confict Resolution, New York: Norton.

Axtell, Roger(1998). Do's and Taboos of Body Language Around the World New York: John Wliey & Sons.

B.M Hawrysh(1990). "Cultural Approaches to Negotiation: Understanding the Japanese", International Marketing Review.

Baker, James A(1995). The Politics of Diplomacy: Revolution, War and Peace: 1989-1992 New York: G. P. Putnam & sons.

Banthin, Joanna(1991). "Negotiating with the Japanes." Mid-Atlamatic Journal of

Business 27(April).

Berton, Peter, Hiroshi Kimura, and I. William Zartman, eds(1999). International Negotiation: Actors, Stucture, Process, Values. New York : Bedford/St. Martin's

Big world Inc(1992). "Negotiating in Today's World". Boulder, Co.

Black, J. Stewart, and Mark Mendenhall(1989). "A pracitical but theory-based framework for selecting cross-cultural training methods." Human Resource Management 28(4).

Black, J. Stewart, and Mark Mendenhall(1993). "Resolving Conflicts with the Japanese: Mission Impossible." Sloan Management Review(spring).

Boyer, Benjamin, B. Stakey, and John Wilkenfeid(1999). Negotiating a Complex World. New York: Rowman and Little field.

Boyer, Brook, and Laurent Cremieux(1999). "The Anatomy of Association: NGO and the Evolution of Swiss Climate and Biodiversities Policies." International Negotiation 4(2).

Breslin, J. William and Jeffrey Z. Rubin(1991). Negotiation Theory and Practice. Cambridge, MA: Program on Negotiation at Harvard Law School.

Brett, Jeanne, et al.(1998). "Culture and Joint Gains in Negotiation." Nego- tiation Journal 14.

Brett, Jeanne, M.(2001). Negotiating Globally. San Francisco : Jossey-Bass.

Cai, Doi A., and Lendel E. Drake(1998). "The Business of Business Negotiation: Intercultural Perspectives." In M. E. Roloff, ed. Communication Yearbook 21, Newbury Park, CA: Sage.

Cohen, Raymond(1997). Negotiating Across Cultures: "International Commu-nication in an Interdependent World" Washington, DC: U.S. Institute of Peace.

Drake, Laura E.(1995). "Negotiation Styles in Intercultural Communication." The International Journal of Conflict Management 6(1) (January).

Elgstrom, Ohoman(1994). "National Culture and International Negotiations." Cooperation and Conflict. 29(3)

Edward B. Taylor(1871). Primitive Culure, London, John Murray.

Edward T Hall(1973). The silent Language, Anchor Books.

Faure, George O.(1995). "Nonverbal Negotiation in China." Negotiation Journal 11(1)

Faure, George O. and Jeffrey, Z. Rubin ed.(1993). Culture and Negotiation. Newbury Park, CA: Sage.

Fisher, Roger, et. al.(1994). Beyond Machiavelli: Tools for Coping with Conflict. Cambridge, MA: Harvard University Press.

Fisher, Roger, William Ury, and Bruce Patton(1991). Getting to YES: Nego- tiating Agreement without Giving In 2nd ed. New York: Penguin Books.

Fisher, Roger, and Scott Brown(1989). Getting Together: Building Relation- ships As We Negotiate. New York: Penguin Books.

Foster Dean Allen(1995). Bargaining Across Borders: How to Negotiate Business Successfully Anywhere in the World, New York: McGraw-Hill.

Gardner, Howard(1999). The Disciplined Mind. New York: Simon & Schuster.

Ghauri, Pervez N., and Jean-Claude Usunier, eds. (1996). International Business Negotiation. New York: Elsevier.

Graham, John L.(1993). "Business Negotiations: Generalizations about Latin America and East Asia Are Dangerous." UCINSIGHT University of California Irvine GSM(Summer).

G. Hofstede(1991). Cultures and Organization, McGraw-Hill.

G. Hofstede(2000). "The Cultural Relativity of Quality of Life Concept", in Cultural

Communication and Conflict: Reading in Intercultural Relations, 2nd ed., G.R. Weaver, ed, Graham, John L., and Richard A. Herberger(1993). "Negotinatioans Abroad: Don't Shoot from the Hip." Harvard Business Review (July-August).

Gulbro, Robert, and Paul Herbig(1995). "Differnces in Cross-Cultural Negotiating Behavior between Industrial Product and Consumer Firms." Journal of Business and Industrial Marketing 10(3).

Gulbro, Robert, and Paul Herbig(1996). "Negotiating Successfully in Cross-

Cultural situations." Industrnal Marketing Management 24 (March).

Hampden-Turner, C., and F. Trompenaars(2000). Building Cross Cultural Confidence. New York: John Wiley & Sons.

Hampson, Fred O.(1994). Multilateral Negotination. Baltimore: Johns Hopkins University Press.

Hall E.(1959). The Silent Language, Fawcert.

Harris, Philip R., and Rovert T. Moram(1991). Managing Cultural Differences. Houston: Gulf Publishing Company.

Hay, M., and J. C. Usunier(1993). "Time and Strategic Action: A Cross-Cultural View." Time and Society 2(3) (September).

endon, Donald W., and Rebecca Angleles Hendon(1990). World-Class Negotiating: Dealmaking in the Global Marketplace. New York: John Wiley & Sons.

Hendon, Donald W., and Rebecca A. Hendon, and Paul Herbig(1996). Cross Cultural Business Negotiations Quorum Books.

HE big, Pail A, and Hugh E. Kramer(1991). "Cross-Cultural Negotiations: Success Through Underdtanding." Management Decision 29(1).

James K. Sebenius(2002). "The Hidden Challenge of Cross-Boarder Negotiations", Harvard Business.

H.C. Triandis(1988). "Individualism and Collectivsm: Cross-Cultural Perpectives on Self-ingroup Relationship", Journal of Personality and Social Psychology.

H.C. Triandis(1994). Culture and Social Behavior, McGraw-Hill.

H.C. Triandis(1990). "Cross-Cultural Studies of Individualism and Collectivsm", University of Nebraska Press.

H.C, Triandis(1995). Individualism and Collectivsm, Sanfrancisco Westview.

I.W, Zartman(1988). "Common Elements in the Analysis of the Negotiation Process", Harvard Business Review.

Kerry Petcher(1992). "Can We Make a Deal", International Business. Nego- tiation Journal 4.

L., Sproull(1991). Connections: New Ways of Working in the Networked Organization, Cambridge, MA: MIT Press.

L.L, Putnam, Bargaining(1989). "Bargaining", International Encyclopedia of Communication, Oxford University Press.

L.L, Putnam and M.E. Roloff(1992). "Communication Perspectives on Negotiation", Communication and Negotiation, Sage.

Michale Watkins(2006). Shaping the game, Harvard Business School Press.

M.H. Bond(1992). "Explaining Choices in Procedural and Distributive Justice across Cultures", International Journal of Psychology.

P.D.V. Marsh(1984). Contract Negotiation Handbook, A Gower Handbook.

Roland L. Kramer(1959). International Trade, South Western Publishing.

R. Okabe(1983). "Cultural Assumption of East and West", Intercultural Communication Theory.

Roy J. Lewicki, David M. Sauders, and John W.Minton(2001), Essentials of Negotiation, 2nd Edition, New York, McGraw-Hill.

R.D. Lewis(1996). When Cultures Collide, Nicholas Brealey Publishing.

R. Brislin(2000). Understanding Culture's Consequence on Behavior, Harcourt College Publishers.

Roger M. Keesing and Felix M. Keesing(1971). New Perspectives in Cultural Anthropology, Holt, Rinehart and Winston.

R.J. Lewicki and J. A(1985). Litterer, Negotiation, Irin.

Samovar, L.& R. Porter(1994). Intercultural Communication, Wadsworth.

Szalay, L.B.(1981). "Intercultural Communication-A Process Model", International Journal of Intercultural Relations 5.

S.Ting-Toomey(1999). Communicating Across Cultures, Guilford Press.

S.P. Robbin(1974). Managing Organizatinal Conflicts; A Nontraditional Approach, Englewood Cliff, N.J., Prentice-Hall, Inc.

W.D. Klopf(1987). Intercultural Encounter: The Fundamentals of Intercultural Communication, Morton.

W.B. Gudykunst(2001). Asian American Ethnicity and Communication, Sage.

W.B Gudykunst & T. Nishida(1984). "Social Penetration in Close Friendships in Japan and the United States", Communnication Yearbook, Sage.

W.B. Gudykunst(1984). Communicating with Strangers, Addison-Wesey.

W.Kheel. Thedoer(1999). The Keys to Conflict Resolution, Four Walls Eight Windows.

찾아보기 (INDEX)

A

B

C

D

E

F

G

H

I

J

K

L

M

T

U

V

W

Y

Z

ㄱ

ㄴ

ㄷ

ㅂ

ㅅ

ㅇ

ㅈ

ㅊ

ㅋ

ㅌ

ㅍ

ㅎ

강영문 (wto3@chonnam.ac.kr)

- 동국대학교 무역학과 졸업(상학사)
- 한국외국어대학교 대학원 무역학과 졸업(경영학석사)
- 동국대학교 대학원 무역학과 박사과정 졸업(경영학박사)
- (주) 대신경제연구소 증권분석실 근무
- (주) 대신경제연구소 경제동향분석실 근무
- Visiting Scholar, Singapore Management University(한국학술진흥재단 해외방문교수)
- Visiting Scholar, Nanyang Technology University, Singapore
- 한아세안학술교류학자(2011년)선정(한국동남아학회 선정, 외교통상부 지원)
- 무등일보 경제칼럼니스트
- 한국공정무역학회 편집위원
- 한국국제통상학회 이사
- 한국무역상무학회 이사
- 중소기업중앙회 무역자문위원
- 전남대학교 경상학부장
- MBC 라디오 경제코너 해설자
- 국제 e-비즈니스학회 학술위원
- 한국협상학회 상임이사
- 관세청 이의신청 심의위원
- 전남대학교 창업보육센터장
- 전남대학교 국제통상학과 교수

주요 수상실적

- 전남대학교 교육우수교수 선정(2008년)
  (Best Teaching Professor)

주요 저서

- 아세안 FTA(전남대학교출판부, 2012)
- 해상무역보험(전남대학교출판부, 2011)
- 무역과 매너의 만남(우용출판사, 2010, 전정판)
- 국제통상론(전남대학교출판부, 2009)
- 전자물류와 물류관리(두남, 2005)
- e무역과 국제매너(학문사, 2004)
- 글로벌 물류경영(우용출판사, 2011, 전정판)
- 강영문교수의 동남아 지역연구(두남, 2010)
- e유통경영(우용출판사, 2010, 전정판)
- 온오프라인 유통관리(두남, 2008, 개정판)
- 유통물류와 e-비즈니스(두남, 2004, 개정판)

홈페이지 : http://altair.chonnam.ac.kr/~wto

제2판

국제협상과 문화간 커뮤니케이션

1판 발행 | 2010년 2월 20일
2판 인쇄 | 2013년 2월 15일
2판 발행 | 2013년 2월 20일

저 자 | 강영문
발행인 | 지병문
발행처 | 전남대학교출판부

등 록 | 1981. 5. 21. 제53호
주 소 | 500-757 광주광역시 북구 용봉로 77
전 화 | (062) 530-0571~2
마케팅 | (062) 530-0573
팩 스 | (062) 530-0579
홈페이지 | http://www.cnup.co.kr

값 22,000 원

ISBN 978-89-6849-001-9 (93320)

이 도서의 국립중앙도서관 출판시도서목록(CIP)은 e-CIP홈페이지(http://www.nl.go.kr/ecip)와 국가자료공동목록시스템(http://www.nl.go.kr/kolisnet)에서 이용하실 수 있습니다.
(CIP제어번호: CIP2013000787)